砥砺前行的河北钢铁工业

王大勇　主编

北　京

冶金工业出版社

2020

内 容 提 要

本书是河北省冶金行业协会历时五年编写，全方位、立体式记录河北省钢铁工业改革开放四十年波澜壮阔的发展历程的专著。全书分九章四十节，共计30多万字，内容涵盖改革开放以前三十年回顾、发展历程、企业改革与发展、技术经济效益指标、产品结构、装备与工艺、节能与环境保护、科技进步与创新、进出口贸易等方面的变化，可谓全面客观、内容丰富、重点突出、脉络清晰、资料翔实、语言简洁，是一本不可多得的资料性著述。

图书在版编目（CIP）数据

砥砺前行的河北钢铁工业／王大勇主编．—北京：冶金工业出版社，2020.12

ISBN 978-7-5024-8643-3

Ⅰ.①砥… Ⅱ.①王… Ⅲ.①钢铁工业—工业发展—研究—河北 Ⅳ.①F426.31

中国版本图书馆 CIP 数据核字（2020）第 217616 号

出 版 人 苏长永
地　　　址 北京市东城区嵩祝院北巷 39 号 邮编 100009 电话 (010)64027926
网　　　址 www.cnmip.com.cn 电子信箱 yjcbs@cnmip.com.cn
责任编辑 姜晓辉 王艺婧 美术编辑 吕欣童 版式设计 孙跃红 禹 蕊
责任校对 王永欣 责任印制 李玉山
ISBN 978-7-5024-8643-3

冶金工业出版社出版发行；各地新华书店经销；北京捷迅佳彩印刷有限公司印刷
2020 年 12 月第 1 版，2020 年 12 月第 1 次印刷
169mm×239mm；21 印张；309 千字；316 页
126.00 元

冶金工业出版社　投稿电话　(010)64027932　投稿信箱　tougao@cnmip.com.cn
冶金工业出版社营销中心　电话　(010)64044283　传真　(010)64027893
冶金工业出版社天猫旗舰店　yjgycbs.tmall.com
（本书如有印装质量问题，本社营销中心负责退换）

《砥砺前行的河北钢铁工业》
编纂委员会

顾　问　刘树煌　刘如军　鲁俊芳　詹文宏　张玉柱
　　　　董兆伟
主　任　王大勇
副主任　迟桂友　王学诚
委　员（按姓氏笔画排序）

丁立国	于利峰	马西波	马得好	王　凯
王　波	王文安	王占宏	王兰玉	王亚兵
王齐柱	王军现	王远继	王松伟	王学忠
王建军	王树川	王树华	王贵东	王贵全
王炳安	王爱军	王银安	王清玉	王瑞华
牛恒录	毛国辉	邓建军	付会霞	付军立
付俊薇	代洪庆	白宇文	白居秉	邢梅峦
吉　伟	毕胜友	任建平	刘　义	刘　刚
刘　琪	刘　磊	刘天晓	刘文丰	刘权利
刘西斌	刘宏伟	刘国旗	刘金生	刘洪滨
刘景河	刘道献	关广民	关庆显	许立成
许家庆	许满林	阮如金	阮继民	孙　弘
孙　翔	孙纪木	孙学兵	苏　辉	杜　辉
杜庆申	李　杰	李　勇	李文兴	李进义

李金良　李建朝　李建新　李洪艳　李艳敏
李赶坡　李晓东　李焕峰　杨　津　杨月桥
杨文义　杨玉柱　杨宝全　吴志臣　何建南
何海江　余建铭　邹　平　宋江涛　宋志才
宋继宽　张　昆　张　震　张　德　张广建
张玉春　张纪星　张英欣　张思慎　张铁群
张爱军　张海宁　张雪斌　张景森　张蕊娜
陈凤武　陈文科　陈茂芃　陈战强　陈俊芬
陈敏华　陈磊鑫　武成虎　武建丽　范福伟
林　响　林良容　林国镜　迪　林　周　兴
周志立　郑凤亮　孟兰芝　孟宪权　赵太祥
赵文红　赵玉东　赵清华　郝文成　胡晓波
姚　菲　姚明芳　秦书翰　袁世臻　袁建路
贾树材　贾俊龙　党现行　高　扬　高　林
高　森　高万军　高林海　郭龙鑫　郭恩元
郭惠玲　黄程耀　曹跃彬　崔矿生　康雪元
梁志敏　董树和　韩　力　韩　阳　韩文斌
韩灵玲　韩敬远　程爱民　曾　立　谢海深
蔡文宝　蔡洸远　薛文如　薛灵虎　薛晓萍
魏　杰

序 一

最近，河北省冶金行业协会王大勇同志送来《砥砺前行的河北钢铁工业》书稿，要我为其作序，我欣然接受了。因为我在从事河北省经济计划管理的几十年里，一直十分关注河北省钢铁工业的发展。20世纪70年代初，我参与了邯钢620立方米高炉会战的组织和河北省钢铁工业"五四三"（即500万吨铁、400万吨钢、300万吨材）目标的提出，后来又参与了大打"钢铁硬仗"（河北省工业"四大硬仗"之首）的谋划和邯钢2300毫米厚板、650毫米轧机等重点项目安排。改革开放以来，在主持编制河北省国民经济"六五""九五"计划和制定工业结构调整方案中，都把钢铁工业放在主导产业地位，并推动邯钢100万吨连铸连轧、唐钢2000立方米1号高炉建设等前期工作，支持利用司家营铁矿建设千万吨"冀东大钢"的谋划工作，参与制定实施了《河北省地方钢铁产业政策》等。所以，读到此书稿后感到格外亲切，并为河北省钢铁工业在改革开放中取得的辉煌成就所震撼。这四十年，是河北省钢铁工业高歌猛进、实现跨越式发展的四十年，也是生产工艺和产品结构进行重大调整优化的四十年。把河北省钢铁工业战线这段时期内的历史资料收集整理出来，不仅具有存史价值，而且在资政、育人方面也具有重要意义和作用。值此书出版发行之际，我出于对河北省钢铁工业的浓浓情结，以二轮"河北省志"总纂的身份，对此表示诚挚的祝贺。

　　跨越四十年时空，河北省冶金行业协会历时五个春秋，用饱含深情的笔触全方位、立体式记录了河北省钢铁工业改革开放四十年波澜壮阔的发展历程。全书分九章四十节，共计30多万字，范围涵盖改革开放以前三十年回顾、发展历程、企业改革与发展、技术经济效益指标、产品结构、装备与工艺、节能与环境保护、科技进步与创新、进出口贸易等方面的变化，可谓全面客观、内容丰富、重点突出、脉络清晰、资料翔实、语言简洁，是目前我看到的省级行业协会编撰的一本不可多得的资料性著述。该书不仅是河北省冶金行业协会尽情礼赞改革开放四十周年、热情讴歌河北省钢铁工业未来发展的优秀力作，也为河北省工业行业志书编纂带了个好头，是个很好的示范，非常值得点赞！

　　河北省铁矿资源丰富，有3000多年的冶铁历史，但到1948年河北省只产钢1904吨。1949年以来，河北省委省政府高度重视钢铁工业的发展，1972年曾提出河北省钢铁"五四三"的奋斗目标，余秋里同志听完汇报后首肯"河北敢想、有气魄"。1975年河北省地方可支配的生铁超过百万吨，邓小平曾誉为"百万富翁"。但那时我们再敢想也没敢想象到何时上亿吨。是改革开放的强国之路，极大地解放了人们的思想和社会生产力，使河北省钢铁工业凭借着资源禀赋优势，乘全国经济崛起的东风，于2007年实现了生铁、粗钢和钢材"三过亿"（吨）；2018年又翻一番，实现三个"双亿吨"。河北省钢铁工业不仅在全省国民经济中成为发展最快、体量最大、贡献最多的主导性支柱产业，也在全国同行业中占据重要位置。据统计，2019年河北省年产生铁2.1774亿吨、粗钢2.4158亿吨，分别占到全国的26.9%和24.3%。河北省按年产钢2亿吨计算，河北省人均为 2.68 吨，比全国人均高 0.9 吨多。在与世界各国产钢总量的比较中，有人说："中国第一，河北第二"。河北省是钢铁大省实至名归。有资料显示，2017 年中国制造业 500 强中河北省入围 32 家，其中河北省钢铁企业 21 家，占河北省入围企业的 66%。这充分显示出钢铁工业在建设经济强省、美丽河北进程中的重要地位和作用。河北省钢铁值得我们自豪！

　　行业兴则协会兴，行业强则协会强。伴随着改革开放的历史进程和河北省钢铁工业的快速发展，河北省冶金行业协会应运而生并不断发展壮大。多年来，河北省冶金行业协会不忘初心，牢记使命，始终坚持"双向服务"宗旨，在全省钢铁工业发展的征程中与政府同心同德、与企业同甘共苦、与行业同频共振，较好地发挥了行业代表、行业自律、行业协调、行业引领作用，成为全省钢铁工业界有较大影响力、凝聚力和号召力的行业组织。在行业统计调查、预测预警、技术创新、结构调整、品牌建设、绿色发展、转型升级等方面都做了大量卓有成效的工作，受到河北省政府及有关部门的积极评价，受到广大企业的普遍拥戴。河北省冶金行业协会 2010 年、2013 年、2017 年连续三次被河北省民政厅授予 5A 级社会组织，2019 年又被授予"品牌社会组织"光荣称号。与此同时，2010 年被民政部授予"全国先进社会组织"称号，2014 年、2019 年连续两次被人力资源和社会保障部、中国钢铁工业协会授予"全国钢铁工业先进集体"荣誉称号。河北省钢铁工业取得的成就中河北省冶金行业协会功不可没，非常值得喝彩！

　　党的十九大开启了中国特色社会主义建设的新航程，伟大祖国进入了一个崭新的发展时代，经济高质量发展向我们阔步走来。作为发展国民经济与国防建设的重要物质基础和原材料，钢铁工业具有基础性和保障性作用，其发展水平直接影响着制造业发展的质量和效益。钢铁工业在经济高质量发展中重任在肩，使命光荣。我们必须看到，改革开放四十年来，河北省钢铁工业虽然取得了举世瞩目的辉煌成就，但同面临的形势和任务相比，我们还有很大的不适应，主要是创新能力有待提升、结构调整任务仍然繁重、绿色发展任重道远、品牌建设亟待加强等。时代在发展，科技在进步，国际国内钢铁工业技术装备现代化、智能化进程正在加速，工艺流程更加先进，新的产业革命正在酝酿，为此需要政府、企业、行业组织及社会各界携手并肩，同向发力，协力奋斗。作为直接为市场主体服务的河北省冶金行业协会责无旁贷，更可以大有作为。要充分发挥参谋助手和桥梁纽带作用，组织钢铁企业开展国际对标，瞄准行业发展前沿推动质量技术攻关，努力做好调查研究、行业统计、检测认证、信息咨询、教育培训、标准化建设等方面的工作，为河北省钢铁行业提高工艺技术和产品质量水平，为全行业迈向中高端，为加速河北省由钢铁大省向钢铁强省转变的历史进程做出新的更大贡献。新时代，河北钢铁高质量发展非常令人憧憬！河北省冶金行业协会加油！

修志问道，以启未来。钢铁工业作为河北省主导性支柱产业之一，是河北省经济结构调整和转型升级的主战场之一，是河北省经济实现高质量发展的基础性产业。改革开放的四十年，不但积累了丰富的宝贵经验，还涌现出创造邯钢经验的刘汉章等一批先进人物，通过编撰河北省钢铁工业史志，将其客观准确地记述下来，必将成为历史的财富，产生更大的社会影响。

盛世修志，功在当代，利在千秋。当前，第二轮省志的编纂已进入了冲刺阶段，冶金工业是《重工业经济志》的重头戏，希望河北省冶金行业协会在已有工作的基础上，善始善终，在后续工作中继续当好排头兵，修成精品佳志。我们对河北省冶金行业协会寄予厚望，希望协会组织更多的同志结合亲身经历参加到史志的编修队伍中来，有更多的作品面世！

河北省人大常委会原副主任、河北省志总编纂　龚焕文

2020 年 8 月

序 二

　　在纪念改革开放四十周年的重要时间节点，由河北省冶金行业协会编写的《砥砺前行的河北钢铁工业》一书正式出版发行，实在可喜可贺！

　　作为原河北省政府分管工业的副省长，我对钢铁工业情意深厚；作为河北省冶金行业协会名誉会长，对协会的工作尤为关注。浏览《砥砺前行的河北钢铁工业》书稿后，我思绪万千，感慨颇多，择其要者见诸笔端，以抒胸臆且权作序。

　　经常听到一句话，"河北省工业经济结构偏重"。我从来不这样讲，这句话分不清"偏重"是优势，还是缺点。一个地方的工业经济结构是由其资源禀赋、发展历史形成的，一个省也没必要追求轻重平衡。如果有条件"重"而未"重"，河北省经济会是什么状况。正确分析河北省工业结构的问题应该是，重工业有优势、发展较快，轻工业基础差、发展较慢，要在继续大力发展重工业的同时，尽力把轻工业抓上去。此其一。

　　在市场经济条件下，阶段性适当过剩往往会促使企业技术创新，过剩的主力军民营企业破产的也不太多，大多数随着全国经济发展步伐，调整结构、不断进步。反过来，如果不适应市场调节，强行用并未预测准的计划控制住，真不知会不会比现在好。此其二。

　　钢铁工业是发展国民经济和国防建设的重要物质基础。钢产量或人均钢产量是衡量一个国家或地区经济实力的重要标志之一。河北省拥有丰富的铁矿、煤炭等资源禀赋，发展钢铁工业的条件得天独厚。改革开放四十年来，河北省钢铁产能规模不断扩大，装备水平不断提高。无论是产品结构、技术创新，还是管理体制、商业模式都取得了巨大进步。特别是党的十八大以来，河北省钢铁行业在供给侧结构性改革、技术创新、节能环保、国际化等方面都取得了长足发展。现在钢铁年产量高达 2 亿吨左右，约占全国 1/4 和世界的 1/8，彰显了河北省钢铁工业在国家和世界钢铁行业举足轻重的地位。河北省钢铁工业不仅为河北，而且为全国乃至世界经济发展和社会进步做出了积极贡献。曾记得，20 世纪 90 年代原邯郸钢铁总厂创造"模拟市场核算，实行成本否决"的邯钢经验，为国有企业实行从传统的计划经济体制向社会主义市场经济体制、从粗放经营向集约经营两个具有全局意义的根本性转变提供了借鉴，成为全国一面旗帜。1996 年国务院专门发出通知，号召全国学习邯钢。看今朝，2019 年河钢塞尔维亚钢管理团队，牢记习近平总书记嘱托，扎根异国他乡，勇于顽强拼搏，融入"一带一路"建设、创造显著成绩，被中宣部授予"时代楷模"光荣称号，为河北省争了光、为国家争了光。这既是河钢集团的光荣，也是河北省乃至中国钢铁行业的骄傲。这充分说明，河北省钢铁工业不仅具有国家情怀，而且具有世界影响。目前，在河北省所有工业行业中能够达到如此境界的只此钢铁一家。此其三。

河北省钢铁工业之所以取得今天的发展成就，最大的力量源泉是改革开放，最重要的制胜法宝是改革开放。如果没有改革开放，就没有钢铁工业管理体制、经营机制的改革与创新；如果没有改革开放，就没有钢铁工业先进工艺技术的引进、消化、吸收、再创新；如果没有改革开放，就没有钢铁工业国有、民营的"双轮"驱动和竞相发展……。曾记得，1989年我国6000万吨钢产量令多少国人夜不能寐；1996年"亿吨钢铁壮国威"受到媒体热捧。随着改革开放的深入推进和社会主义市场经济体制的逐步建立与完善，"忽如一夜春风来，千树万树梨花开"，我国钢铁工业一路高歌猛进，令世界惊叹；河北省钢铁工业更是一骑绝尘，领跑全国。1978~2019年41年间，河北省粗钢产量由145.9万吨增加到2.42亿吨，增长了165.58倍，是全国增速的5倍多。有关数据显示，2019年，河北省钢铁行业营业收入完成12648亿元，占河北省工业主营业务收入的31.29%；利润完成644亿元，占全省工业利润的32%。可以说，钢铁工业对我省经济社会发展贡献卓著，居功至伟。河北省钢铁工业发展到现在的规模和水平，值得倍加呵护和珍惜。此其四。

河北省钢铁工业虽然取得了举世瞩目的发展成就，但同世界先进水平相比，有些品种还有一定差距；同中央和河北省委省政府的期望相比，还有很长的路要走。特别是与钢铁工业蓬勃发展如影随形的环境、资源不可承受之重，一直是河北省钢铁工业发展中隐隐作痛的一块"心病"。近年来，特别是党的十八大以来，在河北省委省政府的坚强领导下，河北省钢铁行业认真贯彻落实党中央、国务院决策部署，深入推进供给侧结构性改革，淘汰落后产能壮士断腕，清理"地条钢"义无反顾，节能减排治污一路前行，涌现出一大批"绿色工厂"。2013~2018年，河北省按照市场需求和环保要求，压减落后的炼钢产能8223万吨、炼铁产能7529万吨，充分体现了河北省钢铁工业坚定不移走新型工业化道路的责任担当和行动自觉。

2019 年，河北省生产粗钢 24158 万吨、生铁 21774 万吨和钢材 28410 万吨，同比增长 4%、3.4% 和 7.4%，分别比全国产量同比增幅低 4.3、1.9 和 2.4 个百分点，分别占全国比重的 24.25%、26.90% 和 23.58%。同全国相比，这组数据虽然不够漂亮，但却传递出一个强烈的信号，它表明，河北省钢铁工业已经和正在驶入创新驱动、结构优化、质量引领、绿色发展、智能转型、动能聚焦、运行更加注重质量和效益的发展轨道。实践证明，河北省钢铁行业广大干部职工是一支特别能战斗的队伍。他们不忘初心，一心向党，胸有大局，意志如钢，在关键时刻能够拉得出、顶得上、打得赢。正是靠这种精神和力量，河北省钢铁工业的发展创造了世界奇迹和神话。这种精神和力量也必将成就我省钢铁工业高质量发展的美好未来。此其五。

党的十八大以来，以习近平同志为核心的党中央坚定不移高举改革开放的伟大旗帜，统筹推进"五位一体"总体布局，协调推进"四个全面"战略布局，开启了中国特色社会主义伟大事业的新航程。进入新时代，改革开放再出发风起云涌，新兴产业蓬勃发展；改革开放新浪潮波澜壮阔，传统产业重塑加快，我国经济高质量发展为钢铁工业再创辉煌带来了千载难逢的历史新机遇。为此，河北省广大钢铁企业要把握机遇，乘势而上，着力在实现动能转换、推动效率变革、提高创新能力和提升企业形象等方面下苦功，努力在高质量发展中力拔头筹、赢得先机。实现动能转换，就是加快发展方式转变，使发展动力从主要依靠资源和低成本劳动力要素投入转向创新驱动。推动效率变革，就是坚持效率导向和价值导向，在产品生产、服务提供、企业运营等方面铆足劲，不断提高企业的技术效率、资源配置和管理效率，推动效率变革，实现效率整体提升。提高创新能力，就是重点培育高素质创新人才队伍，瞄准行业世界科技前沿，加大研发投入，构筑良好的创新生态系统；勇于和善于进行管理变革，消除体制机制管理弊端，大力推进企业组织形态变革，完善公司治理，构建灵活高效、符合行业特征，有利于提升核心竞争力的企业管理模式。提升企业形象，就是牢固树立社会主义核心价值观，坚持以人为本、诚信经营、质量第一、服务至上、文化引领，在推动高质量发展、提升自主创新能力、保护资源环境、加快转型升级、履行社会责任等方面发挥排头兵作用。此其六。

钢铁工业作为河北省主导性支柱产业备受社会各界关注。与之相伴相随、一路同行的河北省冶金行业协会同样沐浴着改革开放的春风不断发展壮大，成为协助政府及其部门加强和改善钢铁行业管理的一支重要力量，成为联结政府与企业的桥梁纽带。河北省冶金行业协会秘书处团队成员大都具有在钢铁企业或涉钢单位工作的经历，对钢铁工业发展具有浓浓的情结，对钢铁工业发展现状和存在问题有着深刻的认知，对钢铁工业的发展趋势有着超前的把握。同时，他们周围还凝聚了河北省内外一批钢铁企业和科研院所的专家学者，用其所长，助推河北省钢铁工业的健康发展。多年来，河北省冶金行业协会情系企业、无私奉献，服务政府、当好参谋，为河北省钢铁工业去落后产能、调产品结构、创品牌、强环保、防风险、稳运行做出了突出贡献，受到政府及有关部门高度评价和广大企业的普遍好评。此其七。

四十年岁月如歌，四十年奋斗不止。历史总是在一些特殊的年份赋予人们汲取智慧、继续前行的力量。对改革开放的纪念就是在历史前进的逻辑中前进，在时代发展的潮流中发展，不断创造新的历史。站在改革开放四十年的时间节点，凝心聚力，担当实干，将改革开放进行到底，河北省钢铁工业一定会创造令全国和世界刮目相看新的更大奇迹。

河北省人民政府原副省长　**郭世昌**

2020 年 8 月

目　录

第一章　改革开放前三十年回顾

1949 年 10 月 1 日，中华人民共和国成立。

新中国成立后的 30 年中，河北省钢铁工业发展路程曲折坎坷、步履缓慢。到 1978 年，共有炼铁高炉 83 座，平均有效容积 74 立方米，最大 620 立方米；共有炼钢转炉 22 座，平均公称容量 9.4 吨，最大为 30 吨顶吹转炉；共有轧机 41 套，而且自动化程度低，没有一套连轧机组；不仅总体技术装备水平落后，而且铁钢材比例失调，品种结构不合理。

第一节　管理体制和机构

新中国成立之初，河北省钢铁企业极少，分别由重工业部和河北省工业厅负责管理。1956 年，河北省人民委员会分设第一工业厅和第二工业厅，冶金工业由河北省第一工业厅管理，延续到 1957 年。

新中国成立后到 1979 年，河北省冶金企业固定资金来源是国家基本建设投资拨款。1958 年，河北省冶金企业定额流动资金，按规定实行"定额比例贷款"办法供应。1959 年，企业定额流动资金改按"全额信贷"单口供应，全部由银行贷款。1961 年起改为定额流动资金由财政拨款，超定额流动资金由银行贷款双口供应。

1958 年 7 月 25 日，成立河北省冶金工业局，负责河北省以钢铁工业为主的冶金工业管理，定员 130 人，实有 104 人。主要职责：一是根据国家方针政策和国家计划，编制河北省冶金工业发展规划，统一管理生产布局和基本建设投资并组织实施；二是组织企业建立各项规章制度；三是对冶金企业的原燃料供应和产品销售，按计划对口关系资质分配订货；四是管理冶金生产中的各项专业工作。1959年6月，增设和调整内部机构，实有人数229人。

新中国成立时，河北省冶金工业规模不大，长期计划由重工业部编制。从1958年开始，河北省冶金工业局开始编制长期计划，一般为五年编制一次。

1958年河北省冶金工业局成立时，正值国家第二个国民经济五年计划的开始，以坚持服从国家经济管理体制为原则编制生产计划，生产计划主要内容有产值、产量和主要技术经济指标。1963年，国家计委颁发了《计划工作条例》，提出了计划管理一系列具体要求。河北省冶金工业局在《计划工作条例》指导下，进一步完善了计划管理工作。直到1978年，河北省冶金工业始终按照国家统一计划组织生产，省直属企业的全部生产技术经济活动都纳入计划，产、供、销均由河北省冶金局统一管理。

1958年开始，河北省冶金系统生产调度作为一种生产管理手段使用，其任务是根据河北省冶金工业局（厅）下达的年度生产计划，编制季度计划；调度各企业日常生产经营活动，服务基层，组织均衡生产，提高经济效益，按时、按质、按量全面完成年度计划，在生产管理中起指挥、协调、控制和参谋作用，是河北省冶金工业局（厅）生产指挥中心。1958年到1980年，河北省冶金生产调度工作，基本上属于生产型的，侧重于产品产量和技术经济指标。在河北省冶金工业局计划处内设统计科，其主要任务是收集、汇总、整理、积累统计资料，进行分析研究。根据冶金工业部、河北省统计局等部门的布置，结合河北省冶金工业实际，根据工作需要，在不同时期提出不同要求，制定出统计调查的内容。

1958年，全国掀起了"大办钢铁"运动。在此期间，河北省冶金工业局组织全省各地区开展群众性钢铁生产活动，并进行重点骨干钢铁企业的建设。但由于片面追求产量、忽视质量、忽视管理，打乱了企业很多行之有效的管理制度，物料消耗和能源消耗过高，产品质量低劣，亏损严重，浪费惊人。

1960年6月18日，河北省人民委员会改河北省冶金工业局为河北省冶金工业厅，实有人数280人。

1960年3月22日，毛泽东批示"鞍钢宪法"，中共中央转发《鞍山市委关于工业战线上的技术革新和技术革命运动开展情况的报告》，确立了社会主义企业的根本原则，即"两参一改三结合"（干部参加劳动，工人参加管理，改革不合理的规章制度，工人群众、领导干部和技术员三结合）。1961年9月16日，中共中央颁布《国营工业企业工作条例（草案）》（《工业70条》），1960年9月30日，中共中央提出"调整、巩固、充实、提高"八字方针，河北省冶金工业认真执行中央一系列方针政策，同时结合河北省实际，制订相应措施，对企业进行全面整顿，实行关、停、并、转，重新恢复和建立各项规章制度，明确企业的领导体制为党委领导下的厂长分工负责制。在巩固、提高和发展一批企业的同时，也淘汰了一批亏损严重难以为继的生产企业。

1961年5月开始，河北省冶金工业厅进行机构调整，由原294人精减为232人。1962年9月，根据中共河北省委确定的60人新定员意见，河北省冶金工业厅又撤销部分机构。

1964年3月1日，根据冶金工业部批示，成立冶金工业部河北冶金工业管理局，与河北省冶金工业厅合署办公，一个机构，两个名称，由冶金工业部和河北省人民委员会双重领导，以河北省为主，负责管理冶金工业部在河北省的企业和地方冶金企业。

1966年"文化大革命"开始后，机关工作受到严重干扰和冲击。至1968年9月，河北省冶金工业厅和冶金部河北冶金工业管理局的业务活动完全终止。除抽调少数人到"河北省革命委员会"生产指挥部业务组（后成立冶金组）分管全省冶金工业外，其余人员全部脱离原来岗位，到唐山办学习班，后转到省直芦台干校。

"文化大革命"时期，河北省冶金工业管理工作陷入混乱局面，直至粉碎"四人帮"后又重新恢复和整顿各项管理制度。1977年3月，国务院召开全国计划工作会议，提出要理直气壮地抓管理。同年4月，国务院召开工业学大庆工作会议，强调要狠抓企业整顿。会后，河北省冶金系统立即掀起学大庆热潮，明确提出主要学习大庆自力更生、艰苦奋斗的革命精神，"三老四严"的工作作风，科学管理的工作方法。通过学大庆的活动，河北省冶金工业的管理工作和职工政治素质均有显著提高，企业厂容厂貌大大改观。随后，在中共中央一系列拨乱反正方针政策的指导下，河北省冶金工业经过广大干部和职工的努力奋斗，得到了不断发展。

1971 年 11 月 13 日，重新成立"河北省革委会"冶金工业局，下设内部机构称为"组"，编制 106 人。1975 年 11 月 10 日，增设轧钢生产管理组、黄金生产管理组，全局实有人数增至 134 人。

1974 年，成立河北冶金科技情报站，在河北省冶金工业局科技处内设有兼职人员管理。先后组建了矿山、炼铁（含烧结）及焦化 3 个专业情报网。建站初期，主要围绕专业网的活动开展工作。通过参加省内外各有关科技情报会议，以及技术协作和资料刊物交流等渠道，获得技术情报和信息，服务于冶金生产和科学研究。

1978 年初，河北省冶金工业局内部机构由"组"改为"处"，共设 15 个处室，实有人员 162 人。

1978 年以前，干部管理的制度与范围是河北省冶金工业局正副处长及企业的正副厂级领导干部由中共河北省委工交部直接管理和任免，直属企业的正科级干部由河北省冶金工业局管理、任免。

第二节　主要产品产量

1949~1978 年，河北省钢铁工业主要产品产量呈波动缓慢增长态势。从 1949 年的"斤铁不产"、粗钢产量 3684 吨、钢材 2586 吨，到 1978 年，生铁、粗钢、钢材产量分别达到 222.52 万吨、145.49 万吨、94.95 万吨。主要原辅料铁矿石原矿、焦炭产量，从 1949 年的 8.43 万吨、5.59 万吨，到 1978 年分别达到 1161.38 万吨、321.88 万吨。见表 1-1 和表 1-2。

表 1-1　1949~1978 年河北省粗钢、生铁、钢材产量及占全国比重

年份	粗钢		生铁		钢材	
	产量/万吨	占全国比重/%	产量/万吨	占全国比重/%	产量/万吨	占全国比重/%
1949	0.37	2.34			0.26	1.86
1950	1.39	2.29			1.04	2.54

年份	粗钢		生铁		钢材	
	产量/万吨	占全国比重/%	产量/万吨	占全国比重/%	产量/万吨	占全国比重/%
1951	3.68	4.11	0.50	0.35	2.29	3.42
1952	6.61	4.90	4.53	2.35	3.80	3.37
1953	9.29	5.24	6.24	2.79	5.63	3.72
1954	15.41	6.91	9.62	3.09	7.10	3.95
1955	21.28	7.46	10.13	2.62	8.87	3.92
1956	24.78	5.55	12.06	2.50	10.23	3.12
1957	24.77	4.63	12.85	2.16	11.44	2.62
1958	36.91	4.61	53.25	3.89	11.80	1.90
1959	42.34	3.01	173.80	7.94	26.92	2.88
1960	69.81	3.74	236.00	8.69	38.67	3.29
1961	19.00	2.18	74.65	5.83	13.96	2.12
1962	13.15	1.97	21.34	2.65	8.80	1.88
1963	14.44	1.90	16.94	2.29	9.25	1.72
1964	20.53	2.13	26.85	2.98	12.12	1.74
1965	29.25	2.39	38.46	3.57	16.67	1.86
1966	41.40	2.70	48.99	3.67	21.14	2.01
1967	46.65	4.53	45.23	4.70	20.38	2.75
1968	49.17	5.44	49.60	5.79	20.47	2.98
1969	48.35	3.63	78.18	6.11	24.86	2.60
1970	62.53	3.52	102.40	6.00	32.05	2.62
1971	80.26	3.77	113.60	5.41	39.29	2.73
1972	88.51	3.79	126.90	5.39	44.84	2.87
1973	101.70	4.04	126.50	5.08	48.14	2.86
1974	97.87	4.63	144.70	7.02	55.93	3.81
1975	111.10	4.65	178.30	7.28	68.77	4.24
1976	67.38	3.29	179.00	8.02	53.56	3.65
1977	94.16	3.37	177.60	7.09	63.47	3.89
1978	145.49	4.58	222.52	6.40	94.95	4.30

表 1-2　1949~1978 年河北省焦炭、铁矿石原矿产量及占全国比重

年份	焦炭		铁矿石原矿	
	产量/万吨	占全国比重/%	产量/万吨	占全国比重/%
1949	5.59	10.65	8.43	14.29
1950	6.29	4.87	13.69	5.83
1951	7.71	4.57	35.48	13.14
1952	14.13	6.38	97.69	22.77
1953	11.40	4.10	139.22	23.92
1954	14.63	4.38	156.53	21.65
1955	17.99	4.62	180.84	18.84
1956	21.77	4.78	250.33	16.17
1957	29.95	5.39	225.87	11.66
1958	220.20	27.43	1342.06	17.89
1959	433.78	38.61	1030.76	10.67
1960	526.41	32.70	1119.70	9.93
1961	196.76	16.36	388.75	7.54
1962	48.83	4.83	206.24	8.00
1963	33.50	3.51	184.64	7.62
1964	35.67	3.64	170.16	6.36
1965	50.17	4.17	208.07	6.61
1966	71.76	5.06	261.93	6.67
1967	58.59	5.75	241.12	8.14
1968	71.17	7.08	333.01	12.43
1969	96.55	6.66	514.94	11.88
1970	144.87	7.56	727.50	11.33
1971	204.48	8.84	803.60	9.86
1972	227.45	8.97	892.08	10.54
1973	232.44	8.77	901.82	9.84
1974	255.81	10.77	983.24	11.33
1975	294.98	10.77	1073.58	11.07
1976	288.61	11.16	1044.28	11.64
1977	282.58	10.53	1023.61	10.91
1978	321.88	9.85	1161.38	9.86

第三节　经济效益和劳动生产率

一、利润

1978 年前，利润实行统收统支，企业利润全部上缴，亏损由国家财政弥补。

1978 年，国家实行企业基金提取办法，即：凡是全面完成国家下达的年度产量、品种、质量等 8 项计划指标及供应合同的企业，可按职工全年工资总额的 5% 从实现的利润中提取企业基金，用于举办职工集体福利设施、弥补职工福利基金不足和发放劳动竞赛奖等项开支。

河北省冶金系统利润完成情况（不包括部属企业），从 1949 年起到 1978 年，盈亏几经变化。1949~1958 年处于国民经济恢复和第一个五年计划时期，盈利水平逐年上升，10 年共盈利 21282 万元；1959~1963 年，由于国民经济大调整，部分冶金企业停止生产，5 年亏损 26898 万元；后经调整，形势好转，再次盈利，1970 年实现利润 9132 万元，是 1949 年到 1978 年 30 年间实现利润最多的一年；1974~1977 年，重新亏损，4 年亏损 35772 万元；1978 年实现盈利 3442 万元。见表 1-3 和图 1-1~图 1-3。

表 1-3　1949~1978 年河北省冶金系统历年经济效益指标

年份	生产企业数量/个	实现利润/万元	实现销售税金/万元	利税合计/万元	资金利税率/%	销售收入利税率/%
1949	4	-5		-5	-1.24	-8.47
1950	4	287	14	301	34.92	44.66
1951	5	644	66	710	43.75	31.53
1952	5	1395	197	1592	82.79	45.11
1953	5	2718	320	3038	58.91	38.15
1954	6	3417	521	3838	52.37	38.02
1955	6	4380	591	4971	59.48	39.15
1956	6	3294	622	3916	47.01	29.34
1957	7	2892	752	3644	29.67	23.69

续表 1-3

年份	生产企业 数量/个	实现利润 /万元	实现销售税金 /万元	利税合计 /万元	资金利税率 /%	销售收入 利税率/%
1958	11	2260	1079	3339	15.60	14.65
1959	15	-872	1703	831	2.11	1.95
1960	16	-7754	2476	-5278	-9.17	-9.16
1961	16	-13635	1245	-12390	-21.59	-46.08
1962	16	-4442	827	-3615	-6.42	-21.91
1963	14	-195	805	610	1.16	3.93
1964	15	2688	1152	3840	7.46	16.96
1965	19	7276	1638	8914	16.04	29.10
1966	21	8896	2126	11022	18.64	26.92
1967	22	4739	2032	6771	10.67	17.39
1968	25	3692	2258	5950	9.42	13.48
1969	30	5115	2871	7986	11.29	16.13
1970	46	9132	3998	13130	14.91	18.91
1971	65	4945	4784	9729	9.43	12.83
1972	77	1300	5261	6561	5.71	7.71
1973	87	212	5668	5880	4.51	6.50
1974	93	-5441	5928	487	0.34	0.52
1975	106	-4295	6925	2630	1.64	2.29
1976	110	-12186	5723	-6463	-3.58	-6.31
1977	115	-13850	5385	-8465	-4.34	-8.21
1978	111	3442	8346	11788	5.25	7.98

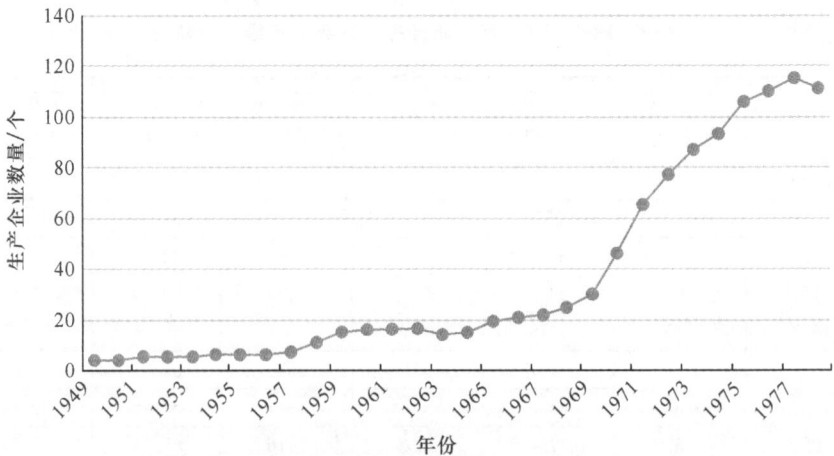

图 1-1　1949~1978 年河北省冶金系统生产企业数量示意图

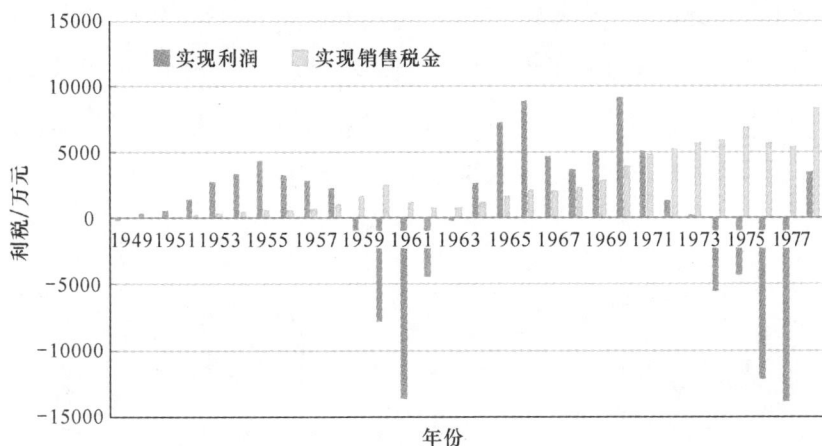

图 1-2　1949～1978 年河北省冶金系统利润与税金示意图

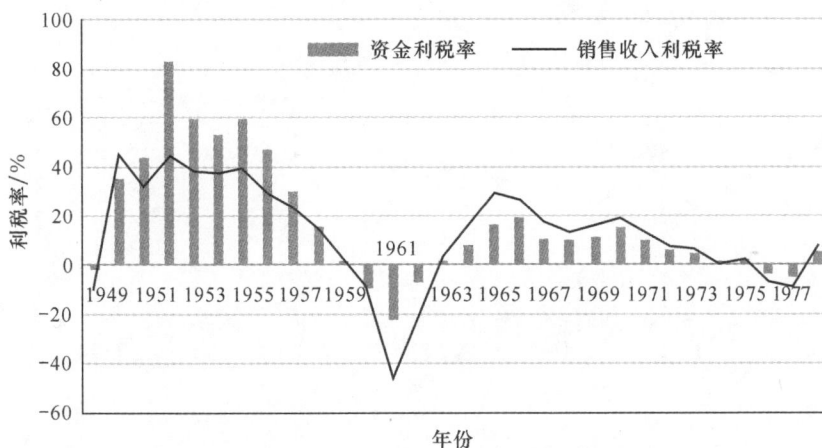

图 1-3　1949～1978 年河北省冶金系统利税率示意图

二、劳动生产率

1949 年，河北省冶金工业全员劳动生产率只有 2100 元/（人·年）。之后的几年，由于生产的稳定发展，管理制度逐步健全，劳动生产率提高较快，1956 年达到 13041 元/（人·年），为 1949 年的 6.2 倍。

1958 年"大跃进"中，河北省冶金职工猛增至 112023 人，比 1957 年增长 4 倍，加上管理混乱，劳动生产率大幅度下降。后经过调整，生产规模缩小。1961 年，劳动生产率降到 3748 元/（人·年），为 1951 年后的最低水平。从 1964 年开始，随着生产的恢复与发展以及机械化和管理水平的提高，全员劳动生产率逐步回升，到 1966 年达到 12701 元/（人·年），但仍未恢复到 1956 年的水平。至 1977 年，全员劳动生产率降到 7290 元/（人·年）。

第二章　发展历程

1978 年 12 月 18~22 日，党的十一届三中全会召开，全党的工作重点转移到以经济建设为中心的轨道上来。1979 年到 2018 年 40 年间，河北省钢铁工业快速发展。

1978 年，生铁、粗钢、钢材、铁矿石原矿和焦炭产量分别为 222.52 万吨、145.49 万吨、94.95 万吨、1161.38 万吨和 321.88 万吨；生铁、粗钢、钢材产量分别于 1994 年、1997 年、1999 年超过 1000 万吨，2004 年、2005 年超过 5000 万吨，2007 年全部超过 1 亿吨，钢材产量 2012 年超过 2 亿吨；2018 年，生铁、粗钢、钢材、铁矿石原矿和焦炭产量分为 21387.65 万吨、23729.85 万吨、26908.74 万吨、5074.34 万吨和 22734.29 万吨。

与 1978 年相比，2018 年生铁、粗钢、钢材、铁矿石原矿和焦炭产量分别增长 95.1 倍、162.1 倍、282.4 倍、14.8 倍和 18.6 倍，产品结构改变了铁多、钢少、材更少的不合理状况，生铁、粗钢、钢材产量比例逐步走向合理。

2018 年，河北省钢铁工业主营业务收入达到 11601.94 亿元，利润总额 907.89 亿元，分别占河北省工业的 30.66% 和 41.05%。

第一节　1978 年 12 月~1983 年 2 月

以钢铁工业为主的河北省冶金工业认真贯彻中央提出的"调整、改革、整顿、提高"方针，从 1978 年改革开放后，开始进行了新的调整，一是关停并转一批消耗高、质量差、亏损严重的企业；二是在基建上压缩长线，保证短线，以配套改造为主；三是改革管理体制和不合理的规章制度；四是整顿管理，降低消耗，扭亏为盈。

河北省冶金工业立足于在调整中发展，在改革中前进，走"以冶金养冶金"的发展道路。1980年3月15日，河北省冶金工业局向河北省人民政府提出改革冶金工业管理体制，成立河北省冶金工业总公司，以总公司为单位代表省属冶金企业对省政府实行上缴利润递增包干的建议。1980年5月21日，财政部、国家经济委员会以（80）财企字第217号文件复文同意按河北省财政局、河北省冶金工业局共同拟定的《河北省冶金工业局利润包干试行办法》试行。6月12日，河北省人民政府以〔1980〕39号文批转了〔1980〕财企字第217号文，并同意在河北省冶金工业局的基础上成立河北省冶金工业总公司，对外两个名称，对内一个机构。河北省冶金工业总公司属于企业性质，所需经营管理费用，从总公司利润包干留成中开支。8月20日，河北省冶金工业总公司正式成立。河北省冶金工业总公司是河北省冶金工业管理体制在改革开放初期的一次重大改革实践，是第一批直接列入国家实行承包责任制试点单位的省级工业公司。

利润递增包干办法的主要内容是利润增加部分由省财政和河北省冶金工业总公司分成，按照利润增长部分国家所得不少于60%的原则，包干上缴一定五年（1980~1984年）不变。以1979年上缴利润为基数，包干上缴利润每年递增21%，5年累计包干上缴6.2亿元。河北省冶金工业总公司制定上缴利润递增包干方案，将承包指标分解落实到企业，也是一定五年不变。

第二节　1983年2月~1988年10月

1983年2月23日，河北省人民政府将河北省冶金工业局变更为河北省冶金工业厅（以下简称省冶金厅），河北省冶金工业总公司名称不变。这一时期是从高度集中的计划经济向社会主义市场经济过渡的初期阶段，河北省冶金厅的主要职责是根据国家规定的计划任务和企业的现有条件，正确编制和贯彻执行河北省冶金行业的中、长期发展规划及产品结构调整规划；下达省属和地、市、县属冶金企业的年度指令性和指导性生产计划；负责省属各有关企、事业单位基建、技改工程的审批或报批以及全行业生产运行等各项管理工作。

在生产管理上，实行两级调度制度，即河北省冶金厅调度和企业调度，河北省冶金厅调度室是省冶金厅的生产指挥中心和办事机构，在生产经营中起指挥、协调、控制和参谋作用。

在计划管理上，1984 年前冶金产品实行指令性计划，由国家或省统一定价；1984 年后除指令性计划外，还设置了指导性计划和"双增双节"计划，指令性计划外产品实行市场价。指令性计划为上交产品必保目标，生产所需的动力和重要原燃料保证供应。

在设备管理上，推行《点检定修》，制定设备检修制度，强调计划检修与技术改造相结合，河北省属企业的大、中修计划报省冶金厅审批下达。

在能源和节能管理上，河北省冶金厅内设能源环保处，1984 年正式成立河北省冶金能源环保研究所，对钢铁企业轧钢加热炉、高炉热风炉、耐火材料隧道窑、倒焰窑及冶金企业锅炉热工设备和风机、水泵等机电设备等用能设备测试。1985 年，河北省冶金厅建立能源办公会议制度，开始对省内冶金企业进行节能管理，先后推行了能源消耗定额管理、能源管理升级、企业能量平衡、节能统计、节能评比与奖励，并积极推广节能新工艺、新技术和实施节能技术改造。1981～1988 年行业节能技改投资总额 23369 万元，节约标准煤 45.41 万吨。河北省冶金厅从 1984 年到 1988 年连续被评为河北省节能先进单位。

在环保管理上，贯彻执行"以管促治、防治结合"的方针，将保护环境纳入企业生产管理范围，将"三废治理"、综合利用和技术改造结合起来。1981～1988 年，河北省属冶金企业共完成污染治理项目 326 个，总投资 4670 万元；"三废"综合利用产品产值达到 9888 万元。1988 年，6 个企业网站联合成立了河北省冶金环境监测网，组建了河北省冶金环境监测网中心站，对河北省 55 个冶金企业进行例行监测。

在科技和新产品开发管理上，实行分级管理的原则，凡经过立项的项目都拨给一定的经费补助。1983～1988 年，受上级主管部门委托管理的项目 107 项，共拨补助经费 1647 万元。1981～1988 年，下达局（厅）控项目 91 项，拨补助经费 447 万元。1981~1988 年，通过局（厅）级及以上鉴定的新产品开发项目 104 项，对调整优化产品结构，提高产品质量起到了重要作用。

在企业管理上，认真贯彻国务院《关于国营工业企业进行全面整顿的决定》，河北省冶金厅组织领导了对冶金企业的全面整顿。从 1979 年开始，经过恢复性企业整顿、建设性企业整顿、验收补课、企业管理咨询四个阶段。到 1984 年底，省属企业全部验收合格。在企业全面整顿的基础上，1984 年开始推行企业管理现代化。经过试点阶段、普及阶段、提高阶段，一批现代化管理方法，如目标管理、决策技术、市场预测、价值工程、网络技术、ABC管理等在冶金企业普遍得到推广应用。根据国务院《关于加强工业企业管理若干问题的决定》，从 1986 年 11 月开始，在全行业开展了企业管理升级工作。到 1988 年底，唐钢、邯钢、邢机等 6 个企业晋升为国家二级企业；石钢、石焦等 16 个企业晋升为省级先进企业。

在国际贸易和国际合作上，对外开放步伐不断加快。到 1988 年，河北省有 30 个冶金企业开展了对外经贸活动，与 24 个国家和地区建立了经济技术合作和贸易关系，开展技术交流、技术与设备引进和进出口贸易。1978~1988 年，累计从国外进口主要设备 80 余台（套），总金额 7000 多万美元；零部件及原材料进口金额 2000 多万美元；产品出口 30 多种，创汇 11000 万美元。

1987 年，河北省冶金工业总公司组织省属 20 家冶金企业向省政府实行第二轮总承包（1987~1991 年）。

第三节　1988 年 10 月~1993 年 10 月

从 1988 年 3 月起，河北省冶金厅按照省领导提出的"冶金系统要搞成实体、搞企业集团"的讲话精神，进行了调研、可行性研究等大量前期准备工作。1988 年 8 月 12 日，河北省冶金厅向河北省人民政府呈报《关于组建河北冶金企业集团公司的请示》。同年 10 月 10 日，河北省人民政府以冀政函字〔1988〕95 号文印发了《关于同意撤销河北省冶金工业厅组建河北冶金企业集团公司和成立河北省冶金行业协会的批复》。1988 年 11 月 30 日，河北冶金企业集团公司在石家庄召开成立大会。

河北冶金企业集团公司为自主经营、自负盈亏、独立核算的全民所有制企业，是具有法人资格的经济实体。集团公司按照互惠互利、共同发展的原则，积极开展跨地区、跨行业的横向经济联合，组成以集团公司所属企、事业单位为紧密层，以集团公司合资经营企业为半紧密层，以与集团公司发生固定的经济技术关系的企事业单位为松散层的生产、经营、外贸、科研、设计、施工、金融、教育相结合的企业集团。集团公司对紧密层、半紧密层和松散层企业，执行不同的管理原则和分配原则。河北省冶金行业协会受河北省人民政府委托，挂靠在河北冶金企业集团公司，人员不列行政编制，经费自理。

集团公司成立后，领导和实施了第二轮总承包。1992 年，又组织直属企业向省政府实行第三轮总承包（1992~1996 年）。

从 1989 年开始，钢铁行业面临着资金紧张、市场疲软、原燃料大幅涨价的外部环境，企业效益大幅下滑。1990 年河北省冶金工业处于亏损边缘。在严峻形势下，1991 年邯钢创立了"模拟市场，成本否决"的邯钢经验。1992 年河北冶金企业集团公司积极推广和认真学习邯钢经验，当年扭转了 1990 年、1991 年连续两年经济效益严重下滑态势，实现利润 3.12 亿元，1993 年达到 20.30 亿元。

第四节　1993 年 10 月~1999 年 12 月

1993 年 10 月，恢复河北省冶金工业厅建制。这一时期是由计划经济与市场调节相结合，再发展过渡到实现社会主义市场经济；企业从扩大经营自主权，推行责、权、利相结合的经济责任制，到发展成为自主经营、自负盈亏、自我发展的市场主体。河北省钢铁工业改革发展的主要任务，一是加快企业改革步伐，努力适应社会主义市场经济的要求；二是由规模快速扩张为主逐步向优化结构、提高效益转变。河北省钢铁工业坚持"发展是硬道理"的发展观念，坚持"适应市场、突出定位、优化结构、做专做大、强化运作、全面发展"的发展思路，克服亚洲金融危机的影响和钢材市场长期低迷、价格下滑的严重困难，实现了新的跨越，提升到一个新的发展高度。

一、河北省属冶金企业完成第三轮承包

1992~1996年，5年期间，河北省属冶金企业实现利税127.15亿元，实现利润53.56亿元。

二、整体推进建立现代企业制度

完成了列入河北省建立现代企业制度试点的单位有唐山钢铁公司、邯郸钢铁总厂、承德钢铁公司、邢台冶金机械轧辊厂、邢台钢铁厂、石家庄钢铁厂、宣化钢铁公司等10家省属冶金企业和冶金机械企业；唐钢、承钢、邢钢、石钢、邢机、宣钢热电6家企业先后进行股份制改造；唐钢、邯钢、邢机3家企业股票上市；河北省冶金厅协同有关部门完成了对唐钢、邯钢、承钢组成集团的论证、批复和挂牌运营，开展以产权为纽带的母子公司体制运作；因企制宜，中小企业以改组、联合、兼并、破产、租赁、承包、托管多种形式放开放活，90%以上的国有大型企业改制。

三、改善产品结构

河北省冶金厅组织领导全省钢铁工业统筹规划、协调发展，围绕解决全省生铁、粗钢、钢材比例失调和高附加值产品比例低的问题，抓住关键、突出重点，会同企业采取各种措施，解决项目多、审批难、资金缺等多种难题，建成投产一大批对结构调整具有重大影响的项目。标志性工程有邯钢薄板坯连铸连轧工程、承钢热轧中宽带工程、唐钢2座150吨转炉、邯钢3座120吨转炉、唐钢2560立方米高炉、邯钢2000立方米高炉、石钢60万吨棒材连轧等。随着这些结构调整项目的投产，产品结构明显改善，生铁、粗钢、钢材比例从1993年的1.41：1：0.81调整到2000年的1.39：1：1.06，逐步趋于合理；连铸比从1993年的48.81%升高到2000年的95.60%；板管带材的比例显著提高，由1993年的13.81%升高到2000年的34.01%；同时结束了河

北省不能生产高质量热轧薄板的历史。

装备大型化、自动化进展加快，整体技术装备水平显著提高。到 2000 年底，有 2000 立方米、2560 立方米大型现代高炉各 1 座，河北省属企业高炉平均有效容积达到 523 立方米；转炉最大公称吨位 150 吨，平均公称吨位 41.7 吨，全部淘汰了化铁炼钢，实现了全连铸；除新上先进连续式轧机外，重点企业轧机全部升级改造，淘汰了开坯工序和多火成材工艺，全部实现一火成材。小型材、线材连轧比 66.11%，高于全国平均水平 17.11 个百分点；粗钢产量达到千万吨级，1997 年粗钢产量 1056 万吨，2001 年达到 1970 万吨，在全国各省市中排名榜首，成为钢铁大省。

四、推进科技进步

河北省钢铁工业以科技为先导，大力开发和推广应用新技术、新工艺。省冶金厅先后组织开展提高连铸比、连轧比、喷煤比的"三项重大科技攻关"活动、"主要技术经济指标竞赛"活动和"转炉上水平"活动，各项技术经济指标得到全面改善，达到历史新高。到 2000 年，转炉炼钢全部实现连铸，高于全国钢铁工业连铸比平均值 13.81 个百分点，达到世界先进水平；轧钢一火成材比达到 96.52%，连轧比大幅提高；河北省重点企业喷煤比平均 106 千克/吨，居于国内领先水平；推广溅渣护炉技术，15 吨以上转炉平均炉龄 5195 炉；河北省重点企业吨钢综合能耗平均值 914 千克标准煤，降到 1000 千克标准煤以下。

五、加强总量控制和淘汰落后工艺装备

1994 年，冶金工业部根据新形势，提出把结构优化作为钢铁工业发展的中心环节，大力推进淘汰落后，采用新技术对老企业进行技术改造，实现工艺技术现代化。1999 年初，国家冶金工业局提出了"控制总量，优化结构，大力提高冶金工业发展的质量和效益"的方针，河北省冶金工业特别是大中型钢铁企业展开了压缩生产总量的工作。

河北省冶金厅将总量控制目标进行了分解，落实到相关企业，并制定了

目标责任制。期间，承钢关停 2 座 5 吨电炉，石钢关停 1 座 10 吨电炉，唐钢关停 4 座 6 吨转炉。另外，关停了多家地方小电炉钢铁厂。

六、推广应用 HRB500 级钢筋

随着钢铁工业工艺技术的不断进步，推广应用 HRB400 级及以上高强钢筋，促进建筑钢材升级换代成为必然趋势。

在建筑工程中应用 HRB500 级螺纹钢筋，不仅可以提高工程质量，节约工程费用，而且明显降低钢材用量，从而减少生产钢筋的资源和环境污染，具有很好的社会效益和经济效益，符合国家建设节约型社会，实现可持续发展的战略要求，并且在世界发达国家已有较大比例的应用。

河北省冶金行业协会会员企业——承德钢铁公司是我国钢筋生产的龙头企业，该公司生产的"燕山"牌螺纹钢筋享誉世界。其中，HRB400 级钢筋，从 1998 年到 2003 年，连续六年在全国产销量第一。该产品广泛应用于国家重点工程项目，为我国钢筋品种升级换代做出了积极贡献。2003 年开始研制更高强度级别的 HRB500 钢筋，2004 年 6 月通过了中国钢铁协会组织的专家评审。由于 HRB500 级钢筋尚未列入建筑设计规范，因此不能得到推广应用。

为此，河北省冶金行业协会主动发挥双向服务和桥梁纽带的作用，成立专门班子深入调查研究，借鉴兄弟省经验，完成了"关于推荐在河北工程试点中应用 HRB500 级钢筋的报告"，2005 年 7 月 20 日以"冀冶行协〔2005〕36 号文"上报河北省政府，建议省政府组织相关部门，在工程中试点应用承钢生产的 HRB500 螺纹钢筋，并做好应用 HRB500 螺纹钢筋的设计、施工、规范、标准等相关工作，为推广应用创造条件。2005 年 8 月 11 日，河北省领导批示省建设厅主要领导阅研。

2006 年，河北省冶金行业协会多次与省政府办公厅工业处沟通，持续跟进，积极推进在建筑工程中应用 HRB500 级钢筋的工作，得到了省领导的高度重视。

2006 年 4 月 21 日，河北省建设厅科学技术处、河北省土木建筑协会致函河北省冶金行业协会，提出《关于推广应用 HRB500 级钢筋的初步意见》。

2006 年 4 月 27 日，河北省冶金行业协会以冀冶行协〔2006〕22 号文复函河北省建设厅，赞同函中初步意见，并提出成立推广应用 HRB500 级钢筋领导小组等 8 条补充建议。

2007 年，在河北省工程试点中应用 HRB500 级钢筋列入河北省科技厅科技成果推广计划，并拨付了专项推广费用。

2007 年 4 月 24 日，河北省建设厅、省标办、省冶金行业协会、省土木建筑协会、承钢公司的有关领导和同志就如何实施河北省科委批复的 HRB500 级钢筋科技成果推广计划进行了研讨。会后，以河北省建设厅厅长办公会议纪要〔2007〕23 号文签发。会议形成六条意见：一，成立推广应用领导小组；二，推荐河北省建设厅机关办公楼为试点工程，委托河北省建筑设计院进行设计指标测算及应用资料搜集整理；三，组织专家对工程设计进行技术可行性论证、确认，并对新技术、新标准、新规程方面的问题进行研究，形成推广应用的指导意见；四，设计确定后，承德钢厂根据设计要求，及时安排生产，确保钢材质量及供应；五，委托工程施工、监理单位对施工中发现的问题及时反馈，并提出意见和建议，以便随时解决、积累资料；六，工程完工后，组织专家对使用情况进行分析研究，总结经验。由河北省标办牵头组织编制设计、施工、验收技术规程。相关标准出台后，组织河北省推广应用。

2007 年 5 月 30 日，河北省建设厅以冀建科〔2007〕275 号文，将《关于成立 HRB500 级钢筋推广应用领导小组的通知》印发各有关单位。组长为河北省建设厅副厅长，副组长为河北省建设厅总工程师、河北省冶金行业协会秘书长、承钢公司董事长。

为了积极稳妥地在建设工程中推广应用 HRB500 级钢筋，在总结工程实践的基础上，河北省建设厅组织有关单位编制了《HRB500 级钢筋应用技术导则》，2008 年 7 月 23 日由河北省建设厅发布实施。2008 年 8 月 29 日，河北省建设厅在石家庄市召开《HRB500 级钢筋应用技术导则》新闻发布会暨宣贯、培训会议。至此，HRB500 级钢筋有了设计、施工和验收依据，为推广应用创造了条件。

第五节　2001 年 1 月~2003 年 8 月

2001 年 1 月，河北省机构改革，再次撤销省冶金厅，成立河北省经济贸易委员会管理的河北省冶金工业办公室。

受市场需求旺盛拉动，河北省钢铁工业从 2001 年起进入快速发展期。

一、总体规模

2002 年，在铁矿石、生铁、粗钢产量继续保持全国第一的基础上，河北省钢材产量达到 2510 万吨，跃居全国第 1 位。此后，河北省铁矿石、生铁、粗钢、钢材产量持续保持全国第一。10 家钢铁企业的粗钢年产量超过 100 万吨，其中，唐钢、邯钢达到 500 万吨以上。2003 年，粗钢、钢材产量分别达到 4065 万吨、3729 万吨，分别比 2000 年增长 230%、186%。

二、经济效益

2002 年，河北省冶金工业经济效益创历史最好水平。工业增加值达到 283 亿元，比 2001 年增长 22.46%，占河北省工业增加值的五分之一；利税合计首次突破 100 亿元，达到 107.22 亿元，比 2001 年增长 37.70%，实现利润超过 50 亿元，达到 56.33 亿元，比 2001 年增长 42.36%。冶金工业对河北省工业利税增长贡献率达到 32%，拉动河北省工业利润增长 8.8 个百分点。

三、产品结构

在此期间，一批对行业结构调整具有重大拉动作用的标志性工程建成投产。2002 年，投资 6 亿元的宣钢 2 座 80 吨转炉先后建成投产，结束了长期困扰宣钢发展的"铁多钢少"的历史，为宣钢根本解困奠定了坚实基础。2003 年，总投资 25 亿元的唐钢超薄热带工程竣工投产，唐钢产品结构调整取得突破性进展；邯钢热轧酸洗镀锌板工程和 CSP 续建工程投产，板带成为其主导产品。2002 年，河北省板带比 34.98%，首次达到全国平均水平。在产业布局结构调整方面，初步形成了唐钢和邯钢两大板材生产基地、承钢高等级含钒钢材生产基地、石钢优质棒材生产基地、邢钢优质线材生产基地、宣钢建筑钢材生产基地和新兴铸管优质球墨铸铁管生产基地。

四、主要技术经济指标

工艺指标方面，河北省转炉炼钢连铸比 100%，继续保持全国领先水平。2002 年，参加全国对标的河北省 9 家骨干钢铁企业加权平均炼铁高炉利用系数 2.67 吨/（立方米·日），入炉焦比 411 千克/吨、喷煤比 126 千克/吨；炼钢转炉钢铁料消耗 1089 千克/吨；轧钢综合成材率 96.54%；吨钢综合能耗（标准煤）801 千克，可比能耗（标准煤）711 千克；均好于全国平均水平。成本指标方面，9 家骨干企业产品制造成本与全国平均相比，生铁低 35.04 元/吨、普碳钢方坯低 76.08 元/吨、低合金钢方坯低 94.01 元/吨、普碳钢线材低 110.68 元/吨、热轧螺纹钢低 123.29 元/吨、中厚板低 141.87 元/吨、热轧带钢低 54.38 元/吨。

五、体制创新

河北省钢铁工业在建立现代企业制度、完善公司治理结构方面迈出了较大步伐。国有大中型企业普遍按照"产权清晰、权责明确、政企分开、管理科学"的要求，明确了董事会、监事会和经理层的基本职责和议事制度，逐步健全和完善了"各负其责、责权统一、协调运转、有效制衡"的公司治理结构。在产权明晰的基础上，积极探索集体和个人买断、法人持股、职工参股等投资主体多元化形式，使子公司、分公司向具有多元投资主体的混合所有制经济发展。2002 年 9 月 6 日，承钢旗下承德新新钒钛股份有限公司股票在上海证券交易所上市，募集资金 5.4 亿元。在主辅分离方面，承钢对机械厂、设计院进行股权多元化改制，吸纳经营者和职工个人资本，成立了新的股份制企业。石钢积极尝试了产权结构多元化改革，2002 年 6 月 18 日，职工参股的河北力源气体有限公司正式运行。邢钢积极运作企业股票上市工作，取得较大进展。

对国有困难企业做好解困帮扶，积极稳妥推进关闭破产。2002 年 5 月 15 日和 9 月 23 日，河北省人民政府先后两次召开省长办公会议，专门研究涞源铜矿和涞源钢铁厂两个企业的根本出路问题。涞源铜矿、涿州金属器件厂和河北省有色进出口公司列入国家政策性破产计划，进入破产程序。

第六节　2003 年 8 月~2018 年 12 月

2003 年 8 月，河北钢铁行业行政管理体制进行重大变革，政企彻底分开，撤销河北省冶金办公室，不再设立行业主管部门，改由河北省政府相关部门根据其职能对钢铁行业进行管理。

随着我国改革开放的不断深入和适应形势发展的需要，中国钢铁工业进入转变发展方式，深化供给侧结构改革，实现绿色制造和高质量发展的新阶段。国家和省相继发布了钢铁行业淘汰落后产能和化解过剩产能、促进产业结构调整、推进节能减排等一系列政策文件。河北钢铁工业这个时期的改革发展主要有以下几个方面。

一、淘汰落后产能和化解过剩产能

"十一五"期间累计淘汰落后炼铁产能 3696 万吨、炼钢产能 1888 万吨；"十二五"期间，共关停拆除高炉 87 座、转炉及电炉 94 座，压减炼铁产能 3391 万吨、炼钢产能 4106 万吨。已全部淘汰了 400 立方米及以下炼铁高炉、30 吨及以下炼钢转炉、电炉，整体装备水平高于全国平均水平，生产过程普遍实现了连续化和自动化。

二、联合重组

这个时期的企业联合重组步伐加快，主要联合重组都是在这个时期完成的（详见第三章第三节），明显的提高了河北钢铁工业的集中度，特别是河钢集团的成立，是河北的国有钢铁企业整合为一，成为有竞争优势的大型钢铁集团，自 2009 年以来，连续 4 年跻身世界企业 500 强。

三、规范企业管理

自 2012 年开展钢铁行业规范企业管理以来，河北省钢铁企业对照钢铁行业规范条件的要求，做了大量整改工作。到 2015 年，经企业申请，工业和信息化部进行核查，共有 77 家钢铁企业符合规范条件（见第三章第四节）。对促进企业提高产品质量和工艺与装备水平，强化环境保护和能源消耗，加快实现绿色制造和高质量发展，发挥了强劲的推动作用。

四、节能减排，绿色发展

这一时期，河北省钢铁企业秉承绿色发展理念，加大投资力度，推广应用节能减排新工艺、新技术，建设节能减排和污染治理项目。

钢铁企业各工序全面配备了节能减排设施，配套建设了污染物治理设施。烧结机头、球团焙烧、焦炉安装了颗粒物、二氧化硫、氮氧化物自动监控系统，废水关排口安装了在线自动监控系统，并与地方环保部门联网。有健全的能源管理体系，必要的能源（水）计量器具配备齐全，建立了能源管理中心。实现了大气污染物、水污染物达标排放，主要生产工序能源消耗指标符合相关标准要求。2014 年，全行业的转炉实现负能炼钢；2017 年，河钢唐钢、河钢邯钢、敬业钢铁、普阳钢铁、邢台德龙、东海特钢、金鼎重工、新金钢铁、邢钢 9 家钢铁企业获国家工信部公布的绿色工厂称号。邢台德龙打造的钢铁文化园区评为国家 3A 旅游景区，2018 年接待 4 万人参观游览。

2018 年，河北省冶金行业协会会员钢铁企业吨钢综合能耗 556 千克，吨钢可比能耗 514.45 千克，吨钢耗电 416.56 千瓦时，吨钢耗新水 2.06 立方米；水重复利用率 97.71%，焦炉、高炉、转炉煤气利用率分别达到 99.73%、98.97%、98.79%；高炉渣、钢渣、尘泥利用率分别达到 99.98%、99.56%、99.76%。

五、技术进步

一是企业陆续建成了 47 个省级企业研发机构和省级技术中心 13 个，国家级技术中心 5 个，博士后工作站 6 个。二是在新工艺，新技术的研发和应用以及新产品开发和提高产品质量中，每年都涌现出大批科技成果。其中，有 4 项科技成果获国家科技进步奖二等奖，1 项成果获国家技术发明二等奖；多项成果获部级、省级科技进步奖；授权的发明专利、实用新型专利、外观设计专利多项；承担国家、河北省有关部门下达的多项科技项目通过验收或通过成果鉴定。三是 2008 年 6 月，河北省科技厅与唐钢在石家庄签署《河北省自然科学基金——钢铁联合基金协议书》，2011 年 12 月，河北省科技厅与河钢集团联合设立《河北省钢铁行业技术升级专项基金》，河北省科技厅与河钢集团、河北联合大学联合设立《河北省自然科学基金——钢铁联合研究基金》，为多项科研项目提供了资金支持。

六、产品结构优化

企业主动对接市场，努力满足客户个性化需求，靠产品质量赢得市场，靠产品档次挤占市场，全行业产品质量和档次大幅提升。

一是根据市场需求不断开发新产品。每个企业每年基本都有新产品问世。2018 年，行业新产品产值率 16.59%，其中河钢集团开发新产品 240 个，11 个产品填补国内空白。汽车用钢、家电板分别保持国内第二大供应商、第一大供应商的地位，客户结构不断高端化；首钢京唐全年开发新产品 66 项，形成了以管线钢、耐候钢、汽车结构用钢、高强钢为主的产品结构。二是产品质量稳步提高。各钢铁企业基本建立健全了质量管理体系，推行 6S 管理、卓越绩效管理等先进的质量管理方法，提升了质量保证能力。每年都有一批产品获得中国钢铁工业协会冶金产品实物质量认定（金杯奖）和省知名品牌称号。2018 年，有 29 项产品获金杯奖，14 项产品获省知名品牌称号。其中，津西钢铁的"津西"牌 H 型钢凭借质量优良、抗震性能好、施工效率高、绿色环保以及满足客户个性化需求等优势，成功应用于国内首座高速铁路跨海大桥泉州湾跨海大桥、中化泉州乙烯及炼油改扩建重点项目，钢板桩应用于太湖隧道工程和城市地下管廊；邢钢高强度耐候钢应用于拉林铁路雅鲁藏布江特大桥和北京冬奥会保障项目——延崇高速跨大秦铁路桥。

七、国际化发展

河钢集团是中国钢铁企业海外发展的领军企业。河钢集团加强海外战略实施，构建面向全球的国际化竞争格局。海外布局欧洲、美洲、非洲等地区，现拥有"四钢二矿一平台"，包括河钢德高、河钢南非矿业公司、澳大利亚威拉拉铁矿、河钢塞尔维亚公司、河钢马其顿中板公司、河钢南非 DSP 公司、河钢美国克拉赫公司以及 22 个海外服务中心。目前，集团境外投资达到 11 亿美元，控制运营海外资产近 100 亿美元，服务网络遍布全球 110 个国家，海外业务年营业收入超过 1000 亿元人民币。2017 年，河钢集团启动了河钢德高"丝路能源钢铁公司（BRESCO）"项目，项目开局良好，已在多个国家和地区从事商业活动，与全球众多钢厂建立了业务关系。河钢集团 2017 年荣获"一带一路"十大先锋企业，2018 年荣获中国国际化程度最高的钢铁企业称号。

邢台德龙，河北文丰，新武安钢铁集团等民营企业也分别在海外建有钢铁或矿山项目。

八、经济效益

这一时期经济效益波动较大，2003 年到 2008 年，全行业利税、利润占河北省工业的比例都在 30% 以上（2003 年利税占 26.02%）。从 2009 年开始波动下滑，2015 年达到谷底，成为河北省钢铁行业的"寒冬"。2016 年开始恢复性增长，2017 年实现利润创历史最好水平，到 2018 年实现利润占河北省工业的比例达到 41.86%。

第三章　企业改革与发展

第一节　国有钢铁企业改革与发展

国有钢铁企业改革发展的主线是从计划经济体制转变为社会主义市场经济，从生产工厂转变为市场主体，从工厂制转向公司制。

一、企业领导体制改革

1979 年，河北省钢铁企业先后取消了革命委员会领导体制，转换为党委领导下的厂长负责制。1984 年 5 月，中共中央办公厅、国务院办公厅发出《关于认真搞好国营工业企业领导体制改革试点的通知》，河北省钢铁工业开始在国有企业实行厂长负责制试点。1986 年 9 月，中共中央、国务院颁布《工业企业、财贸企业基层党组织工作暂行条例》《国营工厂厂长暂行条例》和《工业企业职工代表大会暂行条例》，把厂长负责制作为企业的基本制度确定下来。河北省冶金厅根据国家文件精神，要求省属及地方骨干钢铁企业全部实行厂长负责制，重点钢铁企业实行厂长任期目标责任制，并制定了《实行厂长任期目标责任制实施办法》，1986 年底，唐钢、邯钢、宣钢、承钢、邢钢、石钢等省属钢铁企业按要求实行了厂长（经理）负责制。1988 年 4 月，《中华人民共和国全民所有制工业企业法》（以下简称《企业法》）颁布后，河北省钢铁企业进一步完善厂长负责制，理顺企业内部党、政、工关系，形成了厂长对企业全面负责、党组织起保证监督、职工民主管理企业的新格局，逐步走上了依据《企业法》管理企业的道路。

二、股份制改造与建立现代企业制度

1992 年 10 月，中共十四届三中全会提出，国有企业的改革方向是建立"产权清晰、权责明确、政企分开、管理科学"的现代企业制度。1993 年 12 月，第八届全国人大常务委员会第五次会议通过《中华人民共和国公司法》。河北省冶金厅按照省委、省政府的总体部署，采取"分类指导、补充完善、整体推进、分步实施"方针，开始在国有企业推进股份制改造和建立现代企业制度。1993 年，邢台冶金机械轧辊厂改制为邢台冶金机械轧辊股份有限公司。之后，承德钢铁公司、唐山钢铁公司、邯郸钢铁总厂、新兴铸管分别组建了承德钢铁股份有限公司、唐山钢铁股份有限公司、邯郸钢铁股份有限公司、新兴铸管股份有限公司。宣化钢铁公司组建了宣钢热电股份有限公司，石钢、邢钢、河北冶金研究院也分别组建了石家庄钢铁股份有限公司、邢台钢铁股份有限公司和河北冶金科技股份有限公司。企业完成股份制改造后，河北省冶金厅协助企业与有关部门协调，1994 年到 2002 年之间，先后有唐钢、邯钢、邢机、承钢、新兴铸管等企业股票上市。1996 年，列为河北省考核的唐钢、邯钢、承钢、邢机四家企业初步建立起现代企业制度框架，实现了从工厂制向公司制转变，根据《公司法》设立了董事会、监事会和经理层组成的公司治理结构，分别行使决策权、监督权和执行权。宣钢、邢钢、石钢基本完成了国有独资公司改制，1997 年初步建立起现代企业制度基本框架。2005 年，国有企业全部建立起现代企业制度框架。

三、经营机制改革

1979~2000 年，河北省钢铁企业与有色金属企业一起在改革开放方针的指引和推动下，在转换经营机制方面主要进行了承包经营、产供销体制改革、三项制度改革、主辅分离和企业兼并破产及联合重组。

（一）承包经营

在国务院颁发的《关于扩大国营企业经营管理自主权若干规定》精神指

导下，1980~1996 年，先后向河北省政府实行了三轮承包。

1. 第一轮总承包（1980~1984 年）

1980 年，河北省冶金工业总公司（省冶金局）对省政府总承包，范围包括河北省冶金局直属 38 家企业试点。承包上缴利润，对企业制定 5 年上缴利润递增包干方案，一定 5 年不变。5 年利润总承包中，上缴利润 6.42 亿元，税收 4.96 亿元，合计 11.38 亿元。上缴利润和税收比承包前 5 年增长 3 倍，上缴河北省财政利润年均增长率 23.8%。

2. 第二轮总承包（1987~1991 年）

1987~1988 年由河北省冶金总公司，1989~1991 年由河北冶金企业集团公司组织 20 家省属冶金企业对省政府实行上缴利润和主要冶金产品承包经营，承包内容包括上缴利润、上缴指令性冶金产品、发展目标，实行工资总额与实现利润总挂钩。5 年总承包累计实现利税 36.35 亿元，上缴数相当于省属冶金企业 1986 年固定资产 24.50 亿元的 1.3 倍，河北省属冶金企业固定资产到 1991 年达到 68.50 亿元，增长 1.7 倍。

3. 第三轮总承包（1992~1996 年）

1992 年，河北冶金企业集团公司直属企业对河北省政府第三轮总承包，其中唐钢、邯钢实行投入产出总承包，宣钢实行扭亏为盈总承包，其他省属企业则实行上缴利润递增包干承包。1996 年，第三轮承包的河北省属冶金企业利税 20.10 亿元，占全行业利税总额的 85.17%；其中利润 8.0 亿元，占全行业利润总额的 101.27%。河北省冶金行业实现利润在全国同行业的位次，由 1995 年的第 4 位上升到 1996 年的第 2 位。

（二）产供销体制改革

长期以来，钢铁产品实行"国家定价""统购统销"模式。河北省直属企业的全部生产技术经济活动都纳入计划，产、供、销均由河北省冶金厅

（省冶金局）统一管理。从 1984 年起，产品价格、物资供应，产品销售开始实行"双轨"体制。指令性计划上交产品生产所需的动力和重要原燃料保证供应，统一定价，计划外产品实行市场价。同时，建设投资和流动资金由拨款转为银行贷款，投资主体由国家转变为企业，企业逐步走向市场。

1992 年 3 月，河北省政府实施加快改革的"十一条措施"，河北冶金企业集团公司提出贯彻落实"十一条措施"的"八条意见"，其核心内容是企业生产经营自主、产品定价自主、内部分配自主、劳动用工自主、技术改造自主、机构设置自主。

1993 年，国家基本取消钢铁产品的指令性计划，终结钢材价格"双轨制"，企业完全根据市场需求决定生产、销售和价格。

（三）三项制度改革

根据《全民所有制工业企业转换经营机制条例》和河北省有关文件精神，1992 年，河北冶金企业集团公司对省属企业提出以劳动、人事、分配"三项制度"改革作为企业转换经营机制的主攻方向。1992 年，河北冶金企业集团公司和河北省劳动厅先后批复了邯钢、唐钢、承钢、邢机等企业关于劳动制度综合配套改革、管理人员、专业技术人员聘用和实行岗位技能工资制改革的有关请示。1993 年，河北省属冶金企业加快三项制度的改革步伐，同年年底基本实行了全员劳动合同制，结束了延续几十年的固定工制；实行了干部聘任制，取消干部终身制；实行了岗位技能工资制，打破了平均主义"大锅饭"，为企业生存与发展注入了活力。1992 年，新兴铸管全面推行全员劳动合同制度，实行《岗位技能工资实施办法》，实行一岗一薪，岗变薪动，从 1994 年开始推行全面预算管理，推动了经济效益的持续增长，自 2000 年起经济效益连续五年居全国冶金行业前五名，连续三年名列全国行业第二。

（四）主辅分离

河北省冶金行业国有企业主辅分离（即"精干主体、分离辅助、减员增效"）工作，主要在"九五"（1996～2000 年）期间进行。河北省冶金厅以省属冶金企业唐钢、邯钢、宣钢、承钢、邢钢、石钢为重点，在全行业坚持整体规划，先易后难，分步推进。主要工作一是企业主辅划分，把可以分离的辅助单位分离出去，精干主体；二是分离的辅助单位转换机制，真正做到自负盈亏，形成新的经济增长点；三是岗位测评，编制企业定额标准，精减冗员；四是推行多能工用工制度，培养复合型人才和一专多能型人才，减少劳动定员，精干在岗人员；五是拓宽分流人员安置和再就业渠道。主辅分离，使企业劳动生产效率得到明显提高。唐钢、邯钢、承钢、宣钢、邢钢、石钢6个河北省属钢铁企业，2000年比1995年实际减少了75602人，减员幅度47%，粗钢产量实物劳动生产率由1995年的36吨/人增长到2000年的123.6吨/人，增长幅度243.3%。

（五）企业兼并破产及联合重组

在国有企业改革的进程中，河北省冶金工业坚持"抓大放小"的方针，通过多种形式搞活做强大型企业，放开放活小型企业。

1. 组建集团

为了促进企业组织结构调整，推动生产要素的合理流动，1996年河北省冶金厅协同有关部门完成了对唐钢、邯钢、承钢、邢机、宣钢组成集团的论证和批复。

2005年，以唐钢为核心，联合宣钢、承钢整合组建唐山钢铁集团有限责任公司。2005年末，资产总额581亿元，在册职工总数93569人，粗钢产量1607万吨，位居中国第二位。

2008年6月30日，唐钢集团、邯钢集团联合组建河北钢铁集团有限责任公司。2008年，集团以营业收入1670亿元，居世界500强企业第375位。2014年，河北钢铁集团有限责任公司改名河钢集团有限责任公司。

2. 兼并

由优势企业兼并劣势企业，1994年邢台钢铁厂兼并邢台有色金属冶炼厂，

1996 年承德钢铁集团兼并承德化工厂，1997 年邯钢先后兼并了河北省属企业衡水钢管厂和部属企业舞阳钢铁公司，唐钢集团兼并河北省唐山物资站，石钢兼并河北省冶金技术开发公司……

1993 年，新兴铸管与中国光大（澳门）国际投资公司合资成立"河北新兴铸管有限公司"、与中国光大（澳门）有限公司合资成立"邯郸赵王宾馆有限公司"。1995 年，新兴铸管兼并邯郸市石化机械厂，与石家庄 6410 工厂合资兴建石家庄新兴铸管有限公司。1999 年，新兴铸管正式接管邯邢矿山管理局午汲钢铁厂。2005 年，新兴铸管与河北欣和投资有限公司共同出资组建邯郸新兴发电有限责任公司。2010 年，新兴铸管特种管材生产基地项目在邯郸冀南装备新城马头生态工业区正式开工建设。

3. 破产

对严重资不抵债、扭亏救活无望的国有企业实行破产。1996 年 11 月承德钢铁集团竞拍收购破产的承德锌厂，1997 年唐山马家沟耐火材料厂破产，其后张家口宁远钢厂、宣化四方台铁合金厂等国企破产。

第二节　民营钢铁企业崛起与发展

河北省铁矿、煤炭资源比较丰富，改革开放后，主要是 2000 年以后，受市场需求拉动和利益驱动的双重影响，民营钢铁企业迅速崛起并成为河北省钢铁工业的重要组成部分。

一、主要产品产量

2001 年，民营钢铁企业生铁、粗钢和钢材产量分别占河北省产量的 20%、24% 和 16%，随后快速增长，2004 年占比均超过 50%，2007 年均超过 60%，2015 年民营钢铁企业的生铁、粗钢和钢材产量分别占河北省产量的 64%、66% 和 77%，比 2001 年分别提高 44、42 和 61 个百分点，见表 3-1。

表 3-1 2001~2018 年河北省民营钢铁企业主要产品产量变化情况

年份	生铁		粗钢		钢材	
	产量/万吨	占全省比例/%	产量/万吨	占全省比例/%	产量/万吨	占全省比例/%
2001	425.8	20	472.8	24	318.7	16
2004	3011.6	57	3215.6	57	2442.9	52
2007	6499.9	62	6523.3	61	6920.5	66
2010	7699.6	56	8519.1	59	11138.3	66
2015	11075.4	64	12516.1	66	19343.3	77
2018	16616.3	78	18467.9	78	21608.9	80

二、企业规模

民营钢铁企业刚起步时，装备水平低，企业规模小。2001 年，粗钢产量 50 万吨以上的企业 5 家，依次为唐山国丰、河北津西、遵化建龙、唐山鸿达、半壁店钢铁厂；其中规模最大的唐山国丰 2001 年生产粗钢 74.8 万吨、钢材 112.8 万吨。2004 年，粗钢产量 100 万吨以上的民营钢铁企业 9 家，分别是唐山国丰、河北津西、唐山建龙、德龙钢铁、河北敬业、河北普阳、河北滦河、唐山宝业、河北文丰；其中，唐山国丰粗钢产量最高，为 404.47 万吨；河北津西粗钢产量第二，为 338.40 万吨。2007 年，粗钢产量 100 万吨以上的企业超过 20 家，其中唐山国丰粗钢产量超过 500 万吨。2010 年，粗钢年产量 100 万吨以上的企业增加到 30 多家；其中粗钢产量超过 500 万吨的企业 4 家，分别是河北津西 824.7 万吨、唐山国丰 749.2 万吨、纵横钢铁 606.2 万吨、河北敬业 531.3 万吨；粗钢产量在 300 万~500 万吨的企业 5 家，分别是九江线材、河北普阳、河北前进、河北新金、河北文丰。2015 年，粗钢年产量 100 万吨以上的企业 58 家，其中，河北敬业粗钢产量超过 1000 万吨；津西集团和唐山国丰粗钢产量 800 万~1000 万吨，分别达到 976.84 万吨、829.16 万吨；粗钢产量 600 万~800 万吨的企业 3 家，分别是沧州中铁 742.01 万吨、秦皇岛安丰 707.08 万吨、唐山瑞丰 629.13 万吨；粗钢产量 300 万~500 万吨的企业 8 家，分别是武安裕华、秦皇岛宏兴、河北前进、辛集澳森、廊坊洸远、唐山东海特钢、唐山东华、唐山港陆。2018 年，粗钢年产量 100 万吨以上的企业 48 家，其中，粗钢产量超过 1000 万吨的企业 4 家，即津西集团、河北敬业、九江线材和燕山钢铁；粗钢产量 500 万~800 万吨的企业 9 家，有东海特钢、安丰钢铁、沧州中铁、鑫达钢铁、瑞丰钢铁、东海钢铁、普阳钢铁、唐山港陆、宏兴钢铁；粗钢产量 300 万~500 万吨的企业 8 家，有唐山国丰、武安裕华、辛集澳森、天柱集团、唐山松汀、廊坊洮远、德龙钢铁、唐山荣信；粗钢产量 100 万~300 万吨的企业 26 家，有文丰钢铁、新金钢铁、唐山新宝泰、唐山东华、山川轮毂、唐山德龙、金鼎重工、唐山国义、烘熔钢铁、经安钢铁、承德盛丰、文安钢铁、承德兆丰、承德建龙、邢钢、秦皇岛佰工、明芳钢铁、华西钢铁、文安新钢、唐山金马、唐山建龙、新兴铸管、兴华钢铁、唐山春兴、迁安轧一、鑫汇冶金。2018 年，粗钢产量 300 万吨以上的民营企业 21 家，其生铁、粗钢和钢材产量详见表 3-2。

表 3-2　2018 年河北省粗钢产量 300 万吨以上民营企业生铁、粗钢、钢材产量

序号	企业名称	生铁产量/吨	粗钢产量/吨	钢材产量/吨
1	敬业集团有限公司	10823337	11245254	11083745
2	迁安市九江线材有限公司	10257160	10817968	9666643
3	河北津西钢铁集团	9317288	10331172	9820117
4	唐山燕山钢铁有限责任公司	9009875	10047826	10264976
5	唐山东海钢铁集团特钢有限公司	7218448	7609446	6802399
6	河北安丰钢铁有限公司	6798737	7156566	6753069
7	沧州中铁装备制造材料有限公司	6744585	6951269	6825708
8	河北鑫达钢铁有限公司	5789057	6763459	4314385
9	唐山瑞丰钢铁（集团）有限公司	5326854	5734502	5512949
10	唐山东海钢铁集团有限公司	4133574	5419471	4939450
11	河北普阳钢铁有限公司	4667427	5398675	6419481
12	唐山港陆有限公司	4956970	5388875	5214964
13	秦皇岛宏兴钢铁有限公司	4926106	5096630	3345956
14	唐山国丰钢铁有限公司	4470695	4864119	7302488
15	武安市裕华钢铁有限公司	4408445	4479827	4264361
16	辛集市澳森钢铁有限公司	3637063	4100279	3951157
17	河北天柱钢铁集团有限公司	3536426	4026858	4176770

续表 3-2

序号	企业名称	生铁产量/吨	粗钢产量/吨	钢材产量/吨
18	唐山松汀钢铁有限公司	3045280	3588807	1138098
19	廊坊洸远金属制品有限公司	2983957	3561061	2647604
20	邢台德龙钢铁有限公司	2603796	3179438	3921234
21	唐山荣信钢铁有限公司	3144347	3102975	—

随着企业规模的扩大，营业收入随之增加。2003 年，唐山建龙、河北津西率先跻身中国企业 500 强，以后逐年增多，河北敬业、纵横钢铁、唐山国丰、唐山瑞丰、唐山港陆、河北文丰、河北普阳、邢台钢铁、德龙钢铁等企业均曾进入过中国企业 500 强行列。2015 年，全国有 26 家钢铁企业进入"2015 年中国企业 500 强"，河北省有 6 家企业，其中民营钢铁企业 4 家，占到河北省入选中国企业 500 强企业的 67%。2018 年，全国有 35 家钢铁企业进入"2018 年中国企业 500 强"，河北省有 11 家钢铁企业名列其中，除河钢集团外，河北津西钢铁集团股份有限公司、河北新华联合冶金控股集团有限公司、敬业集团有限公司、河北普阳钢铁有限公司、武安市明芳钢铁有限公司、唐山港陆钢铁有限公司、武安市文安钢铁有限公司、冀南钢铁集团有限公司、河北新金钢铁有限公司、武安市裕华钢铁有限公司 10 家均为民营钢铁企业，占河北省企业入选中国企业 500 强的 90.91%。见表 3-3。

表 3-3　河北省跻身"2018 年中国企业 500 强"钢铁企业营业收入

排名	企业名称	营业收入/万元
54	河钢集团有限公司	30677432
169	河北津西钢铁集团股份有限公司	10090231
230	河北新华联合冶金控股集团有限公司	7362531
251	敬业集团有限公司	6746750
297	河北普阳钢铁有限公司	5467220
349	武安市明芳钢铁有限公司	4472500
359	唐山港陆钢铁有限公司	4349142
394	武安市文安钢铁有限公司	3982618
397	冀南钢铁集团有限公司	3971613
402	河北新金钢铁有限公司	3950773
412	武安市裕华钢铁有限公司	3863513

三、产品结构

河北省民营钢铁企业起步初期，技术装备水平低，技术力量薄弱，产品主要是技术含量不高的中小型材、热轧窄钢带、线材和焊接钢管等。随着技术装备水平和职工队伍素质的逐步提升，企业以市场需求为导向，以效益为中心，不断优化产品结构，不断提高产品质量。2010年，钢材品种除中小型材、热轧窄钢带、线材等产品外，扩展到铁道用钢材、大型型钢、厚钢板、中板、热轧薄板、冷轧薄板、中厚宽钢带、热轧薄宽钢带、冷轧薄宽钢带、镀层板（带）、涂层板（带）等多个品种。如邢钢成为全国最大的优特钢线材专业生产企业和国内品种最多的线材企业，可生产100多个钢种1000多种产品，涵盖冷镦钢、帘线钢、弹簧钢、轴承钢、预应力钢、焊接用钢、丝网用钢、齿轮钢、硬线等碳钢十七个系列产品和不锈钢系列产品，建有国内最先进的线材精制生产线、高端紧固件生产线、中国最大的汽车冷成型异形件生产线和焊网生产线，精制线材、冷成型异形件、焊网产量全国第一；津西钢铁集团是品种最多、规格最全的全国最大H型钢生产基地。河北敬业与东北大学合作，总投资30亿元建设了国内首套高品质薄带铸轧生产线，投资23亿元引进增材制造（3D打印）项目，该项目年产2万吨粉末成型产品、600吨增材制造用金属材料以及30吨3D打印航空材料年生产能力。

经过多年努力，河北省民营钢铁企业质量管理水平和产品质量及其稳定性进一步提高，多个企业的产品出口发达国家，和用于国内重点工程，一大批产品获得中国钢铁工业协会实物质量认证"金杯奖""河北省名牌产品"称号及国内外有关认证，一批企业获得"河北省质量效益型企业"荣誉称号。如唐山文丰轮毂公司"文丰"牌锌锅钢超大、超厚、超重板出口意大利；河北津西钢铁"津西"牌拉森钢板桩应用于南水北调、昆明飞虎大道等重点工程，H型钢成功应用于奥运"鸟巢"、中央电视台新址等国家重点工程领域，并出口到日本、韩国等18个国家和地区，先后荣获"全国用户满意产品""中国H型钢市场品质信誉第一品牌"等荣誉。

2018年，"金杯奖"仍在有效期内的民营钢铁企业有承德建龙、唐山正元管业、河北东海特钢、河北龙凤山铸业、衡水京华制管、九江线材、澳森钢铁、邢钢、中普（邯郸）等9家。

2015年，河北津西股份、德龙钢铁、河北普阳的热轧宽钢带，邢钢、辛集澳森、河北敬业、武安裕华的线材，河北敬业、河北东海、唐山东华的带肋钢筋，河北前进、唐山瑞丰、唐山建龙简舟的中宽带和河北敬业的锅炉压力容器用钢板等22项产品荣获"河北省名牌产品"；2016年，中普（邯郸）、河北文丰、河北宇光焊业、秦皇岛秦冶重工、河北燕赵蓝天板业、霸州市京华金属制品、河北联冠电极、新金钢铁有限公司、敬业钢铁、唐山东海等民营钢铁企业均有产品荣获"河北省名牌产品"；2017年，邯郸正大制管、衡水京华制管、河冶科技、河北永洋特钢、唐山文丰山川轮毂、承德建龙、河北津西、河北天柱、唐山盛财、唐山正丰、河北龙凤山铸业等民营钢铁企业均有产品荣获"河北省名牌产品"称号。

2015年，河北省质量效益型企业有河北文丰钢铁有限公司和河北前进钢铁集团有限公司；2018年，河北敬业中厚板有限公司、武安市明芳钢铁有限公司、河钢石钢公司、河北普阳钢铁有限公司、河北兴华钢铁有限公司、河北新武安钢铁集团文安钢铁有限公司、河北龙凤山铸业有限公司、河北永洋特钢集团有限公司等被认定为"2017年河北省质量效益型企业"。

佰工钢铁、首秦、沧州中铁、承德建龙、敬业钢铁、邢钢、唐山建龙、唐山新宝泰、唐山东海、河北天柱、河北鑫达、唐山国义、唐山国丰、唐山燕钢、河北津西、永洋钢铁、广耀铸业、金鼎重工、普阳钢铁、中普（邯郸）、烘熔钢铁、明芳钢铁、文安钢铁、兴华钢铁、文丰钢铁、新金钢铁、永诚铸业、东海特钢、东华钢铁、九江线材等多家民营钢铁企业的多种产品获得国内外多个机构的认证。

第三节　联合重组

一、邯郸钢铁集团有限责任公司兼并衡水钢管厂和舞阳钢铁公司

20世纪90年代，中国钢铁行业生产经营的外部环境十分严峻，企业经济

效益大幅下降，部分企业亏损严重。邯钢通过推行并不断深化以"模拟市场核算，实行成本否决"为核心的经营机制，创造了显著的经济效益和社会效益。

亏损严重的衡水钢管厂要求邯钢兼并。1997 年 4 月 2 日，邯钢向河北省冶金厅报送了《关于兼并衡水钢管厂的报告》，获得批复，5 月 23 日，双方签署了兼并协议，同年扭亏为盈。

舞阳钢铁公司是地处河南省的部属企业，由冶金工业部主导和协调，经河北省人民政府和冶金工业部批准，1997 年 9 月 8 日，邯钢兼并舞钢，改制为邯钢集团舞阳钢铁有限责任公司。1998 年扭亏为盈，全年实现利润 300 万元。

二、新唐山国丰钢铁有限公司成立

2001 年，在钢材市场出现前所未有的旺盛需求和钢铁产品较高利润的拉动下，钢铁企业开始快速扩张生产规模。2003 年 8 月底，在当地政府的积极推动下，原国丰最大股东香港中旅以增资性质向国丰注入 10.25 亿元，兼并原来的国丰、银丰、新丰钢铁有限公司，成立新的唐山国丰钢铁有限公司，实现"三丰"合一。2005 年位列中国企业 500 强。

三、中信泰富控股石家庄钢铁公司

2005 年，中信泰富有限公司以 14.9 亿元收购石家庄钢铁公司 65% 的股权，成为第一大股东。2010 年，河北钢铁集团出资 19 亿元收购石钢 80% 股权，从而控股石钢。2010 年 3 月 19 日下午，中信泰富和河北钢铁集团在石家庄签署石钢股权转让暨托管协议，石钢正式从中信泰富集团转入河北钢铁集团旗下，从港资重返国资。

四、设立首钢京唐钢铁联合有限责任公司

2005 年 10 月 22 日，首钢京唐钢铁联合有限责任公司在河北唐山市滦南县曹妃甸港挂牌成立，首钢与唐钢各占股份的 51% 和 49%。首钢京唐于 2007 年 3 月开工建设，2010 年 6 月一期工程建成投产。2011 年 9 月首钢、河北钢

铁集团（唐钢是河北钢铁集团的子公司）经友好协商，就河北钢铁集团从首钢京唐钢铁公司退出达成共识。

五、设立邯钢集团邯宝钢铁有限公司

2007 年 5 月，邯钢与宝钢合作建设邯钢新区正式签约，双方各出资 50%，成立邯钢集团邯宝钢铁有限公司，9 月 13 日完成工商登记，12 月 15 日揭牌。公司主要生产高技术含量、高附加值的精品板材，设计产能 500 万吨/年。后因双方发展战略的调整，依据《公司法》《合同法》的规定，经友好协调，双方达成了宝钢退出邯钢集团邯宝钢铁有限公司股权的共识，并于 2009 年 3 月 18 日签订协议，宝钢退出全部股权并由邯钢受让。

六、组建河北钢铁集团有限责任公司

2005 年 10 月 26 日，河北省人民政府以冀政函〔2005〕127 号文批复同意唐钢集团公司组成方案，将河北省国资委持有的宣钢、承钢的全部国有产权整体划入唐钢进行整合，组成新的唐钢集团公司。2006 年 2 月 26 日，由唐钢、宣钢、承钢联合组建的新的唐钢集团成立。

2008 年 6 月 30 日，由原唐钢集团和邯钢集团组建的河北钢铁集团有限公司（简称河北钢铁集团）正式成立。集团以钢铁为主业，横跨钢铁、资源、制造、金融、物流五大板块，拥有唐钢、邯钢、宣钢、承钢、舞钢、矿业、销售、采购、国际物流、钢研总院、国贸、财达证券、衡板、宣工、燕山大酒店、子分公司，集团总部坐落在河北省省会石家庄市。

集团钢铁产品以"精品板材、优质建材、特殊用钢、钒钛制品"四大系列为主导，产品覆盖航空、航天、军工、汽车、石油、铁路、桥梁、建筑、电力、交通、机械、造船、轻工、家电等 20 多个重要应用领域。集团按照"发展规划、资产管理、资本运作、投资管理、财务资金、人力资源、市场营销"七统一的原则，建立健全集团管控体系，积极推进实质性整合，有效发挥整合优势和协同效应。2009 年在严峻的市场形势下，集团钢产量 4024 万吨、钢材产量 3564 万吨，实现利润 30 余亿元，跻身世界 500 强，实现了河北省企业世界 500 强零的突破。2010 年 3 月收购石钢；11 月 11 日，集团进行跨所有制联合重组尝试，本着"自愿联合、优势互补、循序渐进、合作共赢"原则，以"渐进式股权融合"重组模式，与河北敬业、唐山松汀、邢台龙海、河北永洋、吉泰特钢5家民营钢铁企业签署联合重组协议，经过重新登记注册，吸纳5家新公司为集团成员企业，集团以商誉、管理、技术咨询服务、购销渠道等资源，分别出资到5家民营钢铁企业，并通过实施"两步快走"的整合思路，逐步实现对包括上述5家企业在内的优势民营钢铁企业的深度整合；12月31日，集团又以同样的重组模式，分别与九江线材、燕山钢铁、荣信钢铁、鑫达钢铁、新金钢铁、裕华钢铁、金鼎重工7家民营钢企签署了联合重组协议。

2013年下半年，由于没有太多实质性进展，以"渐进式股权融合"方式联合重组的12家民营企业逐渐与集团解除了合约。

七、冀南钢铁集团有限公司成立

2014年，由河北文丰钢铁有限公司和金鼎重工有限公司组建成立冀南钢铁集团有限公司，简称冀南钢铁。冀南钢铁是以钢铁为主业，多元发展的民营企业集团。

八、渤海钢铁集团、唐山长城钢铁集团组建

2008年12月19日，在唐山钢铁企业集中的丰南区组建了渤海钢铁集团。渤海钢铁集团所属10家钢铁冶炼企业2008年合计产铁1100万吨、钢1048万吨、材847万吨，2009年产铁1334万吨、钢1289万吨、材1038万吨，2009年末总资产304亿元，职工35076人。原计划随着整合的进一步深入，唐山中部和南部区域的其他钢铁冶炼企业将逐步纳入整合范围。但渤海钢铁集团始终未能正常运行，与之并行的在唐山迁安市组建的唐山长城钢铁集团也同样无疾而终。

第四节　规范企业管理

为进一步加强钢铁行业管理，建立统一开放、竞争有序的市场体系，强

化环保节能，优化产业结构，促进钢铁企业转型升级，根据《国务院办公厅关于进一步加大节能减排力度加快钢铁工业结构调整的若干意见》（国办发〔2010〕34号）和《国务院关于化解产能严重过剩矛盾的指导意见》（国发〔2013〕41号），相关法律法规及标准，工业和信息化部2010年发布《钢铁行业生产经营规范条件》，2012年修订改为《钢铁行业规范条件》，2015年再次修订，并增加了《钢铁行业规范企业管理办法》。规范条件包括产品质量，工艺与装备，环境保护，能源消耗和资源综合利用，安全、职业卫生和社会责任共5个方面的要求。

工业和信息化部自2012年开展钢铁行业规范管理工作。到2015年，河北省共有77家钢铁企业由工业和信息化部公告符合规范条件，见表3-4。

表3-4 工业和信息化部公告的河北省符合钢铁行业规范条件企业

序号	企业名称	装备情况	
		炼铁高炉	炼钢转炉（电炉）
1	唐山钢铁集团有限责任公司	2×2000立方米、2×3200立方米	4×55吨、3×150吨转炉
2	邯郸钢铁集团有限责任公司	1×1000立方米、2×2000立方米、3×3200立方米	4×100吨、2×120吨、2×260吨转炉
3	石家庄钢铁有限责任公司	1×480立方米、1×580立方米、1×1080立方米	1×60吨电炉；2×60吨转炉
4	宣化钢铁集团有限责任公司	1×450立方米、1×1800立方米、1×2000立方米、2×2500立方米	3×120吨、2×150吨转炉
5	承德钢铁集团有限公司	3×450立方米、1×1260立方米、3×2500立方米	4×40吨、2×100吨、2×120吨、2×150吨转炉；1×80吨、2×120吨、1×150吨提钒转炉
6	首钢京唐钢铁联合有限责任公司	2×5500立方米	5×300吨转炉
7	河北省首钢迁安钢铁有限责任公司	2×2650立方米、1×4000立方米	5×210吨转炉
8	秦皇岛首秦金属材料有限公司	1×1200立方米、1×1780立方米	3×100吨转炉

序号	企业名称	装备情况	
		炼铁高炉	炼钢转炉（电炉）
9	唐山国丰钢铁有限公司	8×450 立方米、2×1780 立方米	1×40 吨、2×50 吨、3×80 吨、2×120 吨转炉
10	唐山东华钢铁企业集团有限公司	1×550 立方米、1×680 立方米、2×1080 立方米	1×120 吨、1×150 吨转炉
11	唐山瑞丰钢铁（集团）有限公司	1×450 立方米、2×680 立方米、2×1080 立方米、1×1350 立方米	3×80 吨转炉
12	迁安市九江线材有限责任公司	6×480 立方米、6×1080 立方米	5×50 吨、2×80 吨、3×100 吨转炉
13	河北钢铁集团燕山钢铁有限公司	6×450 立方米、2×1080 立方米、2×2560 立方米	2×35 吨、2×50 吨、4×180 吨转炉
14	河北钢铁集团松汀钢铁有限公司	2×450 立方米、2×580 立方米、2×1080 立方米	2×100 吨、2×120 吨转炉
15	河北普阳钢铁有限公司	3×1050 立方米	2×120 吨转炉
16	武安市裕华钢铁有限公司	3×600 立方米、2×1080 立方米	2×50 吨、2×120 吨转炉
17	河北文丰钢铁有限公司	2×460 立方米、2×480 立方米、1×550 立方米	4×35 吨、1×120 吨转炉
18	河北新金钢铁有限公司	2×450 立方米、1×600 立方米、2×1080 立方米	2×50 吨、2×120 吨转炉
19	邢台钢铁有限责任公司	2×420 立方米、1×450 立方米、1×1050 立方米	3×50 吨、1×80 吨转炉
20	河北津西钢铁集团股份有限公司	8×550 立方米、4×1280 立方米	6×50 吨、2×100 吨转炉
21	唐山港陆钢铁有限公司	2×650 立方米、4×1080 立方米	3×75 吨、2×150 吨转炉
22	唐山东海钢铁集团特钢有限公司	1×680 立方米、1×1080 立方米、3×1350 立方米	4×120 吨、1×130 吨转炉
23	河北敬业集团有限责任公司	3×450 立方米、2×588 立方米、3×1080 立方米、6×1260 立方米	4×50 吨、3×150 吨转炉

序号	企业名称	装备情况	
		炼铁高炉	炼钢转炉（电炉）
24	德龙钢铁有限公司	3×1080立方米	2×120吨转炉
25	唐山市德龙钢铁有限公司	2×1080立方米	2×80吨转炉
26	承德建龙特殊钢有限公司	1×650立方米、1×1350立方米	1×70吨、1×120吨转炉；1×70吨提钒转炉
27	唐山建龙实业有限公司	3×450立方米	2×60吨转炉
28	河北前进钢铁集团有限公司	3×450立方米、2×1080立方米	4×60吨转炉
29	沧州中铁装备制造材料有限公司	3×2500立方米、1×1350立方米	3×180吨转炉
30	涞源县奥宇钢铁有限公司	2×480立方米	2×45吨转炉
31	唐山不锈钢有限责任公司	2×450立方米、2×550立方米	1×80吨、2×100吨转炉
32	唐山中厚板材有限公司	1×1580立方米、1×1780立方米	3×120吨转炉
33	唐山市丰南区经安钢铁有限公司	1×1280立方米、2×1080立方米	2×120吨、1×60吨转炉
34	中普（邯郸）钢铁有限公司	1×600立方米、2×1260立方米	2×50吨、2×100吨转炉
35	河北新武安钢铁集团鑫汇冶金有限公司	1×460立方米、1×1080立方米	2×55吨转炉
36	河北永洋特钢集团有限公司	1×450立方米	1×70吨电炉
37	河北钢铁集团金鼎重工股份有限公司	3×1080立方米	2×120吨转炉
38	武安市广耀铸业有限公司	1×460立方米、1×800立方米	2×50吨转炉
39	河北新武安钢铁集团文安钢铁有限公司	1×420立方米、2×510立方米、1×1080立方米	2×35吨、2×60吨转炉
40	河北新武安钢铁集团明芳钢铁有限公司	1×460立方米、2×1080立方米	2×50吨、1×80吨转炉

序号	企业名称	装备情况	
		炼铁高炉	炼钢转炉（电炉）
41	河北宝信钢铁集团有限公司	1×420 立方米、2×630 立方米	2×50 吨转炉
42	武安市永诚铸业有限责任公司	2×460 立方米	2×55 吨转炉
43	河北新武安钢铁集团烘熔钢铁有限公司	2×620 立方米、1×1260 立方米	3×60 吨转炉
44	武安市运丰冶金工业有限公司	1×500 立方米	1×50 吨转炉
45	河北新金钢铁有限公司	2×450 立方米、1×600 立方米、2×1080 立方米	2×40 吨、2×120 吨转炉
46	河北兴华钢铁有限公司	2×550 立方米	2×50 吨转炉
47	河北纵横钢铁集团有限公司	4×580 立方米	2×85 吨转炉
48	唐山新宝泰钢铁有限公司	2×450 立方米、1×630 立方米、1×1080 立方米	3×60 吨转炉
49	唐山安泰钢铁有限公司	1×450 立方米、1×1080 立方米	1×32 吨、2×35 吨转炉
50	唐山兴隆钢铁有限公司	1×450 立方米、1×530 立方米、1×1080 立方米	3×50 吨转炉
51	河北津西钢铁集团正达钢铁有限公司	2×500 立方米	2×60 吨转炉
52	滦县金马工业有限公司	1×500 立方米、1×550 立方米、1×1080 立方米、1×1350 立方米	2×40 吨、2×120 吨转炉
53	河北鑫达钢铁有限公司	2×450 立方米、2×580 立方米、4×1080 立方米	1×60 吨、2×80 吨、2×120 吨转炉
54	唐山市丰南区凯恒钢铁有限公司	1×1080 立方米、1×1580 立方米	1×120 吨转炉
55	唐山国义特种钢铁有限公司	2×600 立方米、2×1080 立方米	3×120 吨转炉

续表 3-4

序号	企业名称	装备情况	
		炼铁高炉	炼钢转炉（电炉）
56	河北荣信钢铁有限公司	1×450 立方米、1×488 立方米、2×1080 立方米	3×50 吨、2×60 吨转炉
57	唐山贝氏体钢铁（集团）福丰钢铁有限公司	2×600 立方米	2×55 吨转炉
58	唐山东海钢铁集团有限公司	1×450 立方米、1×600 立方米、1×680 立方米、2×1080 立方米	4×40 吨、2×120 吨转炉
59	唐山市春兴特种钢有限公司	2×1080 立方米	2×120 吨转炉
60	唐山文丰山川轮毂有限公司	2×1080 立方米	1×100 吨电炉；1×120 吨转炉
61	唐山市玉田建邦实业有限公司	1×450 立方米、1×520 立方米	2×40 吨、1×45 吨转炉
62	河北天柱钢铁集团有限公司	1×530 立方米、2×800 立方米、1×1080 立方米	2×50 吨、2×70 吨转炉
63	河北唐银钢铁有限公司	1×450 立方米、1×550 立方米、1×750 立方米、1×1080 立方米	2×120 吨转炉
64	河北钢铁集团华西钢铁有限公司	2×450 立方米、1×1080 立方米	3×50 吨转炉
65	唐山瑞丰钢铁（集团）粤丰钢铁有限公司	1×680 立方米	1×60 吨转炉
66	秦皇岛安丰钢铁有限公司	6×550 立方米、4×1260 立方米	3×50 吨、2×65 吨、3×150 吨转炉
67	昌黎县宏兴实业有限公司	5×580 立方米、1×1260 立方米	4×65 吨转炉
68	青龙满族自治县德龙铸业开发有限公司	1×1080 立方米	1×120 吨转炉
69	昌黎县顺先实业有限公司	2×580 立方米、2×600 立方米	2×125 吨转炉

续表 3-4

序号	企业名称	装备情况	
		炼铁高炉	炼钢转炉（电炉）
70	秦皇岛佰工钢铁有限公司	2×1080 立方米	3×60 吨转炉
71	承德兆丰钢铁集团有限公司	2×650 立方米	2×50 吨转炉
72	承德盛丰钢铁有限公司	2×650 立方米	2×35 吨、1×40 吨转炉
73	辛集市澳森钢铁有限公司	1×420 立方米、2×610 立方米、1×1050 立方米、1×1080 立方米	3×120 吨转炉
74	霸州市新利钢铁有限公司	2×1080 立方米	1×120 吨、1×150 吨转炉
75	河北钢铁集团龙海钢铁有限公司	2×450 立方米、1×460 立方米、1×1080 立方米	2×40 吨、1×60 吨转炉
76	邯郸市紫山特钢集团建发高强度标准件材料有限公司	1×450 立方米	1×70 吨电炉
77	廊坊市洮远金属制品有限公司	2×1000 立方米、2×1080 立方米	4×80 吨转炉

第五节　淘汰落后产能和化解过剩产能

加快淘汰落后产能和化解过剩产能是转变经济发展方式、调整经济结构、提高经济增长质量和效益的重大举措，是加快节能减排、积极应对全球气候变化的迫切需要，是走中国特色新型工业化道路、实现工业由大变强的必然要求，对加快产业结构调整，促进产业转型升级，防范系统性金融风险，保持国民经济持续健康发展意义重大。为此，国务院及有关部门为加强淘汰落后产能和化解过剩产能工作，相继印发了一系列文件。

2005 年 7 月 7 日，《钢铁产业发展政策》经国务院同意，国家发展和改革委员会以第 35 号文发布。2005 年 12 月 2 日，国务院以国发〔2005〕40 号文发布《国务院关于实施〈促进产业结构调整暂行规定〉的决定》，国家发展和改革委员会以第 40 号令同时发布《产业结构调整指导目录（2005 年本）》。

河北省人民政府 2010 年以冀政〔2010〕123 号文印发《关于控制钢铁产

能推进节能减排加快钢铁工业结构调整的实施意见》，2014 年以冀政〔2014〕14 号文印发《关于印发化解产能严重过剩矛盾实施方案的通知》，河北省发展改革委 2014 年以冀发改产业〔2014〕709 号文印发《关于印发〈河北省化解钢铁过剩产能奖补办法〉的通知》等一系列文件，并编制了《河北省钢铁产业结构调整方案》，国家发展和改革委员会以发改产业〔2014〕1486 号文予以批复。

"十一五"期间，河北省累计淘汰落后炼铁产能 3696 万吨、炼钢产能 1888 万吨；"十二五"期间，河北省共关停拆除高炉 87 座、转炉及电炉 94 座，压减炼铁产能 3391 万吨、炼钢产能 4106 万吨，均超额完成国家下达的任务。2015 年底，河北省炼铁产能 2.85 亿吨、炼钢产能 2.83 亿吨；全部淘汰了有效容积不大于 400 立方米的炼铁高炉和公称吨位不大于 30 吨的炼钢转炉、电炉，整体装备水平高于全国平均水平，生产过程普遍实现了连续化和自动化。在此期间，河北省经济没有出现断崖式下滑，没有发生大规模失业，没有发生区域性系统性风险。河北省钢铁行业的综合竞争力不断提升，盈利水平位于全国钢铁行业的领先地位。"十一五""十二五"期间，吨钢利润除 2007 年、2010 年两年略低于全国平均水平，其余 8 年均高于全国平均水平。

河北省钢铁企业 2016 年后在河北省发展改革委补充备案，将装备分为备案和限期备案两种。

2016 年，河北省安排压减炼铁产能 1726 万吨、炼钢产能 1422 万吨。

河北省钢铁煤炭火电行业化解过剩产能工作领导小组办公室公告的 2017 年到 2018 年化解钢铁过剩产能企业及装备名单见表 3-5 和表 3-6。

表 3-5　2017 年河北省化解钢铁过剩产能企业及装备名单

序号	企业名称	炼钢（转炉）			炼铁（高炉）		
		公称吨位/吨	座数	产能/万吨	有效容积/立方米	座数	产能/万吨
	合　计		28	1998		32	1752
一	唐山市		12	813		9	521
1	唐山市玉田建邦实业有限公司	45	1	65			
2	唐山贝氏体钢铁（集团）公司	40	1	60			

序号	企业名称	炼钢（转炉）			炼铁（高炉）		
		公称吨位/吨	座数	产能/万吨	有效容积/立方米	座数	产能/万吨
3	唐山贝氏体钢铁（集团）福丰钢铁有限公司	55	2	144	600	2	130
4	唐山国丰钢铁有限公司				450	2	58
					2座450高炉涉及产能104万吨，其中46万吨用于产能置换		
5	河北津西钢铁集团正达钢铁有限公司	60	1	75	500	1	55
6	迁安市九江线材有限责任公司	50	2	127	480	1	53
		2座50吨转炉涉及产能140万吨，其中13万吨用于产能置换			480高炉涉及产能54万吨，其中1万吨用于产能置换		
7	唐山安泰钢铁有限公司	35	1	53	1080	1	91
8	唐山东海钢铁集团有限公司	40	2	120			
9	唐山滦县金马工业有限公司				550	1	60
10	唐山燕山钢铁有限公司	50	1	70	450	1	52
11	河北鑫达钢铁有限公司	50	1	70			
		购买邢台市河北方正联诚重工机械集团公司50吨转炉1座用于产能压减					
12	唐山德龙钢铁有限公司			29			22
		化解保定奥宇公司（同一集团旗下）炼钢产能29万吨、炼铁产能22万吨					
二	邯郸市		6	354		10	484
13	邯郸市峰峰恒丰顺铸管有限公司（原名为邯郸市恒丰钢铁有限公司）				450	1	35
					450立方米高炉的35万吨炼铁产能计入2017年压减任务，其余用于华信特钢1225立方米高炉项目产能置换		

序号	企业名称	炼钢（转炉）			炼铁（高炉）		
		公称吨位/吨	座数	产能/万吨	有效容积/立方米	座数	产能/万吨
14	峰峰新方铸造有限公司				600	1	65
15	河北新武安钢铁集团文安钢铁有限公司	35	1	53	420	1	50
16	新兴铸管股份有限公司				420	1	23
					420 立方米高炉的 23 万吨炼铁产能计入 2017 年压减任务，其余用于该公司 1280 立方米高炉项目产能置换		
17	武安市运丰冶金工业有限公司				316	1	37
18	崇利制钢有限公司				505	1	58
19	邯郸河北纵横钢铁有限公司	65	1	78	450	2	104
20	武安市广耀铸业有限公司	50	2	98	800	1	84
					460	1	28
		其中 1 座 50 吨转炉的 28 万吨产能计入今年压减任务，其余用于产能置换交易			460 立方米高炉产能中的 28 万吨计入 2017 年压减任务，其余用于产能置换交易		
21	河北新武安钢铁集团东山冶金有限公司	40	1	60			
		45	1	65			
三	秦皇岛市		5	353		9	525
22	河北安丰钢铁有限公司	50	3	210	550	5	271
		65	1	18			
		65 吨转炉的 18 万吨炼钢产能计入 2017 年压减任务，其余产能用于该公司 2 座 100 吨转炉项目产能置换			5 座 550 立方米高炉的 271 万吨炼铁产能计入 2017 年压减任务，其余用于该公司 1206 立方米高炉项目产能置换		
23	秦皇岛顺先钢铁有限公司	125	1	125	600	2	130
24	秦皇岛宏兴钢铁有限公司				580	2	124

续表3-5

序号	企业名称	炼钢（转炉）			炼铁（高炉）		
		公称吨位/吨	座数	产能/万吨	有效容积/立方米	座数	产能/万吨
四	邢台市		1	72			
25	龙海钢铁有限公司	60	1	72			
		《河北省钢铁产能结构调整方案》基数内产能，未投产，不申请奖补资金					
五	承德市		2	190		2	104
26	河钢集团承钢公司	120	1	120	450	2	104
27	承德盛丰钢铁有限公司	50	1	70			
六	张家口市		2	216			
28	河钢集团宣钢公司	120	2	216			
		其中1座120吨转炉的24万吨炼钢产能用于产能置换					
七	石家庄市					1	52
29	河北敬业集团有限责任公司				450	1	52
八	辛集市					1	66
30	辛集市澳森钢铁有限公司				610	1	66

表3-6　2018年河北省化解钢铁过剩产能企业及装备名单

序号	企业名称	炼钢（转炉）			炼铁（高炉）		
		公称吨位/吨	座数	产能/万吨	有效容积/立方米	座数	产能/万吨
	合　计		4	312.25		1	53
1	唐山市清泉钢铁集团有限责任公司	120	1	120			
2	唐山兴隆钢铁有限公司	50	1	70			
3	唐山港陆钢铁有限公司	75	1	39.25			
		1座75吨转炉涉及产能90万吨，其中39.25万吨计入2018年压减任务					

序号	企业名称	炼钢（转炉）			炼铁（高炉）		
		公称吨位/吨	座数	产能/万吨	有效容积/立方米	座数	产能/万吨
4	承德建龙特殊钢有限公司	70	1	83			
5	邢台金丰球铁科技有限公司				460	1	53

第四章 技术经济效益指标

第一节 主要产品产量

改革开放为国民经济发展注入了强大生机和活力,拉动了国内钢材消费的持续增长。1996 年中国钢产量首次突破了 1 亿吨并一举成为世界第一产钢国,到 2005 年终于结束了自新中国成立以来连续 57 年净进口钢的历史,彻底扭转了钢铁生产总体能力不足的状况。

河北钢铁工业在改革开放初期(1978~1992 年)生铁、粗钢、钢材产量增速较低,年均增长率分别为 8.34%、9.26%、10.91%;在社会主义市场经济初期(1993~2000 年)生铁、粗钢、钢材的产量开始较快增长,年均增长率分别为 11.56%、11.77%、16.16%;跨入 21 世纪后,河北省钢铁工业在发展速度和发展规模方面,创造了世界钢铁发展史上的奇迹。河北省生铁、粗钢、钢材产量快速增长,2001 年到 2010 年的年均增长率分别达到 22.68%、24.79%、27.58%。2018 年粗钢和钢材产量分别占到全国的 25.56% 和24.34%。河北省生铁产量 1994 年超过 1 千万吨,1999 年开始居于并保持全国第一位;粗钢产量 1997 年超过 1 千万吨,2001 年开始居于并保持全国第一位;钢材产量 1999 年超过千万吨,2002 年开始居于并保持全国第一位。

铁矿石原矿产量 1997 年达到 6170 万吨,开始居于并保持全国第一位;焦炭产量 1995 年达到 937.5 万吨,开始居于并保持全国第二位,有效地支撑了河北钢铁工业的快速发展。

河北省钢铁行业 1978~2018 年粗钢、生铁、钢材主要产品产量及占全国比例见表 4-1,1978~2018 年焦炭、铁矿石产量及占全国比例见表 4-2,1978~

2018 年生铁、粗钢、钢材产量变化趋势见图 4-1。

表 4-1 1978~2018 年河北省粗钢、生铁、钢材产量及占全国比例

年份	粗钢		生铁		钢材	
	产量/万吨	占全国比例/%	产量/万吨	占全国比例/%	产量/万吨	占全国比例/%
1978	145.49	4.58	222.52	6.40	94.95	4.30
1979	167.58	4.86	234.84	6.39	103.85	4.16
1980	190.39	5.13	251.56	6.62	125.88	4.63
1981	182.86	5.14	216.40	6.33	122.48	4.59
1982	185.9	5.00	219.73	6.19	140.45	4.84
1983	214.62	5.36	243.50	6.51	161.84	5.27
1984	230.77	5.26	259.74	6.49	181.78	5.39
1985	249.13	5.32	285.76	6.52	197.06	5.34
1986	269.53	5.16	329.72	6.51	218.63	5.39
1987	286.89	5.10	368.93	6.70	243.25	5.55
1988	308.76	5.20	399.36	7.00	256.27	5.47
1989	351.17	5.70	433.45	7.45	269.89	5.55
1990	383.69	5.78	521.25	8.36	281.27	5.46
1991	420.38	5.92	590.03	8.72	318.48	5.65
1992	502.96	6.21	683.37	9.00	404.75	6.04
1993	564.40	6.30	795.00	9.10	457.80	5.93
1994	719.00	7.68	1040.60	10.68	627.40	7.44
1995	793.20	8.32	1214.50	11.53	783.50	8.72
1996	908.60	8.97	1258.20	11.73	721.10	7.72
1997	1056.10	9.69	1379.60	11.99	786.40	7.89
1998	1106.10	9.57	1297.90	10.94	931.00	8.67
1999	1303.90	10.49	*1464.80	11.68	1103.60	9.11
2000	1230.10	9.57	1709.20	13.05	1306.50	9.94
2001	*1969.65	12.99	2177.09	14.00	1871.01	11.64
2002	2659.63	13.83	2921.04	17.10	*2509.99	13.04
2003	4065.06	18.28	4227.34	19.78	3729.37	15.47
2004	5641.39	19.94	5283.54	19.69	4697.79	14.69
2005	7424.99	21.02	6841.25	19.90	6847.74	18.13
2006	9096.29	21.70	8250.14	20.00	8467.10	18.06

年份	粗钢		生铁		钢材	
	产量/万吨	占全国比例/%	产量/万吨	占全国比例/%	产量/万吨	占全国比例/%
2007	10706.40	21.88	10483.58	22.00	10474.91	18.52
2008	11589.42	23.14	11355.66	24.13	11571.79	19.78
2009	13536.27	23.46	13084.86	23.01	15134.47	21.83
2010	14458.79	23.07	13705.39	23.22	16757.23	21.04
2011	16450.70	24.08	15442.40	24.52	19226.60	21.82
2012	18048.40	25.19	16350.20	24.85	20995.20	22.06
2013	18849.60	24.20	17027.60	24.02	22861.60	21.41
2014	18530.30	22.52	16932.60	23.80	23995.20	21.32
2015	18832.00	23.43	17382.30	25.14	25244.30	22.47
2016	19259.97	23.83	18398.37	26.28	26150.42	22.98
2017	19121.47	22.99	17997.27	25.32	24551.08	23.39
2018	23729.85	25.56	21387.65	27.74	26908.74	24.34

注：*代表河北省产量居全国第一开始年份。

表4-2 1978~2018年河北省焦炭、铁矿石产量及占全国比例

年份	焦炭		铁矿石原矿	
	产量/万吨	占全国比例/%	产量/万吨	占全国比例/%
1978	321.88	9.85	1161.38	9.86
1979	392.37	8.72	1174.95	9.73
1980	285.14	6.57	1000.63	8.89
1981	249.73	6.41	975.36	9.33
1982	245.79	6.12	917.81	8.55
1983	269.58	6.40	941.28	7.30
1984	281.31	6.17	1172.96	8.54
1986	284.89	5.94	800.06	5.82
1986	280.66	5.33	1002.24	6.71
1987	332.32	5.74	1153.97	7.15
1988	370.53	6.07	1161.98	6.93
1989	386.52	5.84	2433.22	14.16
1990	433.53	5.92	2826.98	15.76
1991	462.27	6.29	3039.60	15.95

续表 4-2

年份	焦炭		铁矿石原矿	
	产量/万吨	占全国比例/%	产量/万吨	占全国比例/%
1992	484.20	6.06	1614.60	7.70
1993	580.60	6.23	1924.90	8.50
1994	697.80	6.11	2347.30	9.36
1995	937.50	6.94	2898.60	11.07
1996	1096.50	8.04	5265.10	20.87
1997	1239.00	8.91	*6170.00	22.97
1998	604.50	4.72	5514.00	22.33
1999	695.30	5.77	5405.70	22.79
2000	792.00	6.50	5889.00	26.46
2001	921.00	9.11	5735.00	26.43
2002	973.00	8.16	6257.00	26.90
2003	1128.00	6.35	7922.00	30.15
2004	1941.00	9.26	10315.00	33.13
2005	2613.00	10.28	15227.00	36.21
2006	3209.10	10.78	24951.89	41.79
2007	3572.10	10.65	30953.96	43.76
2008	3923.50	12.12	38097.21	48.83
2009	4800.30	13.52	35789.47	40.46
2010	4988.09	12.87	44618.84	41.64
2011	6036.20	14.11	59470.90	44.82
2012	6677.70	15.07	52357.00	39.98
2013	6395.82	13.43	56930.50	39.24
2014	5613.84	11.77	56611.10	37.39
2015	5480.62	12.24	51399.40	37.21
2016	5187.28	11.55	52203.35	40.76
2017	4813.80	11.16	58163.52	47.31
2018	4747.10	10.83	24642.44	32.28

注：*代表河北省产量居全国第一开始年份。

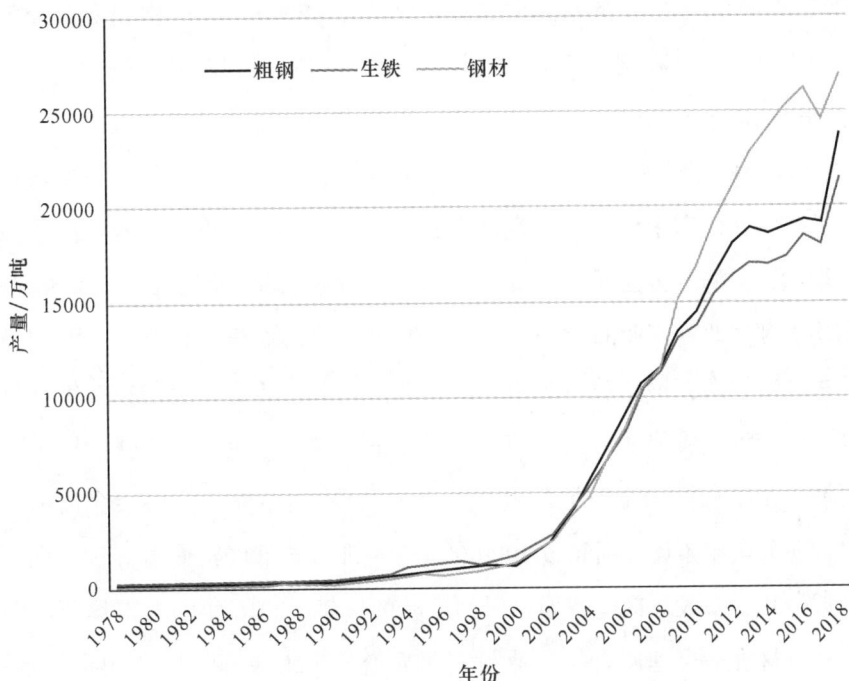

图 4-1 1978~2018 年河北省粗钢、生铁、钢材产量变化情况

第二节 主要经济效益指标

钢铁工业主要是指从事黑色金属矿采选和黑色金属冶炼及压延加工的行业。

一、河北省钢铁工业黑色金属冶炼及压延加工主要经济效益指标

1978~1989 年，总体呈稳定增长态势；1990~1991 年，在中国经济增长减速的大形势下，钢铁企业面临着资金紧张，市场疲软，原燃料大幅度涨价等外部环境的急剧变化，虽然粗钢、钢材产量增长，但经济效益却大幅度滑坡。随着中国经济增长速度的明显回升和加大学邯钢、降成本的力度，1992年钢铁企业的经济效益开始回升，1993 年国家基本取消了钢铁产品的指令性计划，企业完全根据市场需求决定生产、销售和价格等多项改革措施的实施，

1993 年和 1994 年的经济效益明显提高。1996~2000 年，受国家宏观经济形势、亚洲金融危机和钢铁产品阶段性、结构性过剩等因素的影响，钢铁企业遭遇到市场需求长期低迷和钢材价格下滑的严重困难，经济效益出现又一次滑坡，到 2000 年开始回升向好。进入 21 世纪后，我国经济进入高速增长的轨道，对钢材的需求出现了短期激增，2001~2007 年，粗钢、钢材产量大幅快速增加，经济效益也同时大幅提高，其中 2003~2007 年连续 5 年实现利税、利润均占到河北省工业的 25% 以上。2008 年，全球金融危机之后，我国经济发展进入新常态，钢材市场需求下降，产能过剩矛盾日益突出，在钢材价格深度下跌和生产成本不断上升的双重挤压下，钢铁企业的经济效益第三次出现滑坡。2015 年成为全行业的真正"严冬"，中国钢铁工业协会会员钢铁企业主营业务全年累计亏损超过 1000 亿元，河北省虽然经济效益好于全国，但也是近十几年来效益最差、形势最为严峻的一年。2016 年随着市场环境明显改善和钢材价格合理回升，行业盈利明显增长，2018 年达到历史最好水平。1979~2018 年河北省钢铁工业黑色金属冶炼加工的主要经济效益指标见表 4-3 和图 4-2、图 4-3。

表 4-3　1979~2018 年河北省黑色金属冶炼加工的主要经济效益指标

年份	工业总产值 /亿元	工业增加值 /亿元	利税总额 /亿元	占全省工业 比例/%	利润总额 /亿元	占全省工业 比例/%
1979	14.01		1.16	2.53	0.46	1.48
1980	18.58		2.78	5.89	1.97	6.42
1981	15.01		2.60	6.07	1.84	6.92
1982	15.74		2.62	6.22	1.73	7.18
1983	17.66		3.41	7.27		
1984	19.29		5.10	9.39	3.58	10.72
1985	20.32		6.25	10.56	3.60	10.75
1986	21.76		6.54	10.60	3.35	10.09
1987	26.98		7.57	10.77		
1988	46.01		9.09	10.22	4.66	9.57
1989	31.18		10.48	12.21	4.49	11.11

年份	工业总产值 /亿元	工业增加值 /亿元	利税总额 /亿元	占全省工业 比例/%	利润总额 /亿元	占全省工业 比例/%
1990	66.44		5.50	9.06	0.19	1.73
1991	96.62		6.87	9.81	0.08	0.61
1992	134.73		13.98	13.67	3.12	9.48
1993	245.21				20.30	26.75
1994	298.08		40.46	20.22	22.00	28.21
1995	293.26		30.22	14.05	12.59	15.32
1996	250.17		23.47	9.21	7.86	7.34
1997	267.01		25.15	8.70	8.79	7.04
1998	126.00		23.26	9.02	7.80	7.97
1999	309.97		26.88	8.96	6.96	5.62
2000	363.15		39.63	10.41	19.61	10.61
2001		198.56	66.65	16.32	33.52	17.81
2002	784.65	232.06	96.13	19.16	51.46	20.34
2003	1412.07	499.54	181.50	26.04	105.93	27.44
2004	2381.43	672.58	236.18	26.40	140.18	26.53
2005	3305.83	889.12	299.59	25.76	175.40	25.41
2006	3903.12	1001.19	409.64	27.80	254.76	28.80
2007	5445.05	1284.55	541.66	27.07	340.54	26.81
2008	7603.59	1769.08	487.56	22.94	273.54	21.18
2009	7583.44	1689.15	395.46	18.60	243.49	19.38
2010	9199.14	2052.13	353.78	13.37	211.51	12.06
2011	11321.27	2444.73	403.88	11.23	244.40	10.84
2012	11468.28	2411.41	339.94	8.96	153.52	6.68
2013	11649.89	2401.29	302.97	7.39	163.56	6.39
2014	11194.02	2256.32	344.12	8.68	209.84	8.67
2015	9793.44	1916.61	210.14	5.73	93.11	4.27
2016	10516.17	2034.35	—	—	299.91	11.49
2017	10855.61	2424.47	—	—	714.37	22.91
2018	12104.27	2547.88	—	—	907.89	41.05

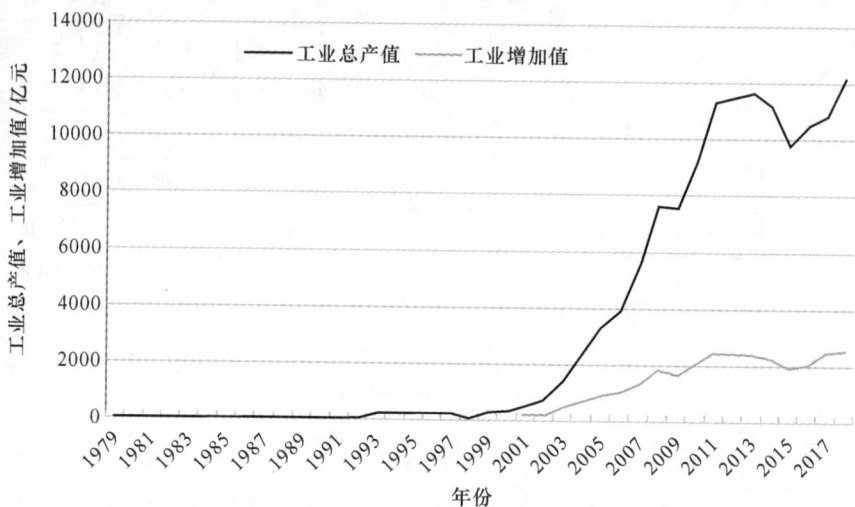

图 4-2　1979~2018 年河北省黑色金属冶炼加工工业总产值、工业增加值变化情况

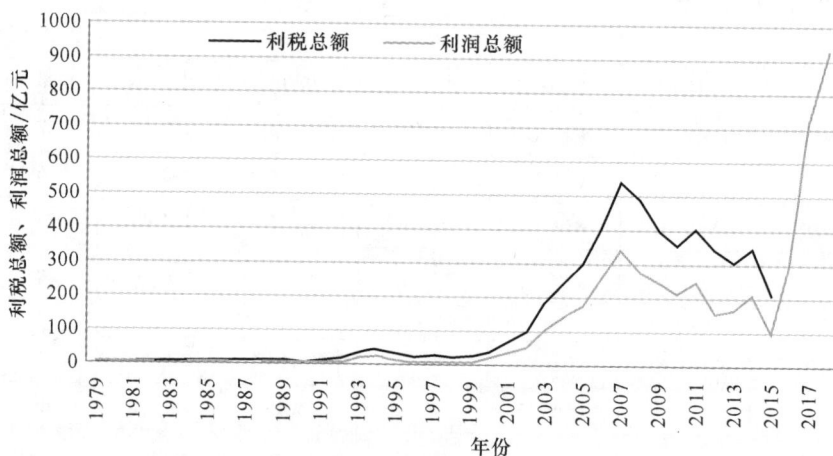

图 4-3　1979~2018 年河北省黑色金属冶炼加工利税总额、利润总额变化情况

二、河北省钢铁工业主要经济效益指标

从 1994 年起，河北省钢铁工业的主要经济效益指标开始按黑色金属冶炼加工和黑色矿山采选分开统计。见表 4-4 和表 4-5。

河北省黑色矿山采选的利税、利润总额到 2002 年在行业中的占比还是很低的，只有 20.72% 和 22.00%，之后波动上涨，到 2010 年的占比开始超过黑色金属冶炼加工，并延续到 2015 年。2015 年因黑色金属冶炼加工效益大幅下降的主要影响，全行业的利税、利润跌到谷底，成为河北省钢铁工业近 15 年来，利税、利润总额在全省工业占比最低的年份。1994～2018 年河北省钢铁工业经济效益指标及利润变化情况见表 4-5 和图 4-4。

表 4-4 1994～2018 年河北省钢铁工业增加值和主营业务收入

年份	工业增加值/亿元				主营业务收入/亿元			
	黑色冶炼加工	黑色矿山采选	合计	占全省工业比例/%	黑色冶炼加工	黑色矿山采选	合计	占全省工业比例/%
1994	114.06	9.22	123.28	19.55	298.08	22.46	320.54	19.26
1995	95.65	9.51	105.16	14.99	293.26	27.48	320.74	15.04
1996	72.50	5.31	77.81	9.01	233.18	15.86	249.04	9.93
1997	84.62	5.47	90.09	9.15	265.58	16.39	281.97	10.08
1998								
1999	130.49	16.90	147.39	15.09	309.97	38.75	348.72	11.88
2000								
2001	198.56	23.14	221.70	17.82				
2002	232.06	28.11	260.17	18.41	784.65	68.97	853.62	19.29
2003	499.54	24.83	543.55	30.02	1412.07	115.04	1527.11	26.05
2004	672.58	27.35	744.08	30.26	2381.43	184.08	2565.51	31.54
2005	889.12	27.62	1004.52	31.21	3305.83	287.75	3593.58	33.56
2006	1001.19	26.24	1186.80	31.10	3903.12	370.46	4273.58	32.84
2007	1284.55	27.77	1529.34	33.06	5445.05	563.49	6008.54	35.17
2008	1769.08	28.95	2232.44	36.53	7603.59	933.23	8536.82	38.20
2009	1689.15	26.77	2121.03	33.61	7583.44	900.63	8484.07	35.57
2010	2052.13	25.08	2838.84	34.69	9199.14	1564.77	10763.91	34.10
2011	2444.73	23.26	3523.37	33.53	11321.27	2117.76	13439.03	33.00
2012	2411.41	21.78	3685.33	33.29	11468.28	2473.97	13942.25	32.08
2013	2401.29	20.50	3805.22	32.49	11649.89	2682.52	14332.41	31.23
2014	2256.32	19.19	3593.90	30.56	11194.02	2317.06	13511.08	29.04
2015	1916.61	17.04	2924.73	26.01	9793.44	1713.20	11506.64	25.66
2016	2034.35	17.44	2051.79		10618.44			
2017	2424.47	26.10	2450.57		13025.19			
2018	—	—			11601.94			

表 4-5 1994~2018 年河北省钢铁工业利税总额和利润总额

年份	利税总额/亿元				利润总额/亿元			
	黑色冶炼加工	黑色矿山采选	合计	占全省工业比例/%	黑色冶炼加工	黑色矿山采选	合计	占全省工业比例/%
1994	40.46	2.77	43.23	21.60	22.00	0.76	22.76	29.18
1995	30.22	3.58	33.80	15.71	12.59	1.56	14.15	17.21
1996					9.60	−0.02	9.58	9.94
1997	25.15	1.22	26.37	9.12	8.79	−0.02	8.77	7.03
1998								
1999	26.88	4.73	31.61	10.54	6.96	2.51	9.47	7.64
2000	39.63	8.33	47.96	12.59	19.61	0.00	19.61	10.61
2001	66.65	3.16	69.81	17.09	33.52	0.39	33.91	18.02
2002	96.13	7.86	103.99	20.72	51.46	4.21	55.67	22.00
2003	181.50		181.50	26.02	105.93	11.13	117.06	30.19
2004	236.18	42.27	278.45	31.12	140.18	28.67	168.85	32.91
2005	299.59	81.48	381.07	32.62	175.40	56.86	232.26	33.56
2006	409.64	98.18	507.82	34.65	254.76	67.72	322.48	36.31
2007	541.66	178.97	720.63	36.64	340.54	128.92	469.46	37.61
2008	487.56	294.89	782.45	36.82	273.54	222.17	495.71	38.39
2009	395.46	193.91	589.37	27.72	243.49	132.98	376.47	29.97
2010	353.78	399.63	753.41	26.34	211.51	278.95	490.46	27.95
2011	403.88	624.72	1028.60	28.60	244.40	438.56	682.96	30.28
2012	339.94	707.78	1047.72	27.61	153.52	489.17	642.69	27.98
2013	302.97	754.38	1057.35	25.81	163.56	512.74	676.30	26.41
2014	344.12	556.44	900.56	22.73	209.84	347.77	557.67	23.03
2015	210.14	344.57	554.71	15.12	93.11	206.59	299.70	13.74
2016	—	—			299.90	206.90	506.80	19.42
2017	—	—			714.40	234.90	949.30	30.44
2018	—	—			907.89	19.36	927.35	42.37

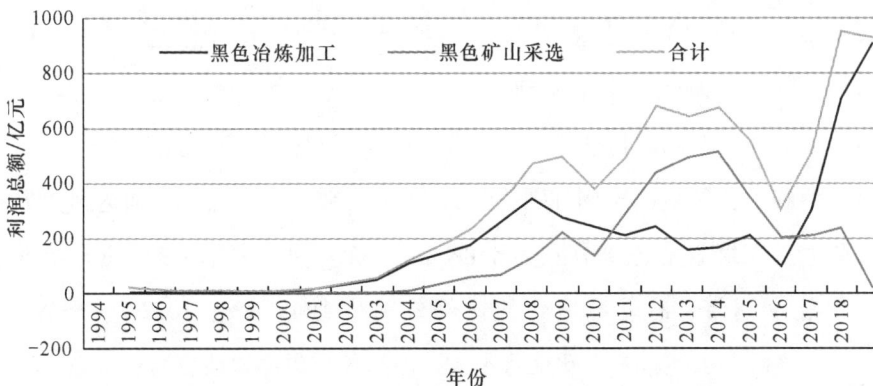

图 4-4　1994~2018 年钢铁工业利润总额变化情况

第三节　主要技术经济指标

改革开放以来，随着河北省钢铁工业总体装备水平的提升和大力推行技术进步、管理进步，生产效率、单位消耗和产品结构等主要技术经济指标显著改善（见表 4-6 和表 4-7）。主要表现在以下 6 个方面：

（1）随着高炉、转炉装备及工艺技术水平不断进步，高炉、转炉利用系数不断改善，节能降耗成效不断提升。

（2）炼钢连铸比大幅提高，由 1978 年的 0.39%，到 2000 年提高到 95.60%，转炉炼钢全部实现了全连铸生产，为铸坯热装热送，取消初轧，实现一火成材和连轧奠定了基础。

（3）在轧钢技术进步，特别是半连轧、连轧技术的推动下，钢材生产的原料（模铸锭和连铸坯）利用程度不断提高，轧钢综合成材率从 1997 年开始达到 90% 以上，2005 年之后保持在 97% 以上。

（4）随着喷吹技术的不断进步，吨铁喷吹煤粉不断提高，入炉焦比不断降低。从 2000 年吨铁喷吹煤粉超过 100 千克/吨，2005 年突破 130 千克/吨，2009 年之后都在 140 千克/吨之上波动，2017 年、2018 年分别为 143.75 千克/吨、138.77 千克/吨。入炉焦比 1999 年降到 500 千克/吨以下，2009 年降到

400 千克/吨以下。

（5）产品结构明显改善。1978~1999 年，主要以长材为主，主要品种是螺纹钢、线材、圆钢、中小型型钢等，但板管带材的比例在逐年缓慢提高。2000~2010 年，产品结构变化加快，到 2010 年板管带比达到 63.17%。其中，中板、厚板、特厚板的比例分别达到 2.7% 涂、镀层板的比例分别达到 2.7%；焊接钢管和无缝管的比例分别为 4.8% 和 0.62%，中厚宽钢带、热轧薄宽钢带、热轧窄钢带、冷轧窄钢带的比例分别达到 17.1%、10.2%、15.83%、0.77%。之后，虽然板管带比变化不大，但品种质量明显改善。

（6）节能成绩显著，主要能耗指标明显改善。首先是转炉工序能耗明显下降，2010 年实现了负能炼钢，2018 年达到 -17.06 千克标煤/吨，最低企业为 -28.69 千克标煤/吨，天柱集团 2018 年 12 月达到 -32.70 千克标煤/吨，河钢唐钢也曾达到 -30 千克标煤/吨以下；炼铁工序能耗 1996 年降低到 500 千克标煤/吨以下，之后继续下降，2015 年降到 391.16 千克标煤/吨，2018 年由于限产等原因又回升到 403.02 千克标煤/吨，但最低企业已降低到 372.01 千克标煤/吨；轧钢工序能耗不断下降，2009 年降低到 50 千克标煤/吨以下，2015 年降低 48.92 千克标煤/吨，2018 年降低到 44.75 千克标煤/吨。吨钢可比能耗、吨钢综合能耗降低，2009 年均降到 600 千克标煤/吨以下，2015 年分别达到 564.42 千克标煤/吨、581.13 千克标煤/吨，2018 年分别下降到538.21 千克标煤/吨、564.55 千克标煤/吨。

河北省钢铁工业 1978~2018 年主要技术经济指标见表 4-6，1980~2018 年主要能耗指标见表 4-7。

表 4-6　1978~2018 年河北省钢铁工业主要技术经济指标

年份	高炉利用系数 /吨·(立方米·日)$^{-1}$	吨钢喷煤比 /千克	吨钢入炉焦比 /千克	转炉利用系数 /吨·(吨·日)$^{-1}$	连铸比 /%	轧钢综合成材率/%
1978	1.37		719.00	17.07	0.39	84.44
1979						
1980		44.50	584.00	23.19	1.28	84.79
1981	1.59	54.00	566.00	20.23		84.09

续表4-6

年份	高炉利用系数/吨·(立方米·日)⁻¹	吨钢喷煤比/千克	吨钢入炉焦比/千克	转炉利用系数/吨·(吨·日)⁻¹	连铸比/%	轧钢综合成材率/%
1982	1.66	52.00	564.00	21.78	3.61	84.05
1983	1.68	65.87	543.00	26.82		84.39
1984	1.70	57.74	563.00	28.41		85.86
1985	1.79	65.00	593.00	27.53	7.43	85.08
1986	1.85	54.00	583.00	28.90	9.00	
1987	1.87	47.00	583.00	32.71	13.67	85.54
1988	1.88	40.00	581.00	32.17	20.37	85.70
1989	1.84	37.00	586.00	33.33	25.06	86.89
1990	1.84	33.00	590.00	41.60	29.66	87.32
1991	1.69	45.88	583.00	32.40	36.31	87.49
1992	1.84		576.00	34.87	40.78	
1993	1.91			38.42	48.81	89.09
1994	1.93		557.00		53.57	
1995	1.90	46.81	562.00	38.35	62.92	89.82
1996			538.00		73.33	
1997	2.01	78.38	521.00	38.06	79.35	91.99
1998	2.20	89.03	505.00	39.10	88.32	93.26
1999	2.33	95.28	464.00	39.52	94.17	94.60
2000	2.18	105.47	455.00	30.87	95.60	95.07
2001	2.43	117.44	436.00	36.36	97.49	95.72
2002	2.69	126.82	417.00	41.74	97.80	96.29
2003					98.77	
2004					99.77	
2005	3.07	130.71	408.00	41.84	99.83	97.34
2006	3.11	139.10	409.00	41.38	99.82	97.46
2007	3.13	131.75	409.00	40.28	99.85	97.29
2008	2.92	133.34	407.00	33.98	99.92	97.20
2009	2.92	147.89	387.00	38.71	99.94	97.58
2010	3.08	153.99	383.00	39.79	99.94	97.67
2011	2.90	148.11	387.00	37.51	100.00	97.73
2012	2.79	151.24	376.00	33.39	100.00	97.73

续表4-6

年份	高炉利用系数/吨·(立方米·日)⁻¹	吨钢喷煤比/千克	吨钢入炉焦比/千克	转炉利用系数/吨·(吨·日)⁻¹	连铸比/%	轧钢综合成材率/%
2013	2.74	146.00	382.00	38.48	100.00	97.84
2014	2.77	145.47	375.00	35.71	100.00	97.49
2015	2.74	144.42	369.00	36.62	100.00	97.85
2016	2.69	142.45	372.10	45.77	100.00	97.98
2017	2.71	141.61	372.58	33.96	100.00	98.65
2018	2.81	138.77	376.09	36.64	100.00	97.70

注：2000年以后技术经济指标为河北省冶金行业协会会员钢铁企业指标。

表4-7　1980~2018年河北省钢铁工业主要能耗（标准煤）指标

（千克/吨）

年份	综合能耗	可比能耗	烧结工序能耗	炼铁工序能耗	转炉工序能耗	轧钢工序能耗
1980	2650.00					99.26
1981	2194.00	1421.00		528.00	54.00	90.00
1982	2172.00	1370.00		554.00	52.00	94.00
1983	2075.00	1316.00		537.00	51.00	117.42
1984	2007.00	1238.00		556.00	48.00	106.71
1985	1946.00	1216.00		548.00	45.00	103.89
1986	1923.00	1192.00		543.00	43.00	102.06
1987	1897.00	1166.00		528.00	44.00	97.30
1988	1883.00	1160.00				
1989	1850.00	1154.50				
1990	1702.00	1153.40		545.40	45.30	87.45
1991	1662.00	1127.00		517.47	41.80	80.16
1992	1541.00	1020.00		531.77	41.27	82.37
1993	1316.60	1010.00		541.31	41.70	83.42
1994	1049.10	972.20		521.99	39.46	75.71
1995					43.69	
1996	994.76	928.20		482.46	39.79	75.77
1997	972.00	891.47		490.73	43.66	86.59
1998	944.03	845.93		484.92	34.29	81.25
1999				473.45	36.90	

年份	综合能耗	可比能耗	烧结工序能耗	炼铁工序能耗	转炉工序能耗	轧钢工序能耗
2000	914.00	815.00		473.12	31.97	
2001	906.00	786.17		464.00	32.55	
2002	885.00	778.20		462.11	38.46	
2003	835.23	767.05				
2004	794.74	701.46	66.33	460.37	35.12	73.71
2005	687.99	662.37	65.03	458.32	33.30	67.08
2006	647.54	633.50	57.78	442.63	17.98	56.47
2007	637.48	628.11	56.75	442.50	12.84	52.75
2008	610.22	600.75	54.38	432.69	8.76	52.18
2009	597.48	585.34	55.54	409.87	7.89	49.70
2010	585.12	574.41	51.41	402.77	-1.50	48.15
2011	575.98	529.30	51.79	400.95	-7.20	46.73
2012	587.52	568.55	49.47	398.53	-9.89	47.30
2013	582.84	555.67	49.00	400.61	-8.49	48.11
2014	584.27	560.51	50.28	380.70	-12.23	46.35
2015	581.13	564.42	50.08	391.16	-13.59	48.92
2016	586.46	559.26	49.37	402.70	-14.78	44.54
2017	567.15	530.38	49.54	404.04	-15.62	45.34
2018	564.55	538.21	49.98	403.02	-17.06	44.75

注：1. 2000 年以后的能耗指标为河北省冶金行业协会会员钢铁企业指标。

　　2. 2005 年及以前，电按等价值指标，折标系数 0.404 千克/（千瓦·时）；2006 年开始，电按
　　　当量值折标，折标系数 0.1229 千克/（千瓦·时）。

第五章 产品结构

第一节 铁钢材比例

1978 年，河北省钢铁工业主要产品生铁、粗钢、钢材产量分别为 222.52 万吨、145.49 万吨、94.95 万吨，生铁、粗钢和钢材产量之比为 1.53∶1.00∶0.65；1979 年，河北省钢铁工业主要产品生铁、粗钢、钢材产量分别为 234.84 万吨、167.58 万吨、103.85 万吨，生铁、粗钢和钢材产量之比为 1.40∶1.00∶0.62。

经过四十年的发展，河北钢铁工业主要产品产量大幅度增长，产品结构调整取得了长足的进步，彻底扭转了生铁多、粗钢少、钢材更少的局面，生铁、粗钢、钢材比例逐步趋于合理。2018 年，河北省钢铁工业生铁、粗钢、钢材的产量分别为 21387.65 万吨、23729.85 万吨、26908.74 万吨，生铁、粗钢和钢材的比例为 0.90∶1.00∶1.13。1978~2018 年主要年份河北省钢铁工业生铁、粗钢、钢材产量与铁钢材比例变化情况见表 5-1。

表 5-1　1978~2018 年河北省钢铁工业铁钢材比例变化情况

年份	生铁产量/万吨	粗钢产量/万吨	钢材产量/万吨	生铁∶粗钢∶钢材
1978	222.52	145.49	94.95	1.53∶1.00∶0.65
1979	234.84	167.58	103.85	1.40∶1.00∶0.62
1985	285.76	249.13	197.06	1.15∶1.00∶0.79
1990	521.25	383.69	281.27	1.36∶1.00∶0.73
1995	1214.50	793.20	783.50	1.53∶1.00∶0.99
2000	1709.20	1230.10	1306.50	1.39∶1.00∶1.06
2005	6841.25	7424.99	6847.74	0.92∶1.00∶0.92

年份	生铁产量/万吨	粗钢产量/万吨	钢材产量/万吨	生铁∶粗钢∶钢材
2010	13705.39	14458.79	16757.23	0.95∶1.00∶1.16
2015	17383.32	18832.98	25245.31	0.92∶1.00∶1.34
2018	21387.65	23729.85	26908.74	0.90∶1.00∶1.13

第二节　粗钢种类

1978 年，河北省粗钢产量 145.49 万吨，按化学成分分类，非合金钢、低合金钢、合金钢产量分别为 124.97 万吨、16.44 万吨、4.08 万吨，分别占粗钢产量的 85.89%、11.30%、2.81%，生产的钢种以普碳钢为主。改革开放40 年，河北省钢铁企业以市场为导向，努力调整产品结构，在产量大幅度增长的同时，低合金钢、合金钢的产量也在大幅度提高。2018 年，粗钢产量23729.85 万吨，其中普通低合金钢 3280.48 万吨，占 13.82%；合金钢 260.46万吨，占 1.10%。

1978 年，河北省只有唐钢拥有 1 台立式双流方坯连铸机，设计能力 8 万吨/年，当年产量 0.57 万吨，连铸比 0.39%。河北省第二台连铸机是邯钢1981 年引进联邦德国德马克先进技术，国内消化移植制造的 R5.25 米—机四流小方坯连铸机，设计能力 17.5 万吨/年，1982 年 9 月投产。20 世纪 80 年代，河北省连铸技术有了较大发展，1990 年底，河北省拥有连铸机 11 台 34流，设计能力 172 万吨。其中唐钢 5 台 18 流，能力 90 万吨/年，邯钢 5 台 12流，能力 67 万吨/年，承钢 1 台 4 流，能力 15 万吨/年。1990 年炼钢连铸坯产量 113.8 万吨，连铸比达到 29.66%，比全国平均连铸比 12%高 17.66 个百分点。进入 20 世纪 90 年代，河北省连铸得到快速发展，2000 年底，连铸能力 1730 万吨/年，连铸坯产量 1175.98 万吨，连铸比为 95.60%，比全国平均82.5%高 13.1 个百分点。进入 21 世纪，所有新上炼钢项目全部配备了连铸机，连铸比实现 100%。河北钢铁工业 1978~2018 年钢种及连铸比见表 5-2 和图 5-1。

表5-2 1978~2018年河北省钢铁工业钢种及连铸比

年份	非合金钢		低合金钢		合金钢		连铸	
	产量/万吨	比例/%	产量/万吨	占比/%	产量/万吨	比例/%	产量/万吨	连铸比/%
1978	142.97	85.89	16.44	11.30	4.08	2.81	0.57	0.39
1979								
1980	159.42	83.73	28.48	14.96	2.49	1.31	2.43	1.28
1981								
1982	149.10	80.20	34.87	18.78	1.93	1.04	6.71	3.61
1983								
1984								
1985	200.75	80.58	46.64	18.72	1.75	0.70	18.51	7.43
1986	206.37	76.57	59.39	22.03	3.77	1.40	24.27	9.00
1987	208.60	72.71	72.79	25.37	5.50	1.92	39.23	13.67
1988	215.68	71.07	85.60	27.72	3.74	1.21	62.90	20.37
1989	242.32	69.00	103.94	29.60	4.91	1.40	88.02	25.06
1990							113.80	29.66
1991	265.38	63.13	146.66	34.89	8.34	1.98	152.62	36.31
1992	339.36	67.47	156.10	31.04	7.50	1.49	196.80	39.13
1993	353.10	62.56	201.20	35.65	10.10	1.79	275.50	48.81
1994	421.70	58.66	286.20	39.80	11.10	1.54	385.20	53.57
1995	512.70	64.63	266.40	33.59	14.10	1.78	499.10	62.92
1996	555.30	61.11	345.60	38.04	7.70	0.85	666.30	73.33
1997	628.60	59.53	398.00	37.68	29.50	2.79	838.02	79.35
1998	621.10	56.16	470.90	42.57	14.10	1.27	976.90	88.32
1999	790.90	60.65	493.60	37.86	19.40	1.49	1227.94	94.17
2000	774.70	62.98	436.30	35.47	19.10	1.55	1175.98	95.60
2001	1406.23	71.39	524.32	26.62	39.10	1.99	1920.19	97.49
2002	1924.17	72.35	668.94	25.15	66.52	2.50	2601.00	97.80
2003	3193.19	78.55	821.19	20.20	50.68	1.25	4015.00	98.77
2004	4096.64	78.85	1142.31	20.03	64.13	1.12	5690.00	99.77
2005	6174.64	83.16	1166.30	15.71	84.05	1.13	7412.00	99.83

年份	非合金钢		低合金钢		合金钢		连铸	
	产量/万吨	比例/%	产量/万吨	占比/%	产量/万吨	比例/%	产量/万吨	连铸比/%
2006	7636.62	83.96	1344.81	14.78	114.86	1.26	9080.00	99.82
2007	8513.40	79.52	2044.99	19.10	148.01	1.38	10690.00	99.85
2008	9113.51	78.63	2294.37	19.80	181.54	1.57	11580.00	99.92
2009	10087.75	74.52	3264.31	24.12	184.21	1.36	13528.00	99.94
2010	10591.53	73.25	3647.48	25.23	219.78	1.52	14450.00	99.94
2011	12990.38	78.96	3237.08	19.68	223.20	1.36	16450.66	100.00
2012	14403.79	79.81	3437.51	19.04	207.08	1.15	18048.38	100.00
2013	15168.16	80.47	3324.47	17.64	357.00	1.89	18849.63	100.00
2014	14736.34	79.53	3491.20	18.84	302.80	1.63	18530.34	100.00
2015	15129.96	80.34	3411.24	18.11	291.78	1.55	18832.98	100.00
2016	15721.00	81.63	3220.94	16.72	318.03	1.68	19259.97	100.00
2017	15742.04	82.33	3042.82	15.91	336.61	1.76	19121.47	100.00
2018	20188.91	85.08	3280.48	13.82	260.46	1.10	23729.85	100.00

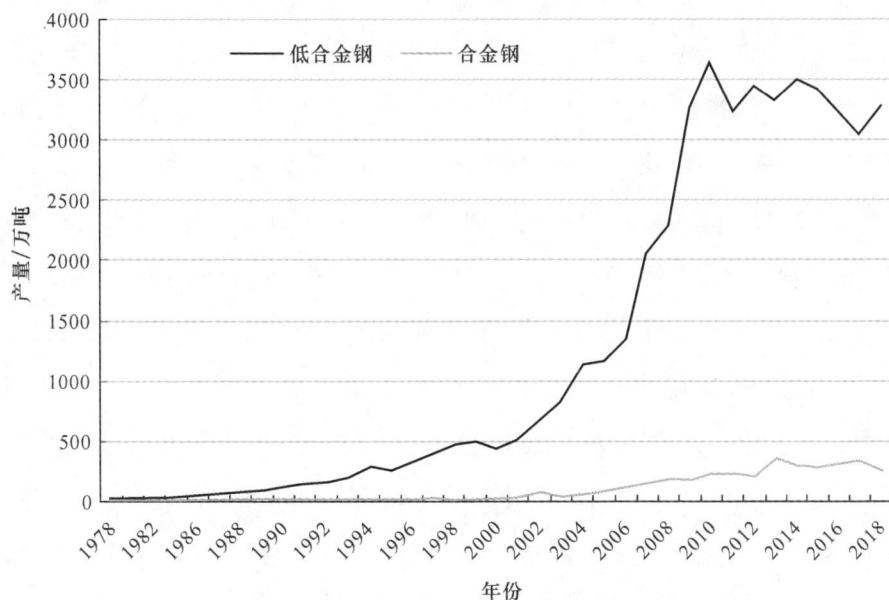

图 5-1　1978~2018 年河北省合金钢、低合金钢产量变化图

第三节　钢材品种

1978 年，河北省钢材产量 94.95 万吨，其中长材、板带材、管材产量分别为 80.53 万吨、11.44 万吨、2.98 万吨，分别占钢材产量的 84.82%、12.04%、3.14%。钢材产品以长材为主，尤其以中小型型材为主，当年中小型型材产量 64.81 万吨，占长材总量的 80.48%，占全省钢材总量的 68.26%。1990 年，河北省钢材产量达到 281.27 万吨，比 1978 年增长 1.96 倍，其中长材、板带材、管材占钢材产量的比例分别为 83.94%、9.94%、6.12%，管材占比提高 2.98 个百分点，长材和板带材占比分别下降 0.88 个百分点、2.10 个百分点。2000 年，河北省钢材产量 1306.5 万吨，比 1990 年提高 3.65 倍，其中长材、板带材、管材的产量分别为 862.20 万吨、316.00 万吨、128.30 万吨，占钢材产量的比例分别为 65.99%、24.19%、9.82%。与 1990 年相比，板带材和管材占比分别提高 14.25 个百分点、3.70 个百分点，长材占比下降 17.95 个百分点。2010 年河北省钢材产量 16757.23 万吨，比 2000 年增长 11.83 倍，其中长材、板带材、管材产量分别为 6170.97 万吨、9675.91 万吨、910.35 万吨，占钢材产量的比例分别为 36.83%、57.74%、5.43%。与 2000 年相比，板带材占比提高 33.55 个百分点，长材和管材占比分别下降 29.16 个百分点、4.39 个百分点。2015 年钢材产量 25245.31 万吨，其中长材、板带材和管材产量分别为 7992.22 万吨、13396.25 万吨和 1641.61 万吨，占比分别为 34.70%、58.17% 和 7.13%，与 2010 年相比，长材比例下降 2.13 个百分点，板带材和管材所占比例分别提高 0.43、1.70 个百分点。2018 年钢材产量 26908.74 万吨，其中长材、板带材和管材产量分别为 9102.81 万吨、16314.00 万吨和 1491.94 万吨，所占比例分别为 33.83%、60.63% 和 5.54%，与 2015 年相比，长材比例下降 0.87 个百分点，板带材比例提高 2.46 个百分点，管材所占降低 1.59 个百分点。

1978~2018 年钢材产品结构情况见表 5-3 和图 5-2、图 5-3。

表 5-3　1978~2018 年河北省钢材产品结构情况

年份	长材		板带材		管材	
	产量/万吨	长材占比/%	产量/万吨	板带占比/%	产量/万吨	管材占比/%
1978	80.53	84.82	11.41	12.04	2.98	3.14
1979						
1980						
1981						
1982	117.72	83.81	17.08	12.16	5.66	4.03
1983						
1984						
1985	173.43	88.01	12.34	6.26	11.29	5.73
1986	191.79	87.72	14.30	6.54	12.54	5.74
1987	208.46	85.70	20.58	8.46	14.21	5.84
1988	216.89	85.09	24.84	9.69	14.54	5.67
1989	226.07	83.76	27.28	10.11	16.54	6.13
1990	236.09	83.94	27.97	9.94	17.21	6.12
1991	272.01	85.41	28.10	8.82	18.37	5.77
1992	343.55	84.88	37.10	9.17	24.10	5.95
1993	394.57	86.19	33.33	7.28	29.90	6.53
1994	514.15	81.95	81.42	12.98	31.83	5.07
1995	619.87	79.12	118.00	15.06	45.63	5.82
1996	592.70	82.19	99.30	13.77	29.10	4.04
1997	627.30	79.77	118.26	15.04	40.86	5.20
1998	714.60	76.76	151.10	16.23	65.30	7.01
1999	806.80	73.11	197.10	17.86	99.70	9.03
2000	862.20	65.99	316.00	24.19	128.30	9.82
2001	1147.24	61.32	544.89	29.12	178.88	9.56
2002	1409.81	56.17	878.09	34.98	222.09	8.85
2003	2085.23	55.91	1251.11	33.55	393.03	10.54
2004	2413.12	47.61	2188.69	43.19	466.24	9.20
2005	3196.57	46.68	3167.32	46.25	483.85	7.07
2006	3419.62	40.39	4567.18	53.94	480.30	5.67
2007	4348.81	41.52	5592.24	53.39	533.86	5.10
2008	4702.46	40.64	6370.52	55.05	498.81	4.31

年份	长材		板带材		管材	
	产量/万吨	长材占比/%	产量/万吨	板带占比/%	产量/万吨	管材占比/%
2009	5882.44	38.87	8452.41	55.85	799.62	5.28
2010	6170.97	36.83	9675.91	57.74	910.35	5.43
2011	7101.54	36.94	10974.51	57.08	1150.71	5.98
2012	8063.04	38.40	11718.65	55.82	1213.52	5.78
2013	8559.87	37.44	12996.68	56.85	1305.02	5.71
2014	8822.30	36.77	13639.68	56.84	1533.26	6.39
2015	7992.22	34.70	13396.25	58.17	1641.61	7.13
2016	8273.88	31.64	15864.71	60.67	2061.77	7.69
2017	8486.48	34.57	14245.93	58.03	1884.54	7.40
2018	9102.81	33.83	16314.00	60.63	1491.94	5.54

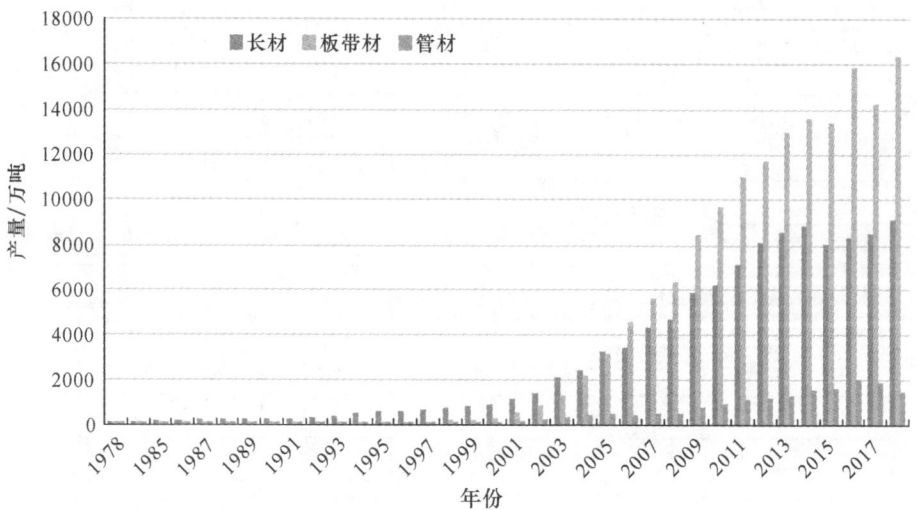

图 5-2　河北省 1978~2018 年品种产量图

按照冶金工业部 1985 年《冶金工业生产指标填报目录》，1978~2002 年钢铁行业钢材品种划分为 18 大类细分，河北省 1978 年只能生产铁道用钢材、大型型钢、中小型型钢、线材、中板、热轧薄板、钢带、无缝钢管、焊接钢管、其他钢材等 11 类，占 18 大类的 61.11%。而且，以中、小型型钢为主，占到钢材总量的 68.26%。河北省钢铁工业 1978 年各类钢材品种占比见图 5-4。

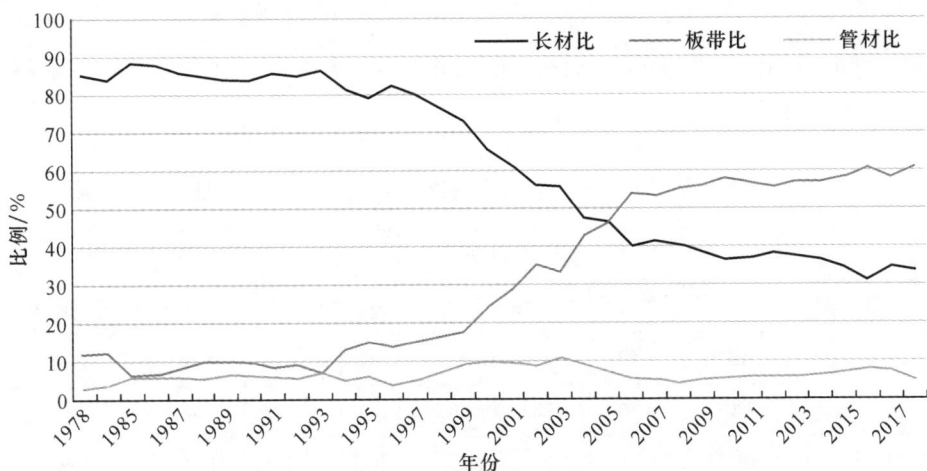

图 5-3　河北省 1978~2018 年品种比例变化情况图

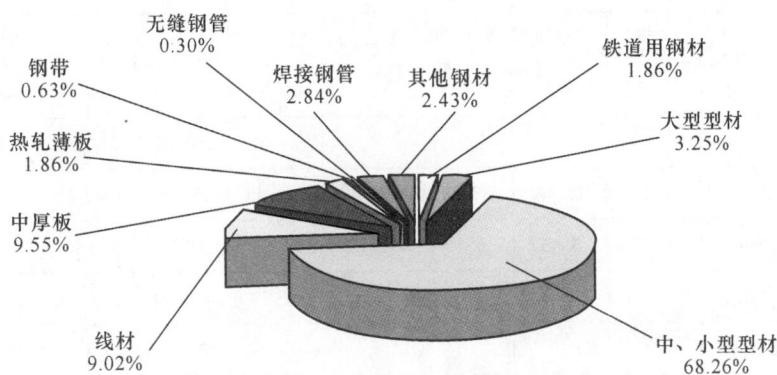

图 5-4　1978 年河北省钢铁工业钢材各品种钢所占比例

2002 年，中国钢铁工业协会为适应中国改革开放以后与世界经济接轨的新形势，制订了新的《中国钢铁工业生产统计指标体系》，经国家统计局批准后，2003 年开始在重点大中型钢铁企业试行。按照新的统计指标体系，钢材品种分为 22 大类。2003 年，河北省能生产 17 大类钢材，占 77.27%。热轧薄板、冷轧薄板、冷轧薄宽钢带、涂层板（带）、电工钢板（带）5 大类钢材品种是空白。2004 年热轧薄板、冷轧薄板、冷轧薄宽钢带、涂层板（带）四大类钢材品种实现了"零"的突破，河北省能够生产的钢材产品涉及 21 大类，占 22 大类的 94.45%，只有电工钢板（带）一类不能生产。2011 年，河北省电工钢板（带）实现了"零"的突破，钢材品种实现了全覆盖。1978~2018年，河北省钢铁工业钢材分品种产量见表5-4；2018年，河北省钢铁工业钢材品种占比见图5-5。

表5-4 1978~2018年河北省钢铁工业钢材分品种产量 （万吨）

品种	1978年	1990年	1995年	2000年	2005年	2010年	2015年	2018年
钢材总量	94.95	281.27	783.50	1306.50	6847.74	16757.23	25245.31	26908.74
铁道用钢材	1.77	4.73	5.10	3.40	48.83	78.69	87.38	97.55
大型型材	3.097	0.83	6.80	17.90	44.33	200.17	409.01	402.21
中小型型材	64.81	141.54	422.20	567.40	1068.76	1532.61	2188.52	2369.39
棒材					261.85	823.36	835.27	643.15
钢筋					847.45	1459.97	2615.70	2544.17
线材	8.56	88.95	174.60	272.50	925.25	2051.37	2494.96	3046.34
特厚板					16.73	48.42	184.53	228.83
厚钢板					74.01	269.51	321.08	446.65
中板	9.07	16.64	83.50	104.40	198.95	853.30	1042.53	1040.40
热轧薄板	1.77	3.43	5.80	75.00	24.33	41.77	170.77	11.17
冷轧薄板					62.73	144.70	348.29	303.95
中厚宽钢带					1036.21	2862.09	3675.47	5678.83
热轧薄宽钢带					184.35	1710.66	2222.57	2918.40
冷轧薄宽钢带					65.03	513.88	891.68	860.98
热轧窄钢带	0.60	7.90	28.70	136.60	1307.16	2652.95	4123.83	3097.00
冷轧窄钢带					59.70	128.90	427.61	271.32
镀层板（带）					127.94	395.24	1125.94	1199.72
涂层板（带）					10.18	54.49	94.93	96.71
电工钢板（带）							117.98	160.04
无缝钢管	0.28	1.25	2.63	0.60	20.29	103.72	34.55	26.69
焊接钢管	2.70	15.96	43.00	127.70	463.56	806.63	1745.54	1361.74
其他钢材	2.31	0.02	11.17	1.00	0.10	24.80	87.17	103.51

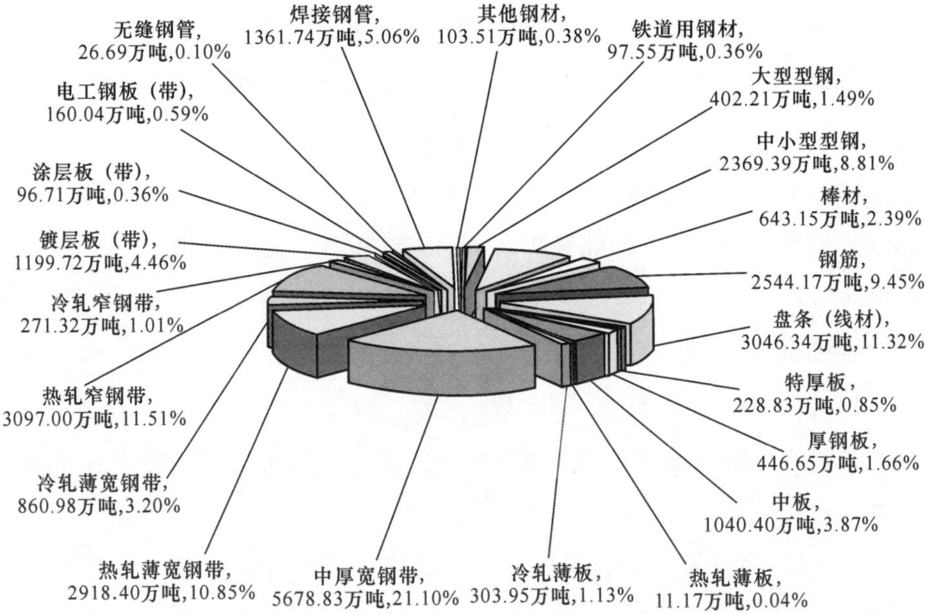

无缝钢管，
26.69万吨，0.10%

焊接钢管，
1361.74万吨，5.06%

其他钢材，
103.51万吨，0.38%

铁道用钢材，
97.55万吨，0.36%

大型型钢，
402.21万吨，1.49%

电工钢板（带），
160.04万吨，0.59%

中小型型钢，
2369.39万吨，8.81%

涂层板（带），
96.71万吨，0.36%

棒材，
643.15万吨，2.39%

镀层板（带），
1199.72万吨，4.46%

钢筋，
2544.17万吨，9.45%

冷轧窄钢带，
271.32万吨，1.01%

盘条（线材），
3046.34万吨，11.32%

热轧窄钢带，
3097.00万吨，11.51%

特厚板，
228.83万吨，0.85%

厚钢板，
446.65万吨，1.66%

冷轧薄宽钢带，
860.98万吨，3.20%

中板，
1040.40万吨，3.87%

热轧薄宽钢带，
2918.40万吨，10.85%

中厚宽钢带，
5678.83万吨，21.10%

冷轧薄板，
303.95万吨，1.13%

热轧薄板，
11.17万吨，0.04%

图 5-5　2018 年河北省钢铁工业钢材品种占比

第四节　主要原辅材料

河北省钢铁生产需要的主要原辅材料有铁矿石、焦炭、铁合金、耐火材料、炭素制品等。

1978 年，河北省铁矿石原矿产量和焦炭产量分别为 1161.38 万吨、321.88 万吨，分别占全国的 9.86%、6.86%，在全国各省区排位均低于辽宁、北京，居第 3 位。经过 20 年的发展，1997 年，河北省铁矿石原矿产量 6170 万吨，占全国总量的 22.97%，比 1978 年增长 4.31 倍，占全国产量比例提高 13.11 个百分点，产量位居全国第一，到 2018 年一直保持全国第一的位置；1995 年，河北省焦炭产量 937.5 万吨，占全国的 6.94%，焦炭产量比 1978 年增长 1.91 倍，占比提高 0.08 个百分点，在全国排第 2 位，至 2018 年，河北省焦炭产量一直保持全国第二。2015 年，河北省铁矿石原矿产量、焦炭产量分别为 46682.05 万吨、5480.62 万吨，分别占全国总量的 37.21%、12.24%，铁矿石产量占全国比例比 1997 年提高 14.24 个百分点,焦炭产量占全国比例比 1995 年提高 5.30 个百分点。2018 年,河北省铁矿石原矿产量、焦炭产量分别为 24642.44 万吨、4747.10 万吨,铁矿石原矿产量明显降低,焦炭产量也有较大幅度的降低。

1978 年,河北省铁合金产量为 3.35 万吨,占全国总量的 3.57%。经过 20 年的发展,1997 年,河北省铁合金产量 11 万吨,比 1978 年增长 2.28 倍,占全国总量的 2.73%,比 1978 年占比下降 0.84 个百分点。2011 年,铁合金产量达到 33.62 万吨,创历史最好水平,占全国总量的 1.18%,比 1997 年下降 1.55 个百分点。2015 年,河北省铁合金产量 21.46 万吨,比 2011 年下降 36.17%,占全国总量的比例为 0.59%,2018 年,河北省铁合金产量 14.41 万吨。

1978 年,河北省耐火材料产量 45.79 万吨,随着钢铁工业产品产量的不断快速增长,耐火材料制品也逐步得到快速发展,2015 年耐火材料产量达到 235.61 万吨,比 1978 年增长 4.15 倍。2018 年,河北省耐火材料产量 79.68 万吨,排在河南省、辽宁省、山东省和浙江省之后,居于全国第五位。

1991 年以前,河北省石墨及炭素制品产量非常低,1992 年产量 3.22 万吨,2000 年产量突破 10 万吨,最高年产量的 2016 年达到 121.03 万吨。

河北省铁矿石、焦炭、铁合金、耐火材料、炭素制品 1978~2018 年产量见表 5-5。

表 5-5　1978~2018 年河北省主要原辅料产量　　　　(万吨)

年份	铁矿石原矿	焦炭	铁合金	耐火材料	石墨及炭素制品
1978	1161.38	321.88	3.35	45.79	
1979	1174.95	292.37	3.36	32.42	
1980	1000.63	285.14	2.17	33.78	
1981	975.36	249.73	1.93	26.78	
1982	917.81	245.79	2.13	29.87	
1983	941.28	269.58	2.18	34.22	
1984	1172.96	281.31	2.37	35.68	
1985	800.06	284.89	2.92	42.80	0.21

年份	铁矿石原矿	焦炭	铁合金	耐火材料	石墨及炭素制品
1986	1002.24	280.66	3.20	57.26	0.63
1987	1153.97	332.32	4.00	56.43	
1988	1161.98	370.53	4.65	48.33	
1989	2433.22	386.52	5.35	48.13	
1990	2826.98	433.53	5.06	48.21	
1991	3039.60	462.27	4.15	51.43	
1992	1614.60	484.20	6.06	103.58	3.22
1993	1924.90	580.56	5.85	115.95	1.95
1994	2347.30	697.80	6.90	35.10	1.00
1995	2898.60	937.50	10.90	23.10	1.10
1996	5265.10	1096.50	9.10	69.00	7.41
1997	6170.00	1239.00	11.00	70.82	5.82
1998	5514.00	604.50	2.70	44.40	6.00
1999	5405.70	695.30	9.05	28.41	8.74
2000	5889.00	792.00	8.44	26.00	12.00
2001	5734.91	921.00	9.67	26.87	13.54
2002	6257.00	972.61	8.37	27.35	15.49
2003	7922.00	1128.00	8.34	39.00	19.73
2004	10315.00	1941.00	10.85	56.00	23.20
2005	15227.00	2613.00	7.47	91.00	21.07
2006	24951.89	3209.10	11.09	95.15	23.62
2007	30953.96	3938.86	13.07	77.34	29.72
2008	38097.21	3923.50	12.06	71.21	31.40
2009	35789.47	4800.30	13.36	87.22	30.20
2010	44618.84	4988.09	17.48	97.43	28.00
2011	59470.90	6036.23	33.62	148.59	34.57
2012	52356.95	6677.74	24.26	148.05	34.21
2013	56933.29	6396.82	29.38	133.46	32.26
2014	56611.12	5613.84	23.94	173.05	68.32
2015	51399.36	5480.62	21.46	235.61	88.60
2016	52203.35	5187.28	26.68	65.29	121.03
2017	58163.52	4813.80	33.26	75.65	84.12
2018	24642.44	4747.10	14.41	79.68	75.19

第六章　装备与工艺

第一节　人造块矿装备与工艺

烧结与球团都属于人造块矿工艺，烧结矿和球团矿统称人造富矿或熟料。

一、烧结矿生产

1978~1988 年，河北省钢铁工业土烧结生产比例从 40% 左右逐步下降到 15% 左右，至 1993 年底，河北省钢铁工业基本淘汰了土烧结

1978 年底，河北省拥有烧结机 13 台，其中 50 平方米 1 台、24 平方米 9 台、18 平方米 3 台，有效烧结面积 320 平方米，平均单台烧结机面积 24.62 平方米，设计年生产能力 299.45 万吨，当年生产机烧结矿 219 万吨，占人造富矿的 53.41%。

1981 年 11 月，石钢建成省内第一套与 24 平方米烧结机配套的 40 平方米抽风带式冷却机，同时建成烧结铺底料系统，取得了减少算条、台车烧损，延长引风机寿命和提高生产率的效果，成为全国中、小型烧结机应用铺底料最早获得成功的企业。1984 年 10 月，冶金工业部在石钢召开全国地方骨干钢铁企业烧结技术经验交流会进行推广。1982 年 8 月，宣钢建成当时省内最大的 64 平方米烧结机和与之配套的 90 平方米抽风式环冷机。1988 年底，河北省拥有 21 台烧结机，其中 64 平方米 2 台、50 平方米 2 台、28 平方米 3 台、24 平方米 11 台、18 平方米 3 台，有效烧结面积 630 平方米，平均单台烧结机面积 30 平方米，设计年生产能力 583.3 万吨，当年机烧结矿产量 474.35 万吨，占人造富矿总数的 68.41%。经过 10 年的发展，1988 年比 1978 年烧结机

生产能力增长 94.79%，烧结矿产量增长 117%，烧结矿在人造富矿占比提高 15 个百分点。

20 世纪 80 年代末至 90 年代，河北省钢铁工业在烧结机设备大型化、自动化方面迈出较大步伐。1989 年 9 月，唐钢 1 号 180 平方米烧结机投产；1991 年 6 月、12 月，邯钢 1 号、2 号 90 平方米烧结机分别投产；1993 年 12 月，唐钢 2 号 180 平方米烧结机投产；1999 年 6 月，唐钢 265 平方米烧结机投产；1999 年 12 月，邯钢 400 平方米烧结机投产。这些大型烧结机都配有现代化原料场，检验中心和计算机过程控制等技术设施，机头机尾采用电除尘、热筛、鼓风环冷，进行二次破碎、四次筛分以达到整粒效果。这些烧结机的投产，标志着河北省的烧结技术装备走向现代化，为河北省钢铁工业烧结装备升级、提高烧结矿的产量和质量，奠定了基础。2004 年，河北钢铁行业拥有烧结机 157 台，有效烧结面积 7391 平方米，生产能力 7298 万吨，占人造块矿产能的 83.9%。其中，烧结面积不小于 100 平方米的烧结机 11 台，有效面积 2044 平方米，生产能力 1951 万吨，占总生产能力的 26.73%；烧结面积 50~99 平方米的烧结机 39 台，有效面积 2441 平方米，生产能力 2441 万吨，占总生产能力的 33.45%；烧结面积小于 50 平方米的烧结机 107 台，有效面积 2906 平方米，生产能力 2906 万吨，占总生产能力的 39.82%。2004 年，河北省钢铁行业机烧结矿产量 6424.45 万吨，占人造块矿的 87.04%。

2003 年以后，企业新建或更新改造的机烧结机，根据国家产业政策，基本都是烧结面积不小于 120 平方米的烧结机。如邢钢 2003 年建成投产 1 台 180 平方米烧结机；承钢 2003 年 9 月~2005 年 5 月建成投产 3 台 180 平方米烧结机；唐钢 2005 年 5 月~2007 年 11 月，共建成投产 132~360 平方米烧结机 6 台；邯钢 2008 年 3 月、2009 年 6 月建成投产 360 平方米、435 平方米烧结机各 1 台；宣钢 2008 年 3 月、2010 年 4 月建成投产 360 平方米烧结机 2 台。随着，河北省烧结机大型化的步伐加快，100 平方米及以上烧结机的烧结面积平均 198 平方米/台，烧结面积已占到总烧结面积的 92%，成为主流设备；并拥有了一批 550 平方米、435 平方米、400 平方米、360 平方米、320 平方米的大型烧结机，为烧结工序提高烧结机效率、提高烧结矿质量、降低烧结矿消耗和成本奠定了坚实基础。

2015年，河北省拥有烧结机215台（套），烧结机总烧结面积38641平方米，生产能力39161万吨。其中，不小于100平方米的烧结机179台（套），占总台数的83.26%，烧结面积35441平方米，占总烧结面积的91.72%；50～99平方米的烧结机34台（套），占总台数的15.81%，烧结面积3128平方米，占总烧结面积的8.10%；小于50平方米的烧结机2台（套），占总台数的0.93%，烧结面积72平方米，占总烧结面积的0.18%。河北省不同时期烧结机装备情况见表6-1。

表6-1　河北省不同时期烧结机装备情况

时期（年份）	家数	烧结机总面积/台数	不小于100平方米面积/台数	50～99平方米面积/台数	小于50平方米面积/台数	烧结矿产能/万吨·年$^{-1}$
1978	6	320/13		50/1	270/12	299.45
1988	8	630/21		228/4	402/17	583.30
1994	8	1240/27	360/2	444/6	436/19	1222.00
2004	67	7391/157	2044/11	2441/39	2906/107	7298.00
2015	60	38641/215	35441/179	3128/34	72/2	39161.00

改革开放以后，各重点钢铁企业不断对烧结机进行技术改造，创造和引进了一些新技术、新设备、新工艺，使烧结技术不断进步，极大地提高了烧结机作业率。

一是改造除尘系统。1981～1982年，邯钢、邢钢将烧结机机头多管除尘器改为重力除尘器与CLP/B2250型旋风除尘系统，除尘效率达90%以上，抽风机转子寿命提高4～6倍。1985年10月，唐钢首次在24平方米烧结机机头使用国产36平方米两电场静电除尘器，除尘效率达98.28%，出口含尘浓度为23毫克/立方米，并通过部级鉴定。河北省钢铁企业在烧结机机尾使用电除尘器较早。1981年，邯钢新建2台40平方米电除尘与机尾多管除尘器串联，除尘效率达98.8%。石钢于1984年7月用一台20平方米三电场卧式除尘器取代百管除尘器，效率达99.83%，改造后，粉尘排放浓度低于国家标准。邢钢从1985年起，先后在4台24平方米烧结机机尾配加了25平方米电除尘器，实测除尘效率99.92%。

二是机头、机尾改造。原有烧结机的机头、机尾采用弹簧式滑板装置，由于粉尘大、弹簧阻塞，使密封滑板失去作用。新兴铸管将之改为4连杆重锤拉紧浮动板结构，烧结机系统漏风率降低17%。1987年9月，宣钢在64平方米烧结机上采用重力摆动板式密封装置，系统漏风率降低10.21%，烧结机利用系数提高7.37%。邢钢将原弹簧滑动密封板装置改为在重锤式密封装置基础上加一对连杆结构，系统漏风率为44.76%，比改造前降低13.52%，烧结矿产量提高5%~6%。

三是烧结台车改造。烧结机台车改造是河北省率先进行的。1984年，邯钢将24平方米烧结机台车由1.2米加宽到1.4米，改造后有效烧结面积为28平方米，可增产烧结矿10%~12%，为国内同种机型增加烧结面积闯出了新路。邢钢、石钢24平方米烧结机均按这一方法改造成为28平方米的面积，收到了投资少、见效快的增产效果。

四是烧结点火器改造。宣钢于1984年10月和1987年5月分别在两台64平方米烧结机上使用节能型烧结点火器，焦炉煤气耗量由18~22立方米/吨，降低到8.5立方米/吨，降低53%~61%。烧结机点火器采用高铝黏土新型耐火料整体浇注，寿命由过去平均一年延长到四年。点火燃料由使用高发热值焦炉煤气、混合煤气到使用高炉煤气点火。1965年，河北省第一套利用高炉煤气作燃料的点火器在邯钢18平方米烧结机上投入使用，点火温度达到950~1050℃。1986年，宣钢1号50平方米烧结机点火器改用自行设计的烧高炉煤气的点火器，烧结工序能耗降低5.2千克标煤/吨，强度提高0.2%，FeO含量降低0.29%。1987年8月，唐钢在两台24平方米烧结机上新建两座高炉煤气点火保温炉，使用高炉煤气作燃料，用冷空气直接助燃，点火温度为1150℃±30℃，适合于低温负压点火的工艺要求，节能效果显著，于1988年9月向国家申请了专利。

五是低炭厚料层操作技术。1979年冶金部推广首钢"低炭厚铺"的操作制度，到20世纪80、90年代，随着河北省烧结机装备的大型化，省重点钢铁企业烧结机平均料层厚度已达350毫米左右。其中，有8台烧结机（约占全省三分之二的烧结能力）料层厚度达到 400 毫米以上，有的超过 500 毫米。2000 年以后新上的 100 平方米及以上的烧结机料层厚度基本在 600 毫米以上。由于采用低炭厚料操作技术，加上改造点火器、改造风机，2010 年河北省重点钢铁企业烧结机固体燃料消耗由 1980 年的 91 千克/吨下降到 54.67 千克/吨，降低 39.92%；烧结矿质量也大有改善，烧结矿合格率由 1980 年的 78.08% 提高到 93.40%，提高 15.32 个百分点。

六是小球烧结技术。邯钢 24 平方米烧结机 1995 年实现小球烧结新工艺，同年完成混合料水分自动控制。之后，在大中型烧结上普遍推广应用。

七是烧结机烟气脱硫技术。邯钢 400 平方米烧结机烟气脱硫项目 2009 年 1 月投产，3 月通过省环保局验收，实现 400 平方米烧结烟气 SO_2 达标排放。

通过对烧结机进行一系列的技术改造，随着机烧结矿生产能力的不断提高，各项技术经济指标明显改善，见表 6-2。

表 6-2　河北省机烧结矿主要技术经济指标情况

年份	烧结矿产量 /万吨	合格率 /%	利用系数 /吨·(平方米·时)$^{-1}$	吨固体燃料单耗 /千克	烧结矿品位 /%
1980	250.76	78.08	1.23	91.0	53.61
1985	355.22	70.92	1.18	85.0	52.85
1988	474.35	78.33	1.37	77.80	53.47
1995	1578.2	84.43	1.41	72.67	54.09
2000	2407	87.05	1.45	57.60	56.01
2005	7629.04	88.67	1.49	53.49	56.09
2010	18090.6	93.40	1.48	54.67	55.14
2015	38320.69	96.22	1.29	51.95	55.00

二、球团矿生产

球团矿适于处理细精矿粉，烧成后较烧结矿粒度均匀，微气孔多，还原性好，强度高，且易于储存，有利于强化高炉生产。河北省的球团矿生产主要有两种生产工艺。一种是链算机—回转窑，一种是竖炉。

20 世纪 80 年代初，经过对高炉合理炉料结构的研究，酸性球团矿与高碱度烧结矿搭配入炉的优点更加显示出来，球团矿的生产也随之得到重视和发展。

（一）链箅机—回转窑

河北省建设链箅机—回转窑生产球团矿较早。1983 年 5 月 31 日，国内第一套自行设计、安装，规模最大的生产球团矿的直径 3.0 米×30 米链箅机—回转窑在承钢建成投产。1985 年就达到年产 15 万～18 万吨的设计能力。1987 年球团矿的产量提高到 25 万吨/年的水平，90 年代以后达到 38 万吨/年能力。

由于链箅机—回转窑设备装备比较复杂，投资较大，2000 年以前没有得到发展。2001～2010 年的 10 年，链箅机—回转窑得到较快发展。2001 年 10 月，新兴铸管新上的直径 4 米×30 米的链箅机—回转窑投产，设计能力为年产球团矿 80 万吨。河北前进分别于 2006 年、2008 年各投产一条设计能力年产球团矿 120 万吨的链箅机—回转窑生产线；邯钢分别于 2005 年 10 月、2009 年 6 月各投产一条设计能力年产 200 万吨球团矿的链箅机—回转窑生产线；宣钢分别于 2008 年 2 月、2010 年 9 月各投产一条设计能力 120 万吨球团矿的链箅机—回转窑生产线。2010 年底，河北省拥有链箅机—回转窑生产线 8 条，年产球团矿能力 998 万吨。2010～2015 年间，承钢淘汰了 1 座年产 38 万吨能力的链箅机—回转窑；河北敬业集团建设了 2 条链箅机—回转窑生产线，产能 160 万吨；河北兴华钢铁建设了 1 条链箅机—回转窑生产线，产能 60 万吨。至 2015 年底，河北钢铁企业共拥有链箅机—回转窑 10 座，产能 1180 万吨。

（二）竖炉球团

1988 年，河北省在用的竖炉只有 3 座，均为 8 平方米，其中承钢 1 座、涞源钢铁厂 2 座。当年 3 座竖炉产球团矿 44.3 万吨，占人造块矿的 6.38%。

由于竖炉投资少，建设周期短，可以利用富余高炉煤气，成本低，便于操作和维护，河北省球团竖炉从 20 世纪 90 年代起，随着钢铁工业的快速发展而得到迅速发展。但是又由于其对原料条件要求高和与烧结矿最佳配比的要求，以及其品质难以满足大型高炉的要求而使发展受到一定限制。1997 年，全省球团矿产量 505.42 万吨，占人造块矿的 23.86%。2005 年球团矿产量 1332.96 万吨，占人造块矿的 14.86%。

河北省钢铁企业建设的竖炉规格以 10 平方米、8 平方米为主，也有少数 4 平方米、6 平方米小型竖炉，这些小型竖炉在 2006～2010 年已经被淘汰。2003 年 1 月，当时国内最大的 12 平方米竖炉在承钢建成投产。2005 年，32 家重点钢铁联合企业有 24 家企业拥有竖炉球团设施 52 座，总计 382 平方米，产能 1714 万吨。其中，10 平方米及以上竖炉 22 座，总面积 222 平方米，生产能力 1110 万吨，占总生产能力的 64.76%；8 平方米竖炉 9 座总面积 72 平方米，生产能力 315 万吨，占总生产能力的 18.38%，8 平方米以下竖炉 21 座，总面积 88 平方米，生产能力 289 万吨，占总生产能力的 16.86%。

2015 年，61 家钢铁联合企业有 40 家企业拥有竖炉球团设施 100 座，总计 1109 平方米，生产能力 5620 万吨。其中，10 平方米及以上竖炉 96 座，1077 平方米，生产能力 5500 万吨，占总生产能力的 97.9%，已经成为河北省竖炉球团设施的主要生产设施；8 平方米竖炉 4 座，32 平方米，生产能力 120 万吨，占总生产能力的 2.1%，小于 8 平方米竖炉已经全部淘汰。

球团矿具有强度好、粒度均匀、形状规则、含铁品位高、还原性好等优点，在高炉冶炼中可起到增产节焦、改善炼铁技术经济指标、降低生铁成本、提高经济效益的作用。随着钢铁行业对精料和合理炉料结构认识的提高，炼铁技术经济指标不断优化，球团矿越来越得到企业的青睐和高度重视，对球团矿需求强劲。河北省球团矿的发展趋势为：大型企业以链箅机—回转窑工艺为主，中小型企业以竖炉工艺为主。随着钢铁企业规模化，球团设备也趋于大型化，链箅机—回转窑工艺将成为河北省球团矿生产的主要工艺。

第二节　炼铁装备与工艺

一、炼铁装备水平

改革开放之初的 1978 年，河北钢铁工业拥有高炉 83 座，总有效容积

6135 立方米，平均每座高炉有效容积只有 74 立方米，总设计能力 260.49 万吨/年。其中，620 立方米高炉 1 座，200~499 立方米高炉 10 座，有效容积 2636 立方米；50~199 立方米高炉 28 座、有效容积 2233 立方米；50 立方米以下高炉 44 座，有效容积 646 立方米。1978 年生铁产量 222.52 万吨，占全国总产量的 6.40%，居全国第五位。

根据 1979 年 4 月中央提出的"调整、改革、整顿、提高"八字方针，河北炼铁生产开始了新的调整工作。从 1979 年开始，有计划地对一些缺少原燃料来源、消耗高、质量差、亏损严重的小钢铁厂进行了关、停、并、转；对省重点炼铁企业中的工艺落后、装备水平低、技术经济指标差的 100 立方米以下的高炉进行改造或停产。调整后的 1982 年，全省继续生产的炼铁高炉 32 座，总有效容积 4719 立方米，平均每座高炉有效容积 147.5 立方米，总设计能力 252.76 万吨/年。其中，620 立方米高炉 1 座，200~499 立方米高炉 10 座、有效容积 2679 立方米，50~199 立方米高炉 14 座、有效容积 1320 立方米，50 立方米以下高炉 7 座、有效容积 150 立方米。1982 年生铁产量 219.73 万吨，占全国总量的 8.62%，居全国第五位。

1983 年以后，河北冶金行业坚持改革开放，通过"挖潜、改造、配套、扩建"，使炼铁工业有了一个较大的发展。一是加速省重点高炉的恢复、改造和建设；二是对一些布局合理、设备条件好、有发展前途的小炼铁厂，有计划有步骤的进行了恢复、改造和发展；三是对省重点钢铁企业进行工艺完善和配套。经过十余年的发展，到 1993 年底全省高炉增加到 127 座，总有效容积 14903 立方米，平均每座高炉有效容积 117.4 立方米，总设计能力 920.7 万吨/年。其中容积 1000 立方米及以上高炉 4 座，有效容积 5040 立方米；容积 500~999 立方米高炉 1 座，620 立方米；100~499 立方米高炉 36 座，有效容积 6243 立方米；100 立方米以下高炉 86 座，有效容积 3000 立方米。1993 年生铁产量 795.0 万吨，占全国总量的 9.10%，居全国第四位。1983~1993 年，通过改造、配套，一些新设备、新工艺、新技术被广泛应用，高炉装备水平向大型化迈进，使河北炼铁生产技术水平不断提高，初步形成了一个布局合理，具有一定装备水平，比较完整的生产体系。

河北省炼铁装备的大型化从 20 世纪 80 年代末 90 年代初起步。河北省建成投产的第一座大于 1000 立方米高炉，是唐钢二炼铁厂 1989 年 9 月 24 日投产的 1260 立方米高炉（《唐钢"七五"改扩建总体规划》一期工程），设计能力为年产生铁 85.5 万吨。其特点是高炉本体冷却采用软水密闭循环冷却；配有 4 座改进型内燃式热风炉，炉容加热面积达到 88.5 平方米/立方米；独立的焦矿槽设有筛分、称量自动补偿及中子测水装置；采用皮带机上料，最大上料能力矿石为 1200 吨/小时，焦炭为 350 吨/小时；采用比较成熟的并罐式无料钟炉顶；铁水由鱼雷罐车经铁路直供二炼钢厂；水渣冲制采用底滤法，并由皮带机外运；高炉中控室采用从日本引进的过程控制级与设备控制级的集散型自动控制系统，炉内情况可在 CRT 屏幕上显示，操作人员在中控室对设备及过程参数进行监视和控制。

同期投产的还有宣钢 1260 立方米高炉（1989 年 10 月），以后投产的邯钢 1260 立方米高炉（1992 年 6 月），与唐钢 1260 立方米高炉同为北京钢铁研究总院设计，其特点基本与唐钢 1260 立方米高炉大体一致。

1993 年 12 月 10 日，唐钢二炼铁厂 2 号 1260 立方米高炉（二期工程）投产，设计能力为年产生铁 87.5 万吨。二期工程在一期工程的基础上，对部分设备和工艺进行了改进：炉顶部分气密箱采用了水冷氮气密封；固定翻板结构的受料斗、液压站由炉顶移到炉下，方便了维修，提高了设备运转的可靠性；炉体冷却系统在第五层至第九层改用双层冷却水管，采用带肋冷却壁及肋间捣打炭素料，提高了炉体寿命；炉前设备中的开口机，由电气驱动改为气液联动；泥炮由三冲程动作改为二冲程动作的矮炮，便利了操作；上料、热风炉和自动控制等系统也均有不同程度的改进，使设计更趋于科学合理。

80 年代末 90 年代初唐钢、宣钢、邯钢 4 座 1260 立方米高炉的建成投产，开辟了河北省炼铁装备大型化的先河，为之后炼铁装备大型化积累了经验。

河北省建成投产的第一座不小于 2000 立方米高炉是唐钢 1997~1998 年建成投产的 2560 立方米高炉，第二座是邯钢 1998 年 8 月~2000 年 6 月从德国蒂森克虏伯引进的二手设备。

1994~2000 年，河北钢铁工业提高装备水平的主要方式是在政府部门的支持下，引进国外先进技术和设备，并在消化吸收的基础上对重点企业实施大规模的技术改造。

1995 年底，河北省拥有炼铁高炉 534 座，总有效容积 31084 立方米，平均每座高炉有效容积 58 立方米，总设计能力 1121 万吨/年。其中，容积 1000 立方米及以上高炉 4 座，有效容积 5040 立方米；容积 500~999 立方米高炉 1 座、620 立方米；容积 100~499 立方米高炉 58 座，有效容积 9743 立方米；50~99 立方米高炉 98 座，有效容积 5398 立方米；小于 50 立方米高炉 373 座/有效容积 10278 立方米。1995 年生铁产量 1214.5 万吨，占全国总量的 11.53%，位居全国第三。

2003 年底，河北省拥有炼铁高炉 292 座，总有效容积 72878 立方米，平均每座高炉有效容积 249.6 立方米，总设计能力 5306 万吨/年。其中，容积 1000 立方米及以上高炉 6 座，有效容积 10430 立方米；容积 500~999 立方米高炉 3 座，有效容积 2000 立方米；100~499 立方米高炉 278 座，有效容积 60263 立方米，容积 100 立方米以下高炉 5 座，有效容积 185 立方米。2003 年生铁产量 4227.34 万吨，占全国总量的 19.78%，位居全国第一。

2001~2010 年，随着我国国民经济的高速增长，河北钢铁工业得到了长足的发展。尤其是 2000 年以后民营钢铁企业的快速崛起，为河北钢铁工业的发展注入了新的活力，河北省生铁产量大幅度提高，炼铁装备水平快速提升。

2010 年底，河北省拥有炼铁高炉 367 座，总有效容积 282577 立方米，平均每座高炉有效容积 770 立方米，总设计能力 25867 万吨。其中，容积 3000 立方米及以上高炉 8 座，有效容积 31000 立方米；容积 2000~2999 立方米高炉 12 座，有效容积 27800 立方米；容积 1000~1999 立方米高炉 88 座，有效容积 106110 立方米；容积 401~999 立方米高炉 208 座，有效容积 106219 立方米；有效容积小于 400 立方米高炉 51 座，有效容积 11488 立方米。2010 年生铁产量 13705.39 万吨，占全国总量的 23.22%，仍位居全国第一。

2015 年，经过 2010 年以来压减过剩炼铁产能，高炉座数减少 116 座，高炉有效容积减少 23855 立方米，生产能力下降 1860 万吨。全省拥有炼铁高炉 251 座，有效容积 258722 立方米，平均高炉容积 1031 立方米。其中，大于等

于 3000 立方米高炉 8 座，有效容积 31000 立方米，产能 2510 万吨；2000~
2999 立方米高炉 16 座，有效容积 38420 立方米，产能 3049 万吨；1000~1999
立方米高炉 108 座，有效容积 126260 立方米，产能 11246 万吨；500~999 立
方米高炉 63 座，有效容积 37896 立方米，产能 4250 万吨；400~499 立方米高
炉 56 座，有效容积 25416 立方米，产能 2952 万吨。除有 1 座 208 立方米铸造
用高炉外，河北省 400 立方米以下高炉已经全部拆除。

1978~2015 年河北省炼铁装备情况、2015 年河北省炼铁装备具体情况见
表 6-3 和表 6-4。

表 6-3 1978~2015 年河北省炼铁装备情况

年份	合计		不小于 3000 立方米		2000~2999 立方米		1000~1999 立方米		500~999 立方米		200~499 立方米		小于 200 立方米	
	座	有效容积	座	有效容积	座	有效容积	座	有效容积	座	有效容积	座	有效容积	座	有效容积
1978	83	6135							1	620	10	2636	72	2879
1982	32	4719							1	620	10	2679	21	1470
1988	86	7226							1	620	13	3579	72	3027
1990	102	10686					2	2520	1	620	14	3879	85	3657
1993	127	14903					4	5040	1	620	14	3879	108	5364
1995	534	31079					4	5040	1	620	16	4479	513	20940
2003	292	72878			3	6560	3	3870	3	2000	97	32103	186	28345
2010	367	282577	8	31000	15	35300	85	98610	87	51429	155	64457	17	1781
2015	251	258722	8	31000	16	38420	108	126260	63	37896	56	25146	0	0

表 6-4 2015 年河北省炼铁装备具体情况

容 积	高炉数量		有效容积		产能	
	数量/座	占比/%	有效容积/立方米	占比/%	产能/万吨	占比/%
全省总计	251	100	258722	100	24007	100
不小于 3000 立方米	8	3.19	31000	11.98	2510	10.46
不小于 2000~2999 立方米	16	6.37	38420	14.85	3049	12.70
不小于 1000~1999 立方米	108	43.03	126260	48.80	11246	46.84
不小于 500~999 立方米	63	25.10	37896	14.65	4250	17.70
不小于 400~499 立方米	56	22.31	25146	9.72	2952	12.30

二、工艺技术进步

河北省炼铁生产工艺，主要是围绕"精料、大风、高温"的技术操作方针，以及围绕实现整个生产工艺过程的机械化、自动化操作，进行一系列技术改造，采用先进技术，不断改善各项技术经济指标。

（一）精料

1. 改变入炉原料结构

1979年，原块矿被人造块矿所取代，熟料比达到97.84%，1988年全省熟料比为98.94%。在人造块矿总量中，烧结矿占83.99%，球团矿占16.01%。

2. 提高机烧结矿稳定率

1980年以来，各炼铁厂逐渐重视烧结原料的管理，以提高烧结矿成分的稳定率。1981年，邢钢进行了原料场的改造，增设机械化装备，进行中和混匀平铺切取，烧结矿品位波动有所降低。1987年7月，宣钢对选烧厂原料场改造后，实现机械化装卸和计算机控制系统，使8个以上品种的铁精粉分别堆放，二次回装按品种配料，烧结矿合格率由61%提高到85%以上，1987年10月达到95.2%。唐钢利用原配料混料系统，将10种含铁杂料按一定比例配料和中和混匀后入烧结机，使烧结矿合格率提高18.6%，烧结矿含铁波动不大于±1.0%的稳定率由77.4%提高到92.62%，碱度波动不大于±0.1%的稳定率达到88.89%。通过改进原料的混匀工作，1988年全省烧结矿平均含铁量波动不大于±1.0%的稳定率为72.24%~92.62%，碱度波动不大于±0.1%的稳定率均达到80%以上。

3. 生产高碱度、高品位烧结矿

1978年5月，新兴铸管开始生产全精粉、高碱度、高品位烧结矿。经过

一年的试验，烧结矿品位平均达到 59.72%，碱度平均为 1.34. 随后在烧结料中配加 5%~7% 的生石灰粉，生产 $TFe=58.23\%$、$R_2=1.76$ 的高品位、高碱度烧结矿，生铁增产 15.1%，入炉焦比下降 76 千克/吨。邯钢在烧结料中配加 16%~18% 的白云石粉生产高氧化镁（$MgO=6.61\%$）、三元碱度（$R_3=1.54$）烧结矿。1981 年，邯钢在 620 立方米高炉上配用 55% 高碱度（$R=1.9$）和 45% 低碱度（$R=1.0$）烧结矿，取得降低焦比 35 千克/吨的显著效果。宣钢于 1979 年实现了全精粉烧结，机烧结矿的碱度提高到 1.5~1.8，与低碱度烧结矿搭配使用，入炉矿品位由 43% 提高到 50% 左右，是国内较早推广高低碱度烧结矿搭配入炉的厂家之一。1986 年，唐钢用 2/3 高 MgO、高碱度（$R=1.8$）烧结矿加 1/3 酸性球团的新炉料结构，代替 2/3 高 MgO 自熔性烧结矿加 1/3 钢渣高碱度烧结矿的炉料结构，高炉利用系数由 2.248 吨/（立方米·日）提高到 2.417 吨/（立方米·日），入炉焦比由 594 千克/吨降低到 574 千克/吨，效果明显。

4. 增加高炉槽下筛分设施

河北省 20 世纪 80 年代以前投产的高炉，原设计没有槽下筛分设施，入炉原燃料含粉较多，影响高炉冶炼进程。从 1979 年开始，邯钢、邢钢、石钢等厂陆续增加槽下筛分设施。新兴铸管和唐钢采用风力筛分，使入炉烧结矿含粉率分别降到 8% 以下和 3% 左右。

（二）大风量

加大入炉风量，提高风压是强化高炉冶炼进程的重要措施之一。河北省炼铁企业 20 世纪 50~60 年代即进行了不懈的尝试。1970 年 7~8 月，宣钢先后在 4 座中型高炉安装加压风机，风压提高 2600~5400 帕，为扩大料批进而提高煤气利用创造了条件。进入 20 世纪 80 年代，随着原料条件的改善和热风温度的提高，各炼铁企业认真贯彻"大风"的技术操作方针，着力于加大入炉风量的设备改造。邯钢 620 立方米高炉使用 2000 立方米/分钟的风机，采用综合鼓风（喷煤量 80 千克/吨铁、鼓风含氧 22.1%，风温 1060℃）、大料批等措施，综合冶炼强度提高到 1.15 吨/（立方米·日），1986 年 2~3 月平均利用系数达到 2.02 吨/（立方米·日），在全国同类型高炉中居第 2 位。唐钢更换了 100 立方米高炉风机转子，送风能力提高 20% 左右，1988 年高炉利用系数达到 2.484 吨/（立方米·日），在全国同类型高炉中处于领先地位。1997年，河北省重点炼铁企业高炉利用系数平均突破 2.0 吨/（立方米·日），2002年，新兴铸管高炉利用系数达到 4.18 吨/（立方米·日），在全国重点钢铁企业中排第 1 位。2005 年，河北省重点炼铁企业高炉利用系数平均突破 3.0 吨/（立方米·日），其中大型高炉利用系数达到 2.5 吨/（立方米·日）左右，中型高炉利用系数达到 3.6 吨/（立方米·日）左右。

（三）高风温

1. 改造热风炉主体

河北省 20 世纪 50 年代末期建设的小高炉大部分采用管式热风炉，利用荒煤气或只经过重力除尘器粗除尘后的煤气去燃烧热风炉，风温一般只达到400~500℃。从 20 世纪 70 年代开始，100 立方米及以上高炉普遍改造成蓄热式热风炉，风温提高到 600~700℃。此后，普遍加高热风炉高度 2.5~3 米，采用球顶保温，缩小格孔，将平板砖改为五孔砖，高温区由黏土砖改为高铝砖及推广使用陶瓷燃烧器，使入炉风温逐渐提高，1988 年省重点企业高炉平均入炉风温 940℃。1990 年以后，一些大中型高炉的热风炉采用了顶燃式热风炉，并逐步推广应用了煤气、空气双预热技术，使风温水平大大提高。2005 年省重点钢铁企业平均风温达到 1078℃，2010 年省重点钢铁企业平均风温达到 1151℃，2015 年省重点钢铁企业平均风温达到 1170℃。

2. 推广使用陶瓷燃烧器和改造热风炉控制装置

热风炉燃烧室内使用陶瓷燃烧器，可以使空气混匀的更好，能完全燃烧，以提高燃烧温度。1980 年邯钢首先在 620 立方米高炉的 1 号、2 号热风炉上应用，热风温度提高 30~50℃，以后陆续在其他高炉的热风炉上安装使用。

1988 年底，全省有 44 座热风炉安装使用了陶瓷燃烧器。配合使用陶瓷燃烧器，宣钢、邯钢、石钢、承钢、新兴铸管等企业采用热风炉液压传动技术和热风炉开闭自动化，应用计算机实现操作自动化。1983 年，邢钢与河北省自动化研究所共同研制出 ZJT-1 型极值调节器，实现燃烧过程的最优控制，节省煤气 7%~11%。邯钢于 1985 年使用热风炉自导管最优控制器，节省煤气 10%，提高风温 5℃。1986 年，石钢、承钢、新兴铸管相继采用改造型内燃热风炉，风温达到 1000℃以上。

3. 球式热风炉和外燃式热风炉

球式热风炉适宜于小高炉使用，既节省投资，又能获得高风温。在包钢设计院的帮助下，1974 年 7 月 10 日，中国第一座球式热风炉及异径并联文氏管煤气清洗系统在遵化钢铁厂 1 座 13 立方米小高炉配套投产，高炉使用风温达到 900~1060℃。国内第 3、4 座球式热风炉于同年 10 月、11 月分别在武安下白石铁厂和涉县铁厂投入使用，下白石铁厂使用风温经常在 1000~1050℃。球式热风炉与考贝式热风炉比较，钢材消耗量减少 2/3，耐火材料减少 3/4，投资节省 50%，而又能获得 1000℃以上风温，很快在省内外推广。20 世纪 80~90 年代，河北省内的小高炉基本上都采用球式热风炉。1976 年，省内第一座外燃式热风炉在涞源钢铁厂 1 号 100 立方米高炉建成使用，比考贝式热风炉风温提高 80~100℃。1992 年 7 月，邯钢 1260 立方米高炉投产，配备外燃式硅砖热风炉，热风温度达到 1100~1200℃。外燃式热风炉大多配备在不小于 1000 立方米以上的大高炉。

（四）高炉煤气除尘

净化高炉煤气是提高热风温度的重要措施之一。20 世纪 80~90 年代，河北省内的小高炉基本上都采用球式热风炉配合布袋除尘器。干式布袋除尘技术很快就在 100 立方米以上的高炉得到推广应用。1986 年 8 月，省内第一套与 300 立方米高炉配套的干式布袋除尘系统在石钢投入运行。之后，承钢、新兴铸管的 300 立方米高炉亦采用干式布袋除尘与之配套，使净化后的煤气含尘量降到 10 毫克/立方米以下。邯钢在煤气除尘系统增加电除尘器,使净煤气含尘量由 20 毫克/立方米降低到 3~5 毫克/立方米,提高了煤气质量,防止了热风炉格孔的渣化、堵塞,延长了热风炉的寿命。经过 30 余年的研究实践,干式布袋除尘技术已经应用到了 1000 立方米以上的大高炉。邯钢 2008 年投产的 3200 立方米高炉,即采用了干式布袋除尘技术。

由于对热风炉系统不断进行技术改造,高炉使用风温有明显提高。1976 年全省重点企业高炉平均风温为 739℃,1982 年 922℃,1988 年 940℃,2010 年达到 1151℃,2015 年达到 1170℃。

(五)喷吹煤粉和富氧

喷吹燃料是 20 世纪六七十年代炼铁技术重大发展之一。喷吹煤粉与富氧、高风温相结合,可以有效地强化高炉冶炼,大幅度降低焦比。

1979 年,邯钢 620 立方米高炉恢复喷吹煤粉;1982 年,喷吹煤粉二系列投产。邢钢、新兴铸管喷吹煤粉系统也分别于 1981 年和 1982 年投产。省冶金主管部门始终把推广高炉喷吹煤粉作为重点工作来抓。经过钢铁企业八九十年代的喷吹煤粉攻关,至 90 年代末,大部分企业如邯钢、宣钢等都将磨煤系统改为中速磨,提高并稳定了喷煤质量;高炉喷煤输送系统由稀相改为浓相(或半浓相)输送,采用流化上出料技术,扩大了制粉站规模,增加了制粉能力;邯钢、石钢、唐钢等企业的喷煤设备实现了自动控制,为稳喷、均喷创造了条件。至 2000 年底,省重点钢铁企业拥有喷煤设施的高炉占 77%。2000 年以后新建的 450 立方米以上的高炉,基本都安装了喷煤设施。2010 年,省重点钢铁企业平均喷煤比达到 153.99 千克/吨,入炉焦比达到 383.01 千克/吨;2015 年,省重点钢铁企业平均喷煤比为 144.42 千克/吨,入炉焦比达到 369.00 千克/吨。

1979 年,邯钢 620 立方米高炉曾利用炼钢剩余氧气进行富氧鼓风,后因氧气不足而中断。1985 年,新建 6000 立方米/时制氧机投产后,重新恢复富氧鼓风,并与喷吹煤粉共同使用,富氧 1%,喷吹煤粉量增加 20 千克/吨铁,增产生铁 4%~5%。宣钢第二炼铁厂试验用富氧 1%,增产生铁 4.7%,因氧气不足暂停。唐钢、新兴铸管也进行过富氧鼓风试验，均因当时未能解决氧气供应问题而中止。20世纪90年代以后至2010年，随着制氧机设备的大型化，为了提高高炉喷煤量，省重点钢铁企业全部进行了富氧鼓风。

（六）炉顶设备改造

1978年以后，省重点钢铁企业宣钢、邯钢、唐钢、石钢、承钢的高炉都发展到采用液压操纵系统，设备轻巧，起动、调速、停车性能好，容易实现自动化。1991年5月，唐钢第一炼铁厂自行研制将4号高炉双钟炉顶改为HY钟阀炉顶获得成功，属于国内首创。2005年，邢钢5座高炉均取消双钟炉顶，全部采用无钟炉顶。1992年7月，邯钢1260立方米高炉投产，该高炉使用皮带上料，无料钟炉顶等先进技术。

配合炉顶装料设备的改造，供料系统也随之进行了改进。从1984年邯钢620立方米高炉上料系统采用微机控制，高炉上料自动称量、自动补偿和焦炭中子测水的改进后，宣钢、邢钢、承钢和新兴铸管等高炉都应用微机控制炉料的称量和自动补偿。装料系统的改造，不仅提高了机械化、自动化程度，而且为均匀布料创造了条件。

（七）TRT或BPRT

TRT是高炉煤气余压发电机组，利用高炉炉顶煤气的余压带动透平机发电；BPRT是煤气透平与电机同轴驱动的高炉鼓风能量回收成套机组。应用情况详见本书第七章第四节。

（八）炉前机械化

1978年之后，铸铁机逐渐取代沙模、铁模铸铁。到1988年底，基本实现了铸铁机械化。1977~1982年，宣钢4座中型高炉逐步改为液压泥炮。宣钢于1981年研制的倾注式液压矮泥炮通过部级鉴定，获得1982年国家三等发明奖。自此，液压泥枪逐渐成为了炉前铸铁口用主要设备，提高了高压高炉全风堵口率。

（九）高炉炉渣的处理

承钢高炉渣膨珠新工艺的研究，于1983年获冶金工业部科技成果奖四等奖。1988年，全省大、中、小炼铁企业都结束了高炉排出干渣的历史，水渣生产成为降低生铁成本的一项重要措施。

（十）炉外脱硫

宣钢针对炼铁原料中碱金属含量较高导致高炉悬料、结瘤，风口损坏严重的问题，多次在冶炼操作上进行改进。1985年，与北京钢铁学院合作，研究成功了酸性渣冶炼和炉外脱硫技术，在国内首次应用于工业生产，提高了生铁质量和经济效益，获1985年冶金工业部科技成果奖二等奖，并在省内外推广应用。

（十一）出铁场封闭

唐钢3200立方米高炉建设，首先使用了封闭出铁场。到2016年违规建成项目环保备案时，河北省钢铁企业全部高炉实现了出铁场封闭。

河北省重点炼铁企业1978~2018年炼铁主要技术经济指标见表6-5。

表6-5　1978~2018年河北省重点企业炼铁主要技术经济指标

年份	生铁产量/万吨	高炉利用系数/吨·（立方米·日）$^{-1}$	吨铁综合焦比/千克	吨铁入炉焦比/千克	吨铁喷吹煤粉/千克	入炉矿品位/%
1978	222.52	1.37	736	718.6	24.76	51.56
1982	219.73	1.66	654	632	31.00	52.06
1986	329.72	1.85	628	599	41.43	52.98
1988	399.36	1.88	611	581	42.86	54.09
1991	590.03	1.69	602	561	45.88	54.02
1995	1214.5	1.90	596	562	46.81	54.66
1997	1379.60	2.03	581	524	78.38	53.41
2000	1709.20	2.18	541	455	105.47	56.66
2002	2921.04	2.69	530	437	126.82	57.07

续表 6-5

年份	生铁产量/万吨	高炉利用系数/吨·(立方米·日)⁻¹	吨铁综合焦比/千克	吨铁入炉焦比/千克	吨铁喷吹煤粉/千克	入炉矿品位/%
2005	6841.25	3.07	520	408	130.71	58.34
2007	10483.58	3.13	524	409	131.75	57.71
2010	13705.39	3.08	518	383	153.99	57.00
2012	16350.20	2.79	507	376	151.24	56.04
2015	17382.30	2.74	497	369	145.28	55.83
2018	21387.65	2.81	507	376	138.77	56.42

第三节 炼钢工艺与装备

一、炼钢装备水平

(一) 转炉炼钢

1. 空气侧吹转炉

河北省转炉炼钢是由侧吹到顶吹逐步发展起来的。唐钢是全国空气侧吹碱性转炉（简称侧吹转炉）炼钢的发祥地。1952 年 11 月，唐钢由贝斯麦炉改造为空气侧吹碱性转炉试验成功，并正式投产。侧吹转炉炼钢的发展经历了初创、发展和改造 3 个阶段。到改革开放初期，仍有侧吹转炉在生产，直到 1988 年才彻底退出河北省钢铁工业。

空气侧吹转炉炼钢法是转炉炼钢的一项重大革新和突破，被国家科委列为发明奖，在河北及中国炼钢发展中发挥过重要作用。也为以后氧气转炉的发展奠定了一定基础。

2. 氧气顶吹转炉的发展

氧气顶吹转炉是侧吹转炉炼钢的进一步发展。首先是空气侧吹转炉改为氧气顶吹转炉，进而实现了转炉装备大型化。

（1）改造。改革开放初期，河北省钢铁工业已开始小型侧吹转炉改造，并加速建设氧气顶吹转炉和配套建设制氧机。

唐钢二炼钢于1974年5月开工进行全面改造，将原有空气侧吹转炉改为3座30吨全氧顶吹转炉，1976年7月竣工投产。

邯钢二炼钢第三座3座20吨氧气顶吹转炉1980年12月建成投产。1980年5~12月，将一炼钢1号8吨侧吹转炉改造为8吨纯氧气顶吹转炉，1983年2~3月又将一炼钢2号6吨侧吹转炉改造为8吨氧气顶吹转炉。从1986年开始，对8吨氧气顶吹转炉进行改造，在不影响产量的情况下，于1987年9月~1988年6月建成投产了3座20吨氧气顶吹转炉，生产能力达到年产钢80万吨。与炼钢配备的制氧机为3200立方米/时制氧机2台，6000立方米/时制氧机1台。

改革开放之前，承钢已把原6吨侧吹转炉改造为8吨氧气顶吹转炉，粗钢年产量达到7万吨，钒渣年产量达到8000吨以上。在1985年续建配套工程中，新建3座20吨氧气顶吹转炉，于1988年投入生产，年产钢能力提高到64万吨。

宣钢、石钢各两座6吨侧吹转炉从1984年开始逐步改造成为氧气顶吹转炉，于1987年相继竣工投产。改造后的炼钢年生产能力，宣钢由原6万吨增加到12万吨，石钢由11万吨提高到15万吨。

（2）氧气顶吹顶底复吹转炉大型化。1992年以前，河北省最大的氧气顶吹转炉是唐钢二炼钢1976年建成投产的3座30吨转炉。唐钢二炼钢厂3座30吨转炉分别于1992年8月、1994年7月扩容改造为45吨，又在2003年改造为55吨。唐钢一炼钢厂1999年6月淘汰了原有4座6吨转炉，建成投产2座150吨氧气顶底复吹转炉，2005年4月又建成投产1座150吨氧气顶底复吹转炉。邯钢三炼钢厂1号、2号120吨氧气顶底复吹转炉分别于1997年12月、1998年1月建成投产，3号、4号120吨顶底复吹转炉分别于2000年2月、2005年6月建成投产。2008年11月邯钢新区2座260吨顶底复吹转炉投产。

截至2000年12月，河北省拥有100吨及以上转炉5座。2001~2010年，随着国有钢铁企业的改革、发展，民营钢铁企业的崛起，淘汰落后产能力度的加大，河北省钢铁工业炼钢装备大型化的步伐加快，2010年，河北省拥有100吨及以上转炉98座，13880吨，产能13993万吨，占河北省炼钢总产能的53%。

宣钢2002年建成2座80吨氧气顶吹转炉，2006年10月将2座80吨转炉扩容为120吨转炉，又新建1座120吨转炉。2011年底投产2座150吨顶底复吹转炉。承钢2004年10月建成投产2座100吨顶底复吹炼钢提钒转炉。2008年6~8月建成投产2座150吨顶底复吹转炉。

唐山国丰、河北津西、港陆钢铁、九江线材、燕山钢铁、河北敬业、德龙钢铁、河北新金、河北文丰、金鼎重工等民营钢铁企业2003~2010年建成投产了一批100吨及以上氧气顶吹转炉及顶底复吹转炉。

2011~2015年，河北省通过5年压减炼钢产能，61家钢铁企业的炼钢转炉223座、公称吨位21745吨、产能24198万吨。其中，公称容量大于等于300吨转炉5座（其中2座为脱磷）、公称吨位1500吨、产能970万吨；100~299吨转炉104座、公称吨位13610吨、产能14083万吨；30~99吨转炉114座、公称吨位6635吨、产能9145万吨；30吨以下转炉已经全部淘汰。虽然100吨以上转炉在座数上占比不足50%，但是在公称吨位上占比已接近70%，产能占比上已达62%以上。经过产业结构的多年调整，河北省转炉炼钢装备水平大大提高，100吨及以上转炉已经成为河北钢铁行业炼钢装备的主力。

河北省1978~2015年转炉炼钢装备情况2015年河北省转炉炼钢装备情况见表6-6和表6-7。

表6-6　1978~2015年河北省转炉炼钢装备情况

年份	合计		容量不小于300吨		100~299吨		30~99吨		小于30吨	
	数量	公称容量/吨	数量	公称容量/吨	数量	公称容量/吨	数量	公称容量/吨	数量	公称容量/吨
1978	22	206					3	90	19	116
1988	27	328					3	90	24	238
1995	66	807					5	195	61	612

年份	合计		容量不小于 300 吨		100~299 吨		30~99 吨		小于 30 吨	
	数量	公称容量/吨	数量	公称容量/吨	数量	公称容量/吨	数量	公称容量/吨	数量	公称容量/吨
2000	102	3209			5	660	36	1458	61	1091
2003	181	5546			7	880	62	2593	112	2073
2010	311	24235	5	1500	93	12380	190	9825	23	530
2015	223	21745	5	1500	104	13610	114	6635	0	0

表 6-7 2015 年河北省转炉炼钢装备情况

项目	座数		公称吨位		产能	
	数量/座	比例/%	公称容量/吨	比例/%	产能/万吨	比例/%
全省总计	223	100.00	21745	100.00	24198	100.00
不小于 300 吨	5	2.24	1500	6.90	970	4.01
100~299 吨	104	46.64	13610	62.59	14083	58.20
30~99 吨	114	51.12	6635	30.51	9145	37.79

(二) 电炉炼钢

1979 年改革开放以来，为了适应市场对电炉钢的需要，在改造旧电炉的同时，重点加速了大中型电炉的建设。1983 年 7 月~1985 年 7 月，石钢建成投产 30 吨电炉一座，以生产低合金钢和优质碳素结构钢为主。该电炉设计为"电炉炼钢→连续铸锭→连轧小型"一次成材的工艺。主要参数是：额定容量 30 吨，超装量 20%~30%；炉壳内径 4600 毫米；石墨电极直径 400~450 毫米。变压器额定容量 12500 千伏安，一次电压 35 千伏，二次电压 350~150 伏，13 级以上。采用炉盖旋转式装料。装有电磁搅拌装置，具有排烟除尘装置和炉顶加料、自动称量与显示器，是河北省内较现代化的电炉。与此同时，邢机也建设了一座主要参数和装备水平与石钢完全相同的 30 吨电炉。这两座电炉的建成投产，不仅使电炉炼钢的装备水平有较大提升，主要技术经济指标有较大改善，而且使河北省电炉炼钢生产能力有了大幅度提高。到 1988

年，虽然电炉的座数没有增加（仍为88座），但与1975年相比，电炉的公称吨位却由157吨增加到281.5吨，增加79.3%；变压器容量由102310千伏安增加到180590千伏安，增加了76.5%，年产能力增加到59.75万吨。实际电炉钢年产量由21.07万吨增加到40.67万吨，增长93.0%，电炉钢占河北省钢产量的13.2%。

20世纪90年代，随着中国社会主义市场经济的初步建立和市场需求的拉动，河北省电炉炼钢迅速发展起来，1996年达到高峰，电炉座数增加到674座，公称吨位1899吨，产能达到156万吨。其中，25吨及以上电炉7座、公称吨位185吨、产能46万吨，占总产能的29.5%；3~14吨电炉196座、公称吨位1062吨、产能80万吨，占总产能的51.3%；3吨以下电炉471座、公称吨位652吨、产能30万吨，占总产能的19.2%。1996年电炉钢产量114.9万吨，占全省粗钢产量的12.65%。

由于1993~1996年期间，低水平重复建设形成了大量过剩的生产能力，加之受1997~1998年亚洲金融危机的影响，钢材市场阶段性和结构性过剩，钢材价格持续下滑，出现全行业亏损。国家提出了"控制总量、优化结构、大力提高冶金工业发展的质量和效益"的方针，并在全行业开展了压缩生产总量的工作，加速了淘汰小电炉的进程。河北省的小电炉纷纷下马，2000年电炉钢产能仅剩76.48万吨，是1996年电炉钢产能的49.0%，当年电炉钢产量61.12万吨，占河北省粗钢产量的4.97%。

2001年后，随着改革开放的深入发展，我国国民经济进入快速发展时期。河北省原来拥有的10吨以下小电炉全部淘汰，拥有10吨及以上电炉炼钢的企业加大了电炉改造的力度，新建电炉炼钢的企业，采用较大容量、较高功率和较先进技术装备的电炉。2003年底，河北省拥有电炉29座、公称吨位603吨、产能212.26万吨。其中，30吨及以上电炉7座、公称吨位220吨、产能77.44万吨，占电炉总产能的36.48%；15~29吨电炉19座、公称吨位350吨、产能123.2万吨，占电炉总产能的58.04%；低于15吨电炉3座、公称吨位33吨、产能11.62万吨，占电炉总产能的5.48%。2001年电炉钢产量163.39万吨，占河北省粗钢产量的4.02%。

为了适应市场需求，河北钢铁行业又经过 7 年的更新改造和淘汰落后产能，2010 年底河北省拥有电炉 34 座，公称吨位 1534 吨，产能 538 万吨。其中，50 吨及以上电炉 22 座、公称吨位 1250 吨、产能 441 万吨，占电炉总产能的 82.0%；30~49 吨电炉 6 座、公称吨位 205 吨、产能 72 万吨，占电炉总产能的 13.4%；小于 30 吨的电炉 6 座、公称吨位 79 吨、产能 25 万吨，占电炉总产能的 4.6%。由于 2008 年爆发的世界金融危机的影响，钢铁行业经济效益大幅度下降，大多数电炉处于停产、半停产状态，2010 年电炉钢产量仅 23.90 万吨，占全省粗钢产量的 0.17%。

2003 年以后新建的 50 吨及以上电炉，电炉公称吨位有了较大提升，装备水平有了很大提高，实现了高效、节能、环保。工艺采用废钢预热→电炉炼钢→LF 精炼→连铸→连轧技术，有条件的企业在电炉炼钢时加入部分铁水，以缩短冶炼时间，降低电耗。整个操作过程配备了计算机，实现了生产过程自动化。

2010 年以后，随着贯彻国家淘汰落后钢铁产能力度的加大，30 吨以下电炉及用于普碳钢、不锈钢冶炼的工频和中频感应炉逐步被淘汰；钢材价格的波动下行，人工成本和原燃料的成本的不断上升，电炉钢成本竞争力下降等多种因素的影响，使 2015 年底河北省坚持生产的只有 2 家钢铁企业的 2 座电炉，公称吨位 130 吨，产能 130 万吨，50 吨以下的电炉全部淘汰。

河北省 1978~2015 年电炉座数及产能变化情况见表 6-8。

表 6-8　河北省 1978~2015 年电炉座数及产能变化情况

年份	合计			不小于 50 吨			30~49 吨			小于 30 吨		
	座数	吨位	产能/万吨	座数	吨位	产能/万吨	座数	吨位	产能/万吨	座数	吨位	产能/万吨
1978	98	192.6	27.97							98	192.6	27.97
1988	88	281.5	59.75				2	60	12	86	221.5	47.75
1995	665	1814	126				2	60	16	663	1754	110
2003	29	603	212.3				7	220	77.4	22	383	134.9
2010	34	1534	538	22	1250	441	6	205	72	6	79	25
2015	2	130	130	2	130	130	0	0	0	0	0	0

二、新工艺与新技术开发应用

(一)铁水热装

河北省转炉炼钢在 1975 年以前一直是将生铁经过化铁炉熔化成铁水后炼钢,焦炭能源浪费严重。从 1975 年和 1976 年,邯钢二炼钢分厂 15 吨氧气顶吹转炉投产后,配以 600 吨混铁炉实行全部高炉铁水热装。邯钢一炼钢分厂 20 吨氧气顶吹转炉投产后,于 1983 年 8 月增设了 300 吨混铁炉,建成高炉铁水热装线,部分实现了高炉铁水直接热装炼钢冶炼。每吨钢节约焦炭 150 千克、节约电 20 千瓦时,单位成本降低 20 元。

唐钢铁水热装技术主要用于一炼钢厂。从 1980 年开始,首先是 2 座 100 立方米高炉和 35 吨化铁炉联合供转炉铁水。1983 年,4 座 100 立方米高炉恢复生产后,全部实行铁水热装,取消了化铁工序,摒弃了延续了 20 年的自产铁水铸块、化铁炉重熔炼钢的旧工艺,年节约焦炭 1.424 万吨,节电 133.5 万千瓦时。1981~1985 年,共节约焦炭 18.07 万吨,增利 2168 万元。

石钢空气侧吹转炉从 1984 年开始进行高炉铁水热装炼钢试验。1987 年,空气侧吹转炉改造为氧气顶吹转炉,同时 300 立方米高炉投产,取消了化铁炉重熔工序,全部采用高炉铁水直接向转炉热装炼钢法,年可节约焦炭 2.17 万吨,节电 468 万千瓦时,取得很好的经济效益。

1988 年底,河北省有 15 座转炉、总公称吨位 173 吨实行了高炉铁水热装炼钢,热装比占 50% 以上。

20 世纪 90 年代至 21 世纪初,河北省钢铁行业推广铁水热装炼钢工艺,首先在省属企业中普及,然后在市县属企业中推广。2001 年以后新建的钢铁联合企业转炉炼钢都采用了铁水热装炼钢工艺。

(二)连铸

连铸是提高轧钢成材率的重大技术进步。河北省连铸技术起步较早。

1960 年 4 月，唐钢一炼钢建成投产的立式方坯连铸机是我国最早的连铸机之一。

20 世纪 80 年代，河北省连铸技术有了较大的发展。

1981 年 9 月，邯钢筹建一台与 15 吨氧气顶吹转炉配套的 R5.25 米的一机四流小方坯连铸机，年设计能力 17.5 万吨。该机是对联邦德国德马克小方坯连铸机的先进技术进行消化移植，由衡阳冶金机械厂制造，于 1982 年 9 月 25 日建成并试浇成功，获 1983 年冶金工业部科技成果奖特等奖。

1986 年，邯钢为了改进 20 吨氧气顶吹转炉的生产工艺，在一炼钢分厂安装了一台 R5 米一机三流小方坯连铸机，年设计能力 15 万吨。原设计可以生产 70 毫米×70 毫米和 90 毫米×90 毫米两种断面钢坯，生产难度大、产量低。根据生产需要，将这台连铸机第一流结晶器、拉矫机、辊道、液压剪等主要设备进行了改装和调整，使之适应 120 毫米×120 毫米钢坯的生产。1988 年对第二、第三流进行同样的改造，并增加第四流，形成一机四流连铸机，可生产 120 毫米×120 毫米断面的连铸坯。为解决中板板坯不足，充分发挥中板轧机能力，增加短线产品，邯钢于 1986 年建成超低头多点矫直弧形板坯连铸机。主要设备从联邦德国引进，配套设施由国内制造，年生产能力为 24 万吨，由北京钢铁设计研究总院进行设计，河北冶金安装公司施工。

1987 年 7 月，唐钢二炼钢厂投产两台全弧形、浇注断面 165 毫米×165 毫米、165 毫米×225 毫米、125 毫米×220 毫米的连铸机，设计能力为年产 45 万吨。

20 世纪 90 年代，河北省冶金厅将提高炼钢连铸比作为炼钢重点推广的新技术之一，使炼钢连铸技术有了快速发展。1995 年底，河北省重点钢铁企业拥有连铸机 34 台，设计生产能力 581 万吨。

1995 年 3 月 1 日，邯钢炼钢实现全连铸，成为全国百万吨以上钢铁企业第一个全连铸企业。邯钢"全连铸工程"项目获"1995 年河北省省长特别奖"。

1993 年 12 月 21 日，唐钢一炼钢厂实现全连铸生产；1995 年 12 月 8 日，唐钢二炼钢厂实现全连铸，唐钢为全国十大钢中第一家实现转炉全连铸的特大型钢铁企业。

1995 年，邢钢炼钢厂投产，成为全国首家实现起步全连铸生产模式的钢铁企业。

1996~2000 年，各钢铁企业陆续对连铸机进行了高效化改造，对结晶器、振动装置、二冷冷却方式等进行了技术创新或技术改造。1998 年，宣钢开展"矩形坯连铸机高效化改造"研究，2000 年获河北省科技进步奖三等奖。

2000 年底，河北省重点钢铁企业已拥有连铸机 58 台，设计能力 1100 万吨。2000 年，河北省炼钢连铸比达到 95.60%，比全国平均连铸比 82.50%高 13.10 个百分点，处于全国先进水平。2004 年，河北省炼钢连铸比已经达到 100%。

河北省 2001 年以后新建的钢铁企业，基本都是全连铸。

(三) 挡渣球挡渣出钢

为了减少转炉出钢下渣量，提高合金收得率，稳定钢的化学成分，石钢、邯钢、唐钢等企业陆续采用挡渣球挡渣出钢技术。

1981 年 11 月，石钢在 6 吨空气侧吹转炉上进行挡渣球试验。自制挡渣球，经过多种形式、材质、比重等挡渣球的试验选择，于 1983 年 1 月基本定型，3 月投入工业试用，1984 年上半年挡渣球出钢率达到 90%，效果很好。

1982 年 4~6 月，邯钢为满足小方坯连铸钢水的需要，在 15 吨氧气顶吹转炉上进行了 94 炉挡渣出钢试验，取得了减薄包中渣层厚度，提高和稳定合金收得率的明显效果。邯钢二炼钢分厂随着供连铸钢水的增多，挡渣球使用逐渐增加，1988 年底全部实现挡渣出钢。

1984 年初，唐钢二炼钢厂进行挡渣球试验，于 1984 年 9 月开始全面使用挡渣球。

此后，该技术迅速在全省钢铁企业中进行了推广。

(四) 钢包内衬改进

整体打包是钢包筑造的一项新工艺，从根本上改变了多年来用黏土质万能弧形砖传统的砌筑工艺。采用此工艺与滑动水口配合使用，可以实现红包出钢。

1983 年 6 月，邯钢一炼钢分厂整体浇注钢包衬（配合滑动水口）投入试生产，效果明显。平均包龄由砌砖衬包的 13 次，提高到 42.5 次，1984 年全部实现整体包衬钢包浇钢。二炼钢分厂也相继投入使用。

1983 年 7 月，唐钢先后在一、二炼钢厂的 15 吨、45 吨钢包上试用阳泉铝镁质散状料注造整体包衬钢包，并分别于 1984 年底和 1986 年全部实现整体打结钢包，包龄由过去的 9 次提高到 62 次。

1983 年 10 月，石钢开始试用整体浇注包衬，浇注时使用阳泉矾土矿生产的 AM-1 铝镁浇注料，钢包寿命由原 13 次提高到 110 次，吨钢包衬耐火材料消耗由原砌砖衬的 21 千克下降到 2.82 千克。1984 年 2 月，全部实现了整体浇注衬钢包浇钢。

宣钢、承钢分别于 1985 年和 1987 年将全部钢包改成了整体浇注衬钢包浇钢工艺，这一工艺在全省范围内得到普遍推广。

（五）滑动水口

钢包使用滑动水口浇钢是近代国内外采用的先进技术。其优点一是改善劳动条件；二是钢包周转快，为实现红包出钢创造条件；三是钢包寿命提高，节约大量耐火材料；四是杜绝塞棒漏钢，提高钢液收得率。

河北省首先于 1976 年在唐钢二炼钢厂开始试验，1977 年正式采用滑动水口浇钢，逐步扩大，从 1978 年 6 月开始，全部甩掉塞杆。到 1985 年，邯钢、石钢采用济南钢厂的配合式滑动水口，与整体钢包同时试验，自动开浇率由初期的 61.7% 提高到 78.2%。1985 年底，唐钢、邯钢、石钢、宣钢、承钢等重点炼钢生产企业全部采用滑动水口。

2000 年 4 月，邢钢自行开发了 LW250-1 型钢包滑动水口机构，获得了国家专利。

（六）钢包吹气

钢包吹气是将气体氮或氩通入钢包，用以搅拌钢水，均匀钢水成分，调整、均匀钢水温度，使夹渣易于上浮，减少钢水中气体，改善钢水质量的一项新技术。

1979 年，唐钢二炼钢厂 45 吨钢包试验吹氮成功，1986 年转炉钢全部实现钢包吹氮处理。

1981 年，承钢开始试验钢包吹氩，所炼的 25MnSiV 均经过钢包吹氩处理。

1986 年，邯钢为满足小方坯连铸机对钢水质量的要求，在 15 吨转炉 25 吨钢包进行了吹气搅拌生产试验，包内钢水温度趋于均匀，并有好的综合冶金效果。到 1988 年，全部实现钢包吹氮处理。

石钢从 1984 年进行钢包吹氮试验，1988 年吹氮处理已由开始时的 60% 提高到 90% 以上。1993 年 5 月，石钢采用了钢水包底吹氩技术。

到 20 世纪 90 年代，河北省炼钢基本实现了钢包底吹气。

（七）绝热板

采用绝热板代替保温帽，用上小下大钢锭模浇注镇静钢，是提高制锭能力和成坯率的有效措施之一。

石钢在学习外地经验的基础上，于 1981 年 3 月建成一条绝热板生产线，试制成湿法真空吸滤成型绝热板，下半年即在生产中推广使用。到 1983 年 5 月，已累计使用绝热板生产钢锭 11.1 万吨。1983 年 7 月，转炉钢挂板率达到 70%，电炉钢挂板率达到 94%。挂板锭与开口镇静钢锭相比，消除了一次缩孔，钢锭质量有明显提高，综合成材率（锭-材）提高 2%~3%，年产 9 万吨钢锭，可收益 77 万元。1984 年全部实现挂板。

唐钢（11″锭）1982 年经过 5 次批量试验，从 1983 年 1 月开始在二炼钢厂进行绝热板浇注试生产。到 1983 年 5 月底，用这一工艺生产的钢锭有 10 万余吨。

邯钢、承钢于 1984 年由试验转为试生产，到 1985 年均采用绝热板工艺生产镇静钢，取得了与石钢、唐钢相似的经济效益。

随着钢水全部连铸，这一技术也寿终正寝。

（八）电炉水冷挂渣炉壁

电炉炼钢使用水冷挂渣炉壁，是国内少数单位采用的新技术。河北省于1979 年 3 月首先在石钢 5 吨电炉上进行试验，取得较好的经济效果。炉龄是原来的 6 倍，炉盖寿命是原来的 3 倍，炉衬镁砂吨钢消耗由 44.2 千克降到33.7 千克，电炉作业率由 87.6%提高到 93.5%，平均冶炼时间由 5 小时零 9分缩短到 4 小时 34 分，吨钢电耗由 867 千瓦时降低到 772 千瓦时。在石钢试验成功的基础上，唐钢和承钢也分别于 1981 年和 1982 年采用水冷挂渣炉壁新技术，均取得较好的经济效益。

（九）电炉煤氧枪助熔

电炉煤氧枪助熔技术可以强化电炉冶炼，降低电耗，缩短冶炼时间。1985 年，在唐钢 5 吨电炉上试验成功后，1987 年，在唐钢建成了煤氧枪助熔技术生产示范线，包括制粉流化干燥、气力输送、煤氧比例调节控制、煤氧枪及其他强化电炉冶炼工艺等全套技术。吨钢电耗由 536 千瓦时降低到 475千瓦时，熔化期平均缩短 19.76 分钟，每吨钢煤粉耗量平均为 12.72 千克、氧气耗量为 14.11 立方米，总能耗降低 2.63%。

（十）电炉钒渣直接炼钢工艺

传统的电炉冶炼含钒钢种是采用钒铁或特种含钒中间合金作为合金钢中钒的添加剂。我国则以钒铁为主，但由于钒铁价格高、资源少，在使用上受到很大限制，成为冶炼含钒钢的一个难题。承钢利用本厂有钒渣资源的优势，于 1972 年 4～5 月间，在 3 吨电炉上进行了用钒渣代替钒铁直接冶炼含钒合金钢 35SiMnMoV 的工艺性试验，取得了钒的回收率在 89%以上，吨钢成本降低45 元的效果。1981 年又采用该工艺试制高强度螺纹钢 25MnSiV 成功，后正式纳入冶炼含钒钢的生产工艺。

（十一）电炉不烘炉炼钢工艺

在电炉炼钢生产中，新开炉冶炼前都要进行烘炉操作，以利于炉衬耐火材料的烧结和气体的挥发。这种工艺既耗电量大，又因烘炉占用时间而减少钢的产量。石钢从 1981 年开始进行了不烘炉直接炼钢试验。1983 年后，在全省普遍推广。

电炉炼钢的其他新工艺、新技术，有唐钢、石钢入炉料用焦炭粒代替生铁配炭，吨钢可节约生铁 100 千克；泡沫渣埋弧冶炼；采用熔氧结合，强化吹氧，压缩还原期操作工艺等，都获得了缩短冶炼时间、降低电耗、提高钢产量的效果。

（十二）镁炭砖

唐钢转炉和电炉采用镁炭砖做炉衬，炉龄及经济效益大幅度提高。

（十三）转炉煤气回收

转炉煤气回收是国家重点推广的一项节能环保技术。

1984 年 12 月，唐钢二炼钢厂建成转炉煤气回收工程。

2004 年，宣钢"转炉煤气回收及综合利用"获冶金科学技术奖三等奖。

2000 年以前，河北省重点钢铁联合企业拥有转炉煤气回收装置的企业较少。随着转炉装备的大型化，2005 年底唐钢、邯钢、宣钢、邢钢、唐山建龙、唐山不锈钢、唐山国丰、河北新金、首钢迁钢等 9 家企业拥有转炉煤气回收装置，占重点企业家数的 22%，平均吨钢回收转炉煤气 55 立方米，吨钢回收量最高的是唐钢 71.02 立方米/吨。2005~2010 年，省重点钢铁联合企业把节能减排作为转变增长方式的中心工作，加快建设转炉煤气回收装置。2007 年底，承钢、石钢、河北津西、河北普阳、河北文丰、唐山港陆、唐山贝钢、迁安燕钢、河北前进、德龙钢铁都建设了转炉煤气回收装置，拥有转炉煤气回收装置的钢铁联合企业增加到 19 家，占重点企业家数的 46%，平均吨钢回收转炉煤气 50 立方米，吨钢回收量最高的是邢钢 81.34 立方米/吨；2010 年底，拥有转炉煤气回收装置的钢铁联合企业增加到 33 家，占重点企业家数的 81%，平均吨钢回收转炉煤气 64 立方米，吨钢回收量最高的是河北文丰 103.67 立方米/吨；2015 年底，钢铁联合企业基本建设了转炉煤气回收装置，省重点钢铁企业转炉煤气利用率达到 95.76%，实现了负能炼钢，达到 -13.59 千克标煤/吨钢。

（十四）炉外精炼

炉外精炼，就是把一般炼钢炉中要完成的精炼任务，如脱硫、脱气、去掉非金属夹杂，调整成分和温度等，移到钢包或专用容器上进行。我国试验研究这项技术较早（1957~1965 年），但在 20 世纪七八十年代这项技术主要用于特殊钢厂。随着转炉炼钢技术的进步，这项技术逐步得到广泛的应用。

河北省最早进行炉外精炼的是石钢电炉 40 吨 LF 钢包精炼炉，于 1994 年 6 月 11 日竣工投产。炉外精炼最早的转炉生产厂是邯钢二炼钢分厂 2 座 25 吨 LF 钢包精炼炉，于 1995 年 2 月 17 日建成投产。

随着 1997 年 12 月邯钢三炼钢投产的 4 座 120 吨顶底复吹转炉配套 4 座 LF 钢包精炼炉（单、双工位各两座）、1 座 RH 精炼炉和 1999 年 6 月唐钢一炼钢投产的 2 座 150 吨顶底复吹转炉于 2003 年 5 月配套的 3 座 LF 钢包精炼炉的投产，大大提高了河北省炼钢炉外精炼的装备水平。

为提高钢水质量，满足开发新品种的需要，炼钢炉外精炼技术随之开始广泛应用。2015 年底，全省钢铁企业共拥有 LF、RH、VD、CAS-OB、AOD 等精炼设备 130 多座。

第四节 轧钢装备与工艺

1979 年，随着改革开放，河北省钢铁生产迅速发展，轧钢生产也有了长足进步。通过采用一系列新技术、新工艺对老企业进行改造，并逐步引进具有 20 世纪八九十年代世界先进水平的技术装备，特别是随着国有企业的改革、联合重组及 2001~2015 年民营钢铁企业的崛起，使河北省轧钢装备水平不断提高，钢材产量、质量、品种及各项技术经济指标均有了显著进步。自 2002 年钢材产量达到 2510 万吨开始，一直居于全国第一位。2015 年，河北省钢材产量达到 25244.30 万吨，占全国钢材总量的 22.47%，其中板带比达到 58.42%，比全国平均 43.49% 高 14.93 个百分点。产品涵盖全国统计二十二大类钢材品种。

一、铁道用钢材

唐钢中型轧钢厂 1960 年 1 月 22 日建成投产，在 1994 年以前，是河北省唯一的生产铁道用材企业，1990 年最高年产量达到 4.73 万吨。

随着 1994 年 10 月河北钢铁集团永洋钢铁有限公司铁道用钢材轧机和 2001 年河北文丰钢铁有限公司铁道用钢材轧机的投产，轧机的装备水平不断提高，河北省铁道用钢材的产量逐年增长。

河北钢铁集团永洋钢铁有限公司生产铁道用钢材轧机共有 4 条生产线，其中直径 550 毫米半连轧型材生产线 1 条、直径 650 毫米全连轧型材生产线 2 条、直径 800 毫米型材生产线 1 条，配备蓄热式煤气加热炉 4 座，可生产 8~30 千克/米轻轨，38~50 千克/米重轨，QU70~QU120 起重机钢轨，T75、T89、T114 等型号电梯 T 型导轨，是河北省铁道用钢材生产品种规格最多、生产能力最大的厂家。2008 年以前所用钢坯全部外购，2008 年建成 1 座 100 吨电炉、配套炉外精炼系统五机五流连铸机和 4500 立方米/时制氧站投运后，可自行解决部分钢坯。1998 年铁道用钢材产量为 5 万吨，2009 年产量达到 72 万吨，占河北省铁道用钢材产量的 70%。

河北文丰钢铁有限公司 2001 年建成投产，是具有钢铁综合生产能力 350 万吨规模的大型企业。其主要钢材产品是宽厚板材、中宽带钢、轻轨等。其生产轻轨的设备为直径 460 毫米×1/直径 320 毫米×2 轧机一套，配备蓄热式煤气加热炉 1 座，设计能力年产 5~24 千克/米轻轨 18 万吨，2009 年达到 18.26 万吨，占河北省产量的 18%。

二、长材

(一) 型材

河北省型钢轧机较多，大、中、小型轧机门类齐全，而且发展较快，是河北省钢材生产的主要工艺设备。在改革开放以前的1978年，型材（包括大型、中小型型材、棒材、钢筋）产品产量为67.90万吨，占全省钢材产量的71.51%。其中，又以中小型材为主，年产量为64.81万吨，占全省成品钢材产量的68.25%。

1979年以后，河北省型材轧机有了较快发展，产品产量和规格品种大幅度增加，但是随着线材轧机、板带材轧机、管材轧机的逐步建设和发展，型材在全省钢材产量中的比例逐步下降。1988年型材产品产量156.64万吨，占全省钢材产量的61.12%；1998年型材产品产量514.2万吨，占全省钢材产量的55.23%；2010年型材产品产量4016.11万吨，占全省钢材产量的23.97%；2015年型材产品产量6048.50万吨，占全省钢材产量的23.96%。2018年型材产品产量5958.93万吨，占全省钢材产量的9.99%。2015年，河北省型材产量比1978年增长了88倍，占比却下降了47.55个百分点，2018年又降低了13.97个百分点。

20世纪60年代末至70年代，河北省兴建了大批小型轧钢企业，轧钢生产有了较大的发展。1988年省重点小型轧钢企业发展到16个，有小型轧机16套，总设计能力110.8万吨；其他乡镇企业有117个，有小型轧机120套，总计生产能力为65万吨，但由于受坯料限制，大都处于半停产状态。

20世纪90年代至2010年，河北省型材轧机有了较快的发展，装备水平有了较大提升。2010年，河北省型材轧机（包括大型、中小型型材、棒材、钢筋、H型钢）共计229套，产能10320万吨。河北省大型型材轧机为直径970毫米、直径850毫米、直径750毫米，共计11套，产能728万吨；中型型材轧机为直径450~650毫米，共计205套，产能9189万吨（其中H型钢轧机13套、产能780万吨，棒材轧机55套、产能3140万吨，带肋钢筋轧机56

套、产能 2888 万吨，中型型钢轧机 81 套、产能 2381 万吨）；小型型材轧机为直径400～250毫米，共计 13 套，产能 403 万吨。

改革开放以来，轧钢工艺设备技术进步取得了较快的进展，20 世纪六七十年代建设的型材轧机和加热炉经过不断改造，机械化和自动化水平不断提高，逐步淘汰了横列式轧机，改造为半连轧或连轧，20 世纪 90 年代以后新建的型材轧机，大多为连轧、半连轧轧机，轧钢加热炉大多改造为蓄热式煤气加热炉。

1989 年 4 月 17～23 日，邯钢二轧分厂加热炉微机控制系统，参加了第三届巴黎国际通讯博览会，这是中国冶金系统唯一的参展项目。

承钢 1990 年 5 月从德国引进的纵列式棒材轧机生产线建成投产。主要设备有：端进侧出三段加热炉（加热能力 80 吨/小时）1 座；直径 420 毫米×4 机组，直径 380 毫米×6、直径 330 毫米×4、直径 350 毫米×4 半连轧轧机机组及直径 300 毫米×4 南北两组精轧机组，中间切头飞剪 2 台，倍尺飞剪 2 台，111×8（米）冷床 2 座，350 吨冷剪 2 台，检验台架 1 座。其中除加热系统、2 台飞剪和检验台架是国内配套外，其余全部是由联邦德国莎士给特派纳（peine）钢铁公司购进的二手设备，属于 20 世纪 50 年代的产品。主要产品为：直径 12～50 毫米 11 个规格的圆钢和螺纹钢。承钢连轧厂从 1991～1999 年不间断的对此套轧机的电气系统、液压站系统、轧后控制冷却系统等进行了一系列的技术改造，尤其是 2000 年对此套轧机进行了彻底的由半连轧改为连轧的改造，改造后产能由 30 万吨/年提高到 60 万吨/年。工艺状况：加热炉为两段蓄热式加热炉，增加热装上料辊道，原料由使用 120 方坯改为 150 方坯；取消原直径 420 毫米×4 机组，新增 6 架直径 560 毫米平立交替轧机，实现全连轧；精轧直径 300 毫米×4 架机组位置前移，新增直径 300 毫米平/立可换轧机 1 台，使工艺布置更加合理；电气系统改造：加热炉系统采用先进的 DCS 控制系统；轧线主电机重新按工艺要求进行了调整增容；全数字直流调速装置由 6RA22 升级到 6RA24，并可通过 Profibus 网直接与 PLC 通讯，实现了数字给定；自动化系统实现了网络化。2003 年 12 月底，产能 80 万吨/年的新棒材连轧生产线建成投产，主要产品为直径 12～50 毫米螺纹钢筋和直径

18～60毫米圆钢，该生产线主体设备为意大利达涅利公司（DANELI）和安萨罗宾康公司（ASIROBICON）引进，工艺技术、设备均为国内先进水平。该生产线采用的先进技术有：全线采用交流变频调速技术；轧机采用高刚度短应力线轧机，采用无扭、微张力和无张力轧制技术，产品尺寸精度高，达到国内领先水平；轧线采用高架式布置，钢结构厂房；采用低温开轧、低温精轧、控轧控冷工艺，可显著提高产品的综合性能；螺纹钢筋可采用低温控轧及余热淬火技术，可显著提高产品机械性能，降低生产成本；采用自动测径技术，对圆钢产品实行在线测径，提高产品质量；加热炉采用当今较为先进的蓄热式燃烧技术、汽化冷却步进式加热炉；采用连铸辊道直接热送、热装技术。

1995年3月，唐钢一轧钢厂技术科研制发明的"三铰拉杆方柱型高刚度轧机专利"获中国专利10年成就展金牌奖，并在全国专利奖的评选中获优秀奖。1996年7月，唐钢棒材连轧生产线投产，这是河北省第一条全连轧棒材生产线。主要机械设备由意大利DANIELI公司引进，自动化控制系统由美国GE公司引进。生产线共有18架轧机，最高轧制速度18米/秒，设计能力年产棒材60万吨。采用165毫米×165毫米方坯，产品规格包括：圆钢直径14～50毫米，螺纹钢直径12～40毫米。其中直径12毫米、直径14毫米螺纹钢采用三线切分轧制技术生产，直径16～20毫米螺纹钢采用自主开发的两线切分轧制技术生产，2003年又引进了德国巴登公司（BSW）的四线切分轧制技术生产直径12毫米螺纹钢。2005年，该生产线两线、三线和四线切分轧制的生产能力，全部达到了班产1千吨以上。

邯钢1995年12月～1996年8月，四轧钢分厂一火成材全连轧改造竣工投产。1996年3～11月，一轧钢分厂500中型半连轧棒材生产线改造竣工投产。1996年9月～1997年12月26日，三轧钢分厂一火成材改造及二次增速改造竣工投产。

石钢小型轧钢厂1965年的装备是燃煤加热炉1座，轧钢机为直径400毫米×1/直径250毫米×5；1980年5月改造加热炉，由烧煤改为烧煤气，1981年直径250毫米轧机由开口式改为闭口式，将冷剪由100吨加大到160吨，提高了生产能力。1990年6月，为将石钢小型轧机建成国际标准生产线，将

K1、K2 轧机改换成短应力线轧机，同时将直径 400 毫米开口式轧机改为直径 400 毫米半闭口式轧机，于年末经冶金工业部验收合格。1993 年 4 月，又将 K4 轧机改换成短应力线轧机，同年 11~12 月将 49 平方米二段连续式加热炉改造为 72 平方米加热炉。经过多年一系列的改造，使轧钢能力和钢材质量不断提高，钢材规格有较大扩展。钢材产量由 1979 年的 5 万吨，提高到 1993 年的 17.52 万吨，使用钢坯品种为低合金钢、炭素结构钢、普通碳素钢，钢坯规格由 50 毫米×50 毫米、55 毫米×55 毫米、60 毫米×60 毫米，坯长为 2500~2900 毫米，扩展为 50 毫米×50 毫米×2500 毫米、50 毫米×50 毫米×3200 毫米、55 毫米×55 毫米×3600 毫米、60 毫米×60 毫米×3600 毫米。

石钢 2000 年 6 月 29 日投产的 60 万吨棒材连轧项目，是具有较高技术装备水平的轧机。加热炉及连轧机电设备分别从斯坦因公司和奥钢联波米尼公司、西门子公司引进。当年生产钢材 21 万吨，其中圆钢 14 万吨，螺纹钢 7 万吨，品种为 45 号、40Cr、40CrV、60Si2Mn、20Cr、HRB335 等 13 个品种，规格为螺纹钢直径 10 毫米×3、直径 12 毫米×3、直径 14 毫米×2、直径 16 毫米×2，圆钢直径 18~25 毫米、直径 14~50 毫米，扁钢 75×9 共 22 个规格。质量达到了 1/2DIN（德国标准），2000 年 12 月生产钢材 5.18 万吨，达到年产 60 万吨能力。

改革开放后，随着型材轧机各类机组建成投产及装备水平的提高，河北省型材品种规格逐年开发成功，2010 年全省已经生产和能够生产的型材有工字钢、槽钢、角钢、U 型钢、扁钢、棒材、螺纹钢、H 型钢等各类品种的多种规格，形成了大、中、小型材品种规格比较齐全的系列产品。

唐钢于 20 世纪 60 年代中期试轧成功的矿用支护 U 型钢是河北省具有特色的型材产品。1982 年，按联邦德国煤矿支护用钢断面形状试生产成功的 29U 型钢，填补了国内空白，取代了大规格煤矿用钢的进口，质量达到国际标准，获 1985 年国家科技进步奖三等奖和河北省科技进步奖一等奖；25U 型钢 1985 年获国家优质产品银牌奖；36U 型钢获第六个五年计划期间国家重大贡献奖。

承钢 1980~1983 年按英标 BS4449-78 研制生产的 25MnSiV、22MnSiV 高

强度钢筋大批销往香港地区，1986年获省级科技进步奖三等奖。1985年，唐钢研制成新Ⅲ级21MnV(N)钢筋，各项指标均达到英国、美国、苏联、日本、法国等国家同等级别钢筋水平，获国家科委第六个五年计划期间重大贡献科技成果奖和1987年冶金工业部科技成果奖二等奖。

1981年9月，邯钢生产的16号槽钢被评为河北省优质产品；1984年，邯钢二轧生产的14号、16号、18号槽钢系列获省优质产品称号；1998年、2001年"邯钢"牌"碳素结构钢热轧槽钢"获河北省名牌产品称号。1986年12月6日，邯钢热轧4.5号~7.5号等边角钢、普碳热轧圆钢、热轧圆盘条被评为冶金部优质产品称号，1997年、2000年"邯钢"牌"热轧等边角钢"获河北省名牌产品称号。

2002年，宣钢"龙烟"牌"钢筋混凝土用热轧带肋钢筋"获河北省名牌产品称号；"石钢"牌"40Cr合金结构钢圆钢"荣获中国钢铁工业协会颁发的"冶金产品实物质量金杯奖"。

2003年，"石钢60万吨棒材连轧生产技术的引进吸收及创新"项目获得中国冶金科学技术奖二等奖（同时获得河北省科学技术奖二等奖、河北冶金科技进步奖特等奖）；"加热炉顺控程序改进"项目获河北冶金科技进步奖三等奖；"棒材连轧低温轧制工艺优化"课题攻关获石家庄市科技进步奖一等奖。2003年3月18日，奥钢联波米尼公司授予石钢公司60万吨棒材连轧生产线为"亚洲示范工厂"称号。2004年，石钢开发了直径54~57毫米丰田钢等大规格高精度圆钢的轧制工艺，按照丰田公司爱知专家的要求和标准进行质量技术攻关，使产品质量不断提高，得到了丰田公司的认可，使石钢公司成为丰田公司的钢材供应商。2005年，石钢自筹资金，引进国外先进技术和设备建成的50万吨棒材连轧生产线，于6月30日竣工投产。经过多年不断的技术、设备和管理创新，2010年石钢已经由一个建厂初期的小型钢铁厂发展成为一个钢材年生产能力200万吨的大型钢铁联合企业，成为国内最主要的特殊钢专业棒材生产企业。其主导产品为轴承钢、齿轮钢、弹簧钢、易切削非调质钢、优质碳素结构钢、合金结构钢，能够为客户提供500多个品种、1000多个协议钢种，产品可满足国标、日标、德标、美标等标准要求，广泛应用于汽车制造、工程机械、铁路和船舶，石油、矿藏开采等装备制造业。"山"字牌圆钢被评为"河北省名牌产品"。

2003 年，河北津西投资 24 亿元建设大 H 型钢工程，规模 100 万吨。主要工艺和装备从德国和奥地利进口，是采用新一代 H 型钢生产技术的生产线，代表了当时世界 H 型钢生产最新的发展方向和较高的科技水平。该项目 2006 年 5 月投产，当年开发出 16 个品种 23 个规格的产品，产品畅销国内并出口到日本、韩国、东南亚和中东等国家和地区。这一项目的建成投产，填补了河北省乃至华北地区 H 型钢生产的空白。2007 年，大型 H 型钢产量 117.58 万吨，超过设计能力 17.58%，2009 年产量 121.12 万吨，超设计能力 21.12%。

2007 年，津西钢铁又投资 25 亿元，实施中小 H 型钢项目，包括 2 条生产线，设计能力为年产 120 万吨，主要产品为中、小 H 型钢。该项目采用半连轧工艺，精轧机组和矫直机等关键设备从意大利达涅利公司引进，生产线具有技术先进、自动化程度高、产品加工精度高等特点。1 号、2 号生产线分别于 2008 年 8 月 10 日和 9 月 30 日投产。2009 年，中小 H 型钢产量 123.21 万吨，超过设计能力 2.68%。该项目的建成投产，为津西钢铁实现 H 型钢产品的大、中、小配套、系列化生产和规模大型化，打造全国乃至世界最大的 H 型钢系列产品生产基地，提高企业竞争力，奠定了坚实的基础。2010 年，津西钢铁 H 型钢产量 252.79 万吨，其中大型 H 型钢产量 109.48 万吨，中、小型 H 型钢产量 143.31 万吨（超设计能力 19.43%），成为当年全国 H 型钢产量最高的企业。

（二）线材

河北省线材生产是由横列式和复二重式线材轧机生产直径 9 毫米以下的热轧盘圆钢线材为主，逐步发展为具有 20 世纪七八十年代先进水平的高速线材轧机，提高了生产能力，扩大了产品品种。

1979 年，邢钢将一架横列式轧机改造成直径 350 毫米×2/直径 300 毫米×2/直径 300 毫米×2×3/直径 280 毫米×2×4 复二重式线材轧机，设计能力 5.5 万吨/年。

1979 年，唐钢四轧钢厂建成投产直径 400 毫米×2×2/直径 300 毫米×2×3/直径 280 毫米×2×4/直径 280 毫米×1 轧机各 1 架复二重式线材轧机，设计能力 18.5 万吨/年；1981 年，邯钢三轧钢厂建成投产一套直径 400 毫米×4/直径 300 毫米×6/直径 280 毫米×8 复二重线材轧机，设计能力 10 万吨/年；1988 年，涉县轧钢厂也建成一套复二重线材轧机，因无原料保证，不能正常生产。

20 世纪 90 年代之前的线材轧机大多属于四五十年代水平，生产能力低，品种单一。在改革开放方针指引下，河北省从 80 年代中后期开始从国外引进一些先进技术和设备，并消化、吸收、再创新建设了一些高速线材轧机，大大提高了线材轧机的装备水平和生产能力，使河北省线材的产量、质量、品种、规格有了快速的提升。

1985 年 6 月，邯钢从英国阿希洛公司引进了一套 45 度无扭转精轧机组和轧后控冷设备的高速线材轧机，于 1987 年 7 月投产，设计能力 18 万吨/年。其布置为直径 500 毫米×2/直径 400 毫米×6/直径 350 毫米×4/直径 300 毫米×2/直径 210 毫米×10，后 10 架为 45 度无扭转轧机。采用断面 120 毫米、长度 5.5 米连铸方坯为原料，可生产直径 5.5~12.5 毫米、盘重 600 千克的盘圆，终轧速度 76 米/秒，最高 90 米/秒，达到国际 20 世纪 70 年代水平。

1986 年 10 月，唐钢从美国布兹波罗公司总包的联邦德国马克公司引进来具有 20 世纪 80 年代初国际水平的 75 度/15 度无扭转高速线材轧机，于 1989 年 6 月底竣工投产，设计能力 35 万吨/年。轧机组成为直径 500 毫米×4 粗轧机 1 组、直径 400 毫米×5 中轧机 1 组、直径 300 毫米×6 预精轧机 1 组、75 度/15 度悬臂式无扭精轧机（10 架）1 组。采用断面 135 毫米、长 12 米连铸方坯为原料，盘重 1300~1700 千克，可生产普线、硬线和品种钢。主要品种有：直径 6.5~12 毫米 8 个规格的普碳盘条，直径 6.5~12 毫米 5 个规格的硬线盘条，焊条钢、30MnSiV 和直径 6.5 毫米的 H08Mn2Si。终轧速度 90 米/秒，最高 110 米/秒。

2000 年 9 月 28 日，宣钢 40 万吨高线工程开工建设，2001 年 9 月月高线产量达到设计能力。

2004 年 1~12 月，承钢投资 2.5 亿元，建设了 40 万吨/年高速线材项目。

主要产品为直径5.5~16毫米光面盘圆，直径6.0~16毫米带肋盘圆，最大盘重2.5吨。其工艺特点：采用高效蓄热步进梁式加热炉1座，用工业微机和PLC构成控制系统；粗中轧采用平—立交替布置，全轧线采用连续无扭轧制，精轧采用国产顶交45度轧机，避免轧制过程扭转，可减少成品表面缺陷，提高产品精度，轧机速度控制采取全线逆调，使轧制过程更加稳定；全线共设7个自动活套，粗中轧机选用焊接牌坊的闭口式机型，预精轧机组中15~18号选用4架紧凑式悬臂轧机，精轧机采用国产顶交45度轧机，保证了产品的精度和美观；孔型系统设计采用椭—圆孔型系统，粗轧、中轧、预精轧、精轧机导卫系统采用滚动导卫，可确保轧件的稳定轧制，并可减少机件划伤；采用大风量强冷延迟型数卷冷却运输线，带有可开闭的绝热保温罩，既可进行强制冷却，又可实现缓慢冷却，并采用了多跌落段以消除线圈间搭接的热点的措施，提高线材性能的均匀性。

邢钢于2000年1月、2001年11月分别建成投产了能力60万吨/年的第一、第二条高速线材生产线；于2004年1月、2004年10月分别建成投产了能力60万吨/年的第三条、第四条高速线材生产线。2008年8月，邢钢投资4.9亿元的精品线材轧制生产线（第五线）改造工程顺利投产。至此，邢钢已经拥有装备水平较高的5条高速线材生产线，这5条生产线是由国内消化吸收引进技术和设备自行设计制造的，只有少数关键部件是进口的，年生产能力300万吨。轧钢系统拥有开坯、高速线材生产线和大盘卷生产线，具备生产直径5.5~42毫米规格光面线材和盘卷螺纹的能力，实现了线材生产的专业化，可满足用户多品种、多规格、小批量、多频次的需求。各轧钢生产线分别采用无头轧制、开坯机、红圈轧机、CCR轧机、PRS精密轧机、减定径轧机、控冷控轧、ABB控制系统及全线无扭轧制等一系列国际先进的轧钢技术和设备。作为高端线材生产企业，邢钢在全国长材生产企业中，第一家配备了RH真空精炼炉、使用了铁水预脱硫、轻压下大方坯连铸机等高端技术，现可生产出150多个钢种、1000余种产品，涵盖冷镦钢、帘线钢、弹簧钢、轴承钢、预应力钢、焊接用钢、纯铁等碳钢十七大系列产品，可以满足高、中、低档用户对产品尺寸精度、组织、力学性能、表面质量等方面的不同要求。1999 年，邢钢线材产量为 33.5 万吨；2010 年，线材产量达到 236.88 万吨，增长 6.07 倍。邢钢成为河北省最大的优特钢线材专业生产企业和国内品种最多的线材企业之一。

河北省在 20 世纪 80 年代末有 8 套线材轧机，产能 109 万吨，高速线材轧机只有 2 套、53 万吨产能，分别占全省线材轧机套数和产能的 25%、49%。2004 年，河北省有 18 套线材轧机、产能 849 万吨，其中高速线材轧机有 14 套、746 万吨产能，分别占全省线材轧机套数和产能的 78% 和 88%。2010 年，河北省拥有线材轧机 97 套、4740 万吨产能，其中高速线材轧机有 78 套、4220 万吨产能，分别占全省线材轧机套数和产能的 80% 和 89%。经过 5 年的工艺技术进步和装备水平提升，普通线材轧机均被淘汰，2015 年河北省拥有线材轧机 72 套、产能 4545 万吨，全部为高速线材轧机。河北省 1979～2015 年线材轧机发展情况见表 6-9。

表 6-9 1979～2015 年河北省线材轧机发展情况

年份	河北省线材轧机总计		高速线材轧机情况		高速线材轧机占比/%	
	套数	产能/万吨	套数	产能/万吨	套数	产能
1979	4	41	无	无		
1989	8	109	2	53	25.00	48.62
2004	18	849	14	746	77.78	87.88
2010	97	4740	78	4220	80.41	89.03
2015	72	4545	72	4545	100	100

三、板带材

(一) 板材

河北省板材生产起步较晚，改革开放之前的 1978 年，河北省只有中板轧机 1 套，热连轧薄板轧机 3 套。2000～2015 年，河北省的宽厚板、中厚板、热、冷轧薄板等板材轧机有了较快的发展。

1. 中板、厚板、特厚板

中板生产是以连铸机或初轧机加工的厚度 150~120 毫米、宽度 750 毫米以上的板坯为原料，轧制厚度 4~20 毫米的钢板，长度按定尺或倍尺要求。河北省中板生产在 2002 年以前只有邯钢 1 家。2003~2015 年，河北省中厚板轧机有了一定发展。

邯钢于 1974 年建成投产直径 800 毫米/550 毫米/800 毫米×2300 毫米三辊劳特式中板轧机 1 套，年产（6~20）毫米×（1400~1800）毫米中板 12 万吨。1984 年研制中板轧制的水幕层流冷却装置，显著改善了中板的机械性能，获 1985 年河北省科技进步奖四等奖。同年还研制成劳特式轧机电动压下位置自动控制装置，1985 年通过部级鉴定。改造后的中板轧机生产能力大大提高，1988 年实际产量达到 15.2 万吨，超过设计能力 26.7%。1989 年 4 月 28 日~1991 年 6 月 9 日，邯钢对 2300 毫米中板轧机进行了一期工程改造，包括 3 米四辊中板轧机主轧机系统、配电及加热炉等；1993 年 2~8 月，对 3 米四辊中板轧机进行二期工程改造，主要是精整系统改造；1994 年 2 月~1996 年 2 月，对 3 米四辊中板轧机进行三期工程改造，新建步进式加热炉。改造后的中板轧机设计能力提高到 80 万吨/年。同年，碳结钢板实物质量"金杯奖"通过冶金工业部质量检测中心组织的国际先进水平认证，造船板通过了英国劳氏船级社认证，并通过中国船级社认可年度复查。公司按 ISO9002 标准建立的质量保证体系，通过了中国船级社质量认证公司和冶金工业质量体系认证中心检查组的联合认证。1997 年，控股舞阳钢厂后，因舞阳钢厂是我国首家宽厚钢板生产和科研基地，中国重要的宽厚钢板国产化替代进口基地，1978 年 9 月就建成投产了 4200 毫米宽厚板轧机，具有专业生产特厚、厚钢板能力 120 万吨/年，使邯钢在中厚板生产中的优势明显增强。

2005 年 3 月 18 日~2006 年 6 月 2 日，邯钢 3500 毫米中板轧机新线建成投产，工程包括板坯连铸机、蓄热式加热炉、高压水除鳞、3500 毫米中厚板轧机、矫正机、切边机、定尺剪、翻板机及配套公辅设施，设计能力 120 万吨/年。2006 年，邯钢生产的锅炉板、容器板通过了国家特种设备制造许可认证，新中板线 D 级船板和 D36 高强度船板通过了九国工厂认证。家电板、汽车用板得到用户认可。板带产品通过了欧标认证。2005 年 8 月~2007 年 5 月，舞阳钢厂投资 35 亿元的新百万吨宽厚板工程建成投产，其中包括新建 4100 毫米双机架宽厚板轧机建成投产。至此，舞钢形成了年产 300 万吨钢、260 万吨宽厚钢板的综合实力。在舞钢已经生产过的 12 大系列、400 多个牌号的产品中，有 200 多个替代了进口或采用外国标准生产，30 多个品种出口到美国、德国、日本等发达国家和地区。先后有十类产品荣获"中国冶金产品实物质量金杯奖"，2010 年"舞钢"商标被认定为中国驰名商标。舞钢还是中国建筑结构用钢板、石油天然气输送管线用宽厚钢板、厚度方向性能钢板等 5 个国家标准的起草单位。2010 年 10 月，舞钢公司荣获全国质量奖。

2003 年，河北文丰建成投产 2800 毫米中厚板轧机 1 套，设计能力 185 万吨。2005 年，河北普阳建成投产 3600 毫米中厚板轧机 1 套，设计能力 120 万吨/年。2007 年，河北敬业集团建成投产 3000 毫米中厚板轧机 1 套，设计能力 200 万吨。2008 年，河北新武安钢铁集团烘熔公司建成投产 2300 毫米中厚板轧机 1 套，设计能力 210 万吨/年。

唐钢于 2006 年 8 月、2009 年 1 月分别建成投产了 3500 毫米四辊可逆式中厚板轧机 1 套，设计能力共计 300 万吨/年。

河北省 2000 年以后新上的中（宽）厚板轧机均采用了较先进的工艺技术水平，使河北省特厚板、厚钢板、中板的生产能力有较大的提升。2000 年，河北省中板生产线只有 3 条，生产能力只有 200 万吨，到 2015 年特厚板、厚钢板、中板生产线有 13 条，生产能力达到 1701 万吨，2015 年实际产量完成 1548.14 万吨，产能利用率达到 91.01%。河北省中厚板轧机历年发展情况见表 6-10。

表 6-10　河北省中厚板轧机 1979~2015 年发展情况

年份	企业数量	中厚板轧机数量	产能/万吨	备　注
1979	1	1	12	邯钢
1989	1	1	36	邯钢
1996	1	2	80	邯钢

年份	企业数量	中厚板轧机数量	产能/万吨	备　注
1997	2	3	200	邯钢+舞钢
2003	3	4	385	新增河北文丰
2005	4	6	625	新增河北普阳
2007	6	9	1115	新增唐钢、河北敬业
2010	7	11	1475	新增河北烘熔钢铁
2015	9	13	1701	新增唐山中厚板、金鼎重工

2. 薄板

1978 年全省薄板产量 1.77 万吨，1988 年为 3.71 万吨，1995 年最高产量达到 5.8 万吨，超过设计能力 45%。厚度为 0.5 毫米、0.6 毫米、0.75 毫米、1.0 毫米、1.2 毫米、1.5 毫米，基本以普碳板为主，邢台市薄板厂为适应市场需求，生产过少量低矽薄板，支持了机电工业生产。由于热轧迭薄板生产工艺技术和设备落后，被国家列入淘汰范围，丰润薄板厂和邢台市薄板厂先后于 1998 年和 2000 年下半年被关停。

河北省第一套高水平薄板轧机，是邯钢 1997 年 11 月～1999 年 12 月从德国引进的 1780 毫米（CSP）薄板坯连铸连轧生产线的建成投产，连轧机机组配置为粗轧机 1 架、精轧机 6 架，产品规格为厚度 1.2～20 毫米、宽度为 900～1680 毫米板材，设计能力 270 万吨/年。其装备水平、自动化控制程度达到了当时国际先进水平，按照设计要求，该生产线能够生产满足日本（JIS）、美国（ASTM）、德国（DIN）、欧洲（EN）等国外先进标准要求的产品。根据市场需求，邯钢在投产时按照日本标准 JIS G3101—1995 及 JIS G3131—1995 生产了 SS400、SPHC、SPHD 等热轧钢带，产品投放市场后很受用户好评。2002 年 8 月 16 日，薄板坯连铸连轧工程环保设施顺利通过了国家级验收。连铸连轧工程获国家工程建设质量奖审定委员会颁发的国家质量银质奖，"薄板坯连铸连轧引进技术消化、吸收及创新"被评为 2002 年度国家科学技术进步奖二等奖。2003 年 4 月～2005 年 3 月，邯钢总投资 43.9 亿元，从西马克—德马克引进酸洗、冷连轧机组和平整机组等关键设备和技术的冷轧薄板 1780 毫米冷连轧机组投产，年设计产能130万吨/年。至此，邯钢具备了年产薄板400万吨的能力。

2003年8月，邯钢1650毫米热轧酸洗、镀锌机组各1套投产，设计产能分别为50万吨、30万吨；2004年6月热轧酸洗镀锌工程彩涂线建成投产，设计能力12万吨/年；2005年6月，邯钢与130万吨冷轧薄板工程配套的1500毫米冷轧彩涂机组1套投产，设计产能12万吨/年；2005年9月，与130万吨冷轧薄板工程配套的1550毫米冷轧镀锌机组1套投产，设计产能35万吨/年；2005年10月，130万吨冷轧薄板项目冷轧彩涂线开始使用本厂的镀锌基板生产彩涂板，标志着冷轧五大主体工程完全贯通，进入达产达效阶段。2009年8月，1500毫米冷轧电镀锌机组1套投产，设计产能18万吨/年。

2000~2010年，邯钢加快了轧钢工艺设备升级改造，热轧薄板后序热轧酸洗板生产线、冷轧薄板生产线、镀锌板线及彩涂板线等现代化设备相继投产。为了提高产品质量，邯钢通过等同采用或修改采用国外先进标准，先后制定了《热轧低碳钢板及钢带》《欧标连续热镀锌钢板和钢带》等20多项企业标准，使产品标准水平与国际接轨，生产出的热轧钢带、冷轧钢带、镀锌钢带、彩涂钢带等产品在化学成分、力学性能、尺寸等方面完全达到国际先进水平，产品质量满足了国内、外用户要求，产品远销到西班牙、意大利、英国、俄罗斯等国家。2010年新开发H50W800、QSTE420TM、QSTE370TM、20号、A572Gr42等5个牌号的新产品，形成了以SAPH370、SAPH400、SAPH440；510L和QSTE370TM、QSTE420TM三个标准体系的汽车结构用新产品。截至2010年底，冷轧厂已开发的各类汽车用钢有：冷轧汽车用钢：IF钢、低合金高强钢（HSLA）、含磷铝镇静钢等系列。热轧汽车用钢：车轮钢、酸洗汽车结构板、酸洗深冲板等系列。为保证汽车板产品质量，满足汽车行业用户需求，于2010年6月建立了汽车用钢质量管理TS16949体系，2011年已经通过TS16949体系认证，同长城汽车、时风汽车等汽车厂家签订战略合作协议，供货量稳定提高。

邯钢冷轧厂冷热基镀锌线通过对高技术含量和高附加值产品的生产工艺研究和技术攻关，并在实际生产过程中进行工艺优化和持续改进，成功开发并高质量生产出了 SGC540、SGC490、SGC440、SGC570、S250GD＋Z、S280GD+Z、S320GD+Z、S350GD＋Z、S390GD＋Z、S450GD＋Z、S550GD＋Z、G450、G550 等结构用高强镀锌系列品种。其中，欧标系列产品成功出口到英国、澳大利亚、西班牙、以色列等多个国家，在国际市场享有很高声誉。独有的锌花控制技术生产的产品被外商誉为"邯钢锌花"。冷基镀锌线已经形成了一般用、冲压用、深冲用、超厚锌层、光整锌花等系列化出口欧标结构用镀锌产品体系，填补了河北省此类产品的空白。

邯钢冷轧厂彩涂线全套引进韩国浦项彩涂生产技术，采用二涂二烘辊涂工艺，可提供 RAL 全系颜色及其他颜色产品。产品广泛应用于建筑、家电等领域。冷轧厂对彩涂产品进行了 T 弯性能攻关，提高了彩涂线的产品的加工性能，极大地增强了市场竞争力，彩涂产品远销到英国、意大利、西班牙、德国、瑞士、俄罗斯、以色列等国家及中东地区。

针对家电和专用冷轧板，邯钢冷轧厂根据客户个性化需求和特殊技术要求，对冷轧各工序进行方案的试制和优化，积极与客户沟通，满足产品质量要求。此期间开发的品牌产品有新飞冰箱侧板、海尔冰柜、LG 微波炉及美的空调压缩机等；在推进专用板的开发方面，完成了三星电子、河南非标防盗门楂栌山、金双城等产品生产方案，并实现批量生产；同时为了便于了解产品使用情况，发展了多家家电板直供户，以对产品进行持续改进。

2003 年 1 月 29 日，唐钢 1810 毫米热轧薄板生产线建成投产。概算投资 25.57 亿元，实际投资 19.99 亿元。设备总量 2500 台（套），总重量 15963 吨，其中引进设备 3645 吨。主要设备有薄板坯连铸机 1 台、辊底炉 1 座、粗轧机 2 架、精轧机 5 架。技术工艺水平属于当代国际先进。主要产品为厚度 0.8~12.7 毫米、宽度 850~1680 毫米板材，年设计能力 150 万吨。2003 年 8 月~2004 年 6 月热轧薄板二期工程竣工投产，主要项目是增建板坯连铸机 1 台、辊底炉 1 座及其配套设施，新增薄板坯能力 100 万吨，唐钢薄板坯连铸连轧具备了 250 万吨/年的生产能力。2003 年 3 月 4 日，热轧薄板厂首次进行半无头轧制试验，成功地在钢带不间断运行和动态减薄的情况下，通过高速飞剪剪切，连续轧制出 3.0 毫米优质钢带。此项技术填补了国内空白，使中国成为继日本、荷兰之后，世界上第三个掌握该项技术工艺的国家。同年4月5日，热轧薄板厂用厚85毫米的薄板坯进行连铸连轧获得成功，和原70毫米板坯相比，在铸坯拉速不变的情况下，机时产量提高了20%。此种规格轧制在国际上尚属首例；9月24日，热轧薄板厂轧制1.0毫米带钢获得成功，首次完成了在轧制过程中依次减速，标志着唐钢热轧薄板薄规格产品生产已跻身世界先进行列；10月8日，热轧薄板厂轧制0.8毫米×1060毫米带钢获得成功，一举突破1.0毫米限制大关，标志着唐钢热轧薄板规格产品已达到世界领先水平。唐钢在1810毫米生产线建设上，打破传统技术装备整体引进模式，创造性地将达涅利的连铸机、布里克蒙的辊底式加热炉、三菱的PC轧机等技术优化组合在一起，形成了独具特色的唐钢UTSP超薄热带生产线，以低于CSP技术30%的价格建成，工程设备国产化率高达84%，由此打破了CSP技术在中国市场的垄断地位，将国际薄板坯连铸连轧生产流程的效率发展到新的高度。唐钢热轧薄板厂注重对1810毫米生产线不断进行技术完善、优化和创新，使自主集成的整条生产线设备国产化率达到90%以上，软件国产化率达到50%以上，唐钢"超薄热带生产技术集成与自主创新"项目获2006年国家科技进步奖二等奖。

2004年3月10日，唐钢开发生产冷轧用钢SPHC、SPHD获得成功。2004年7月28日，唐钢从奥地利奥钢联引进的2000毫米单机架冷轧宽钢带轧机投产，冷轧薄板设计能力60万吨/年。2004年12月30日，唐钢冷轧薄板厂酸洗冷轧镀锌彩涂工程竣工投产。主要为酸洗冷轧镀锌彩涂生产线一条，设计能力为100万吨/年。2005年12月20日，唐钢冷轧薄板厂一期酸洗线与冷连轧机组联机改造后第一卷0.9毫米厚冷轧卷顺利下线，标志着该厂已具备批量生产冷轧产品的能力，改造后的设计能力为140万吨/年。12月30日，冷轧薄板厂第二条酸洗线及镀锌线工程竣工投产。唐钢冷轧系统通过对引进冷轧、退火、镀锌生产线的消化吸收、二次开发创新，优化了生产工艺，形成了汽车板、家电板、电工钢等高附加值产品的自主技术生产流程，开发的氧化退火板填补了国内空白，无取向冷轧电工钢、铝锌硅超厚镀层板填补了省内空白；通过工艺研究与创新，在连续镀锌机组实现了镀层产品与退火产品快速切换、多镀层品种快速切换、光亮退火产品与氧化退火产品切换，形成了一线多用以及多品种产品快速切换的柔性生产新技术。唐钢冷轧系统在连退机组生产氧化板工艺技术、厚镀层铝锌硅板生产工艺技术、高堆垛罩式退火炉黏结率控制技术、镀锌退火柔性生产技术方面达到国际先进水平。

2005年12月20日，唐钢热轧薄板厂1700毫米生产线竣工投产，投资14.45亿元，主要有R7米一机二流板坯连铸机1台、1700毫米轧机系统（粗轧机2架、精轧机5架）及配套设施，主要产品为厚1.2~12.7毫米、宽850~1550毫米热轧带钢，年设计能力300万吨。建设工期18个月，创国内外同类工程建设周期最短纪录。唐钢结合1700毫米连铸连轧生产线的工艺特点和实际情况，优化加热炉燃烧系统及结构，以凸度控制为中心，完善板型控制系统工艺参数，形成轧制冷轧料、中碳钢、管线钢、硅钢、合金钢、石油套管钢、汽车用钢等多个品种的优化模型，以及将高亮度激光线光源照射到带钢表面并通过线阵CCD摄像机采集带钢表面图像的检测系统等技术手段，使生产水平、产品质量、品种开发等方面都取得很好的效果，为企业创造了巨大的经济价值，总体达到国际先进水平。

2007年1月~2008年4月，唐钢不锈钢公司建成投产1580毫米轧机1套，轧机配置是粗轧机1架+热卷箱+精轧机6架，为不锈钢、普碳钢混轧项目，总投资15亿元，设计能力220万吨/年。其中，60万吨为不锈钢，产品规格为厚度1.2~12.7毫米、宽度800~1450毫米。

2010年，河北钢铁集团唐钢公司冷轧及深加工产品出口品种达5大类、33个钢牌号。高强度结构级镀锌品种形成系列化、彩涂品种颜色近50种。2011年冷轧产品出口突破100万吨，达到108万吨，占国内同类产品出口总量的1/6，产品出口到世界多个国家和地区。产品质量和工艺控制达到国际先进水平，赢得了更多海外客户的关注，成为唐钢品牌效益的强力增长点。

唐山恒通精密薄板有限公司（简称唐山恒通）始建于1995年10月，是由唐山东旭平板厂、唐山机车车辆厂、美国德利国际有限公司共同兴建的中美合资企业。以总投资8亿元人民币，从美国引进600毫米、1067毫米、1270毫米、1370毫米四辊可逆冷轧机组各1套，1370毫米五连轧冷轧机组1

套，1422 毫米平整机组、1 条连续光亮精整退火机组和 1 套国产 650 毫米六辊可逆冷轧机组、2 条酸洗生产线、14 组罩式光亮退火炉、3 套成品纵剪机组、650 毫米平整机组以及在此基础上进行的镀锌深加工生产线。唐山恒通 2001 年投产，至 2003 年形成生产能力为冷轧薄板 100 万吨/年、镀锌板 60 万吨/年，属于外购热轧卷板进行冷轧板生产及深加工企业。2004～2007 年，唐山恒通又在唐山市海港开发区建设冷轧、热镀锌、彩涂生产线。2007 年 9 月 21 日，中冶集团重组唐山恒通公司后成立合资企业，企业名称改为中冶恒通。2010 年底，位于唐山市海港开发区的中冶恒通占地面积 2784 亩，员工 4000 多人，总资产 125 亿元，是当时中国大型冷轧及涂镀产品生产基地，拥有冷轧生产线 8 套（4 套连轧机组、4 套单机架）；热镀锌生产线 18 套，彩涂生产线 2 套。设计能力为冷轧薄板 500 万吨/年、涂镀板 430 万吨/年。2008 年销售量 101 万吨，2009 年销售量达到 120 万吨，2010 年销售量 100.69 万吨，其中冷轧薄板 9.08 万吨、镀层板（带）88.19 万吨、涂层板（带）3.43 万吨。

1999 年 12 月和 2003 年 1 月，邯钢 1780 毫米和唐钢 1810 毫米薄板坯连铸连轧的建成投产是河北钢铁行业产品结构调整的重大举措，提高了河北省热轧薄板轧机的整体装备水平，为增加钢材品种、提高钢材质量奠定了基础，为热轧薄板板材精深加工，发展后续冷轧板、涂镀板奠定了坚实基础。

（二）钢带

钢带是河北省 20 世纪 70 年代新增加的钢材品种，从 1970 年起，先后有张家口宁远钢厂、衡水薄板厂、张家口贾家营钢管厂、唐钢带钢厂和宣钢各建有一套热轧轧窄带钢轧机，但在 1996 年前只有宽度小于 300 毫米以内的热轧及冷轧窄钢带；1997 年以后，随着热轧中厚宽钢带轧机的建设，尤其是 2001～2009 年热轧及冷轧中（薄）宽钢带轧机的快速发展，使河北省钢带产品的数量、质量、品种有了较大发展。到 2015 年，河北省拥有中厚宽带轧机 19 台，产能 2290 万吨；热轧薄宽钢带轧机 21 台，产能 5907 万吨；冷轧薄宽钢带轧机 24 台，产能 1795 万吨；窄钢带轧机 30 台，产能 3255 万吨，绝大部分为热轧窄钢带轧机。

1. 热轧钢带

河北省热轧钢带轧机在 1996 年以前分为两种，即跟踪式热轧短窄钢带轧机和 3/4 连续热轧长窄钢带轧机。

1981 年，唐钢带钢厂建成一套跟踪式窄短带钢轧机，布置为直径 300 毫米×1/300 毫米×1/300 毫米立/300 毫米×1/300 毫米×1/300 毫米×1/300 毫米×1，设计能力为年产 7 万吨。1986 年，宣钢建成一套具有国内先进水平的 3/4 连续式热轧长窄带钢轧机，用 8″锭一火轧成（2.5~5.0）毫米×（100~250）毫米窄带钢，卷重 300 千克，设计年产量 10 万吨。

1994 年 4 月~1997 年 6 月，承钢带钢厂投资 29398 万元，建成投产一条热轧带钢生产线。主轧线设备是引进德国蒂森钢铁公司的二手设备，控制部分经过不断地升级改造后，自动化程度已经达到 20 世纪 90 年代国际先进水平。生产线由 1 座 80 吨/小时推钢式加热炉、1 架二辊可逆 735 毫米粗轧机、1 台热卷箱、6 架四辊不可逆 635 毫米精轧机和 2 台卷取机组成，其两级计算机控制系统，采用德国 SIEMENS 公司、美国 DMC 公司的 X 射线高精度测厚仪和德国 IMS 公司的高精度板型仪。主要产品为厚度 1.5~10 毫米、宽度 350~580 毫米的带钢，年设计生产能力为 25 万吨。1999 年 9 月~2005 年，承钢对热带轧机进行了多项重大改造，如加热炉改蓄热式加热炉、粗轧主电机传动及调节部分改造、粗轧压下系统电器改造、精轧活套系统改造、精轧换辊液压站改造、卷取机成型改造、出口平台压紧辊改造和 1 号除鳞系统改造等，生产能力稳步提高，2005 年达到 65.81 万吨，是原设计能力的 2.63 倍。2000 年，"承钢中宽热带生产线引进消化创新工程"获河北省科技进步奖三等奖，"消除高速公路护栏板'横折'缺陷技术研究及应用"获河北省科技进步奖二等奖，"在线车削轧辊装置"获国家实用新型专利奖。2007 年，承钢建成投产 1780 毫米宽带钢热连轧机生产线，轧机布置为粗轧 1 架+热卷箱+精轧机 7 架，采用达涅利公司的工艺技术，产品规格为厚度 1.2~19 毫米、宽度 800~1630 毫米，设计能力 330 万吨/年。

唐山国丰钢铁有限公司 1996 年建成投产 1 套 450 毫米半连轧热轧窄钢带

生产线，设计能力 60 万吨/年，至 2003 年已拥有 4 套热轧窄钢带生产线，设计能力 240 万吨。到 2010 年已经全部改造为连轧窄钢带轧机，其中 620 毫米 2 套、650 毫米 2 套，设计能力达到 300 万吨/年。其产品为厚度 1.5～4.5 毫米、宽度 145～355 毫米热轧带钢，可生产材质为冷轧料 Q195L、S08AL；欧标低硅钢种 S235JR、S275JR；普碳钢 Q195、Q215、Q235（B）；低合金 16Mn、Q345；优质钢 20 号～45 号、50Mn、65Mn、60Si2Mn；耐候钢 09CuPCrNi、SPA-H 等。2010 年，产量为 264.23 万吨。2006 年 1 月，国丰投资 18.5 亿元建设的 1450 毫米轧机（ASP）中薄板坯连铸连轧生产线正式投产，实现了产品结构质的飞跃，当年生产卷板 118 万吨，增创效益 4.53 亿元，成为国丰公司新的效益增长点。该 1450 毫米生产线工艺技术为自主集成、国内设计，主轧机设备为达涅利引进。轧机布置为：粗轧 1 架+热卷箱+精轧 7 架。设计产能 200 万吨/年。2008 年，国丰建设的第二条 1450 毫米轧机生产线投产，与第一条热轧线相同。至此，国丰具备了年产中宽钢带热卷 400 万吨的能力。2010 年，产量达到 299.76 万吨。其产品为厚度 1.2～12.7 毫米、宽度 600～1300 毫米热轧中宽带钢卷板。可生产材质为冷轧基板 Q195L、SPHC、SPHD，欧标低硅钢种 S235JR、S275JR，普碳钢 Q195、Q215（B）、SS400、SPHT 系列，低合金 16Mn、Q345B；耐候钢 09CuPCrNi、SPA-H，管线钢 X42～X65，石油套管用钢 J55 等。2009 年，国丰冷轧及冷成型用热轧钢带实物质量达到国际同类产品实物水平，被授予"冶金产品实物质量金杯奖"。

　　唐山建龙实业有限公司从 1999 年租赁原遵化市钢铁厂起步。当年投入技改资金 3500 万元，完成了年产 40 万吨的带钢项目。2000 年 3 月完成整体改制。2002 年 7 月，投资 3 亿元，自主研发建成投产 800 毫米中宽带钢轧机，使带钢生产能力达到 90 万吨。经过几年对带钢轧机的改造、配套，2007 年热轧带钢能力提高到 180 万吨/年，其中热轧窄带钢 530 毫米轧机生产能力为 80 万吨/年，轧机布置为直径 500 毫米×1/400 毫米×3/500 毫米立/350 毫米×3/300 毫米×2；热轧中宽带钢 800 毫米轧机生产能力为 100 万吨/年，轧机组成为直径 850 毫米二辊可逆粗轧机 1 架、直径 850 毫米四辊连轧精轧机 7 架。为了增产高附加值产品，唐山建龙努力在新产品开发上下功夫。2003 年，

Q195L 中宽带钢实现批量生产；2004 年，510L 系列试产成功；2005 年，开发成功耐候钢系列、08Al 深冲钢系列和 20 号优质碳素钢系列，当年品种钢产量达到 108 万吨，占总量的 70%；2006 年开发出 J55 钢，经检验，完全符合石油套管所要求的各项性能指标。经过多年的不断创新，唐山建龙改变了过去以生产普碳钢为主的历史，产品结构调整取得显著成绩。2006 年，高耐候性结构钢热轧中宽钢带及 Q195L 热轧中宽钢带两个产品荣获"国家冶金产品实物质量金杯奖"，是民营企业第一次在冶金中宽带行业获此荣誉。

2006～2009 年，河北钢铁行业还建成投产 7 条宽带钢连轧生产线，设计总生产能力 1550 万吨。2006 年和 2008 年，唐山港陆分别建成投产 1250 毫米热连轧和 1500 毫米热连轧生产线，生产设备均由二重制造，总生产能力 350 万吨/年，产品规格分别为厚 1.5～18 毫米、宽 600～1100 毫米和厚 1.8～12.7 毫米、宽 900～1350 毫米。2007 年，河北普阳、河北纵横、邢台德龙均建成投产 1 条 1250 毫米热连轧生产线，2008 年，河北新金也建成投产 1 条 1250 毫米热连轧生产线，这 4 条生产线均采用国产工艺技术和设备，轧机布置均为粗轧机 1 架+精轧机 6 架，产品规格均为厚 1.5～18 毫米、宽 600～1100 毫米，设计能力均为 200 万吨/年。2009 年，河北纵横建成投产 1 条 1780 毫米热连轧生产线，采用国产工艺技术和设备，设计产能 400 万吨/年。

河北省钢铁行业以上热连轧生产线的建成投产，大大提升了热轧钢带的装备水平和生产能力，为提高热轧钢带的产品质量，增加钢带品种以及河北省钢铁产品结构调整奠定了坚实基础。

2. 冷轧钢带

热轧带钢经过冷轧和相应的热处理，生产出冷轧带钢。2003 年以前，河北省冷轧带钢只有冷轧窄钢带。冷轧带钢机只有两种，一种是二辊不可逆不调速手动压下交流电机拖动的冷轧机，辊径直径 125～250 毫米、辊身长度 250～300 毫米；另一种是四辊不可逆不调速电动压下交流电机拖动的冷轧机，轧辊参数为工作辊直径 90～100 毫米、辊身长 300～350 毫米，支撑辊参数为直径（300～350）毫米×（300～350）毫米。

河北省最早的冷轧机，是 1969 年沧州市轧钢厂建成的直径 150 毫米二辊冷轧机组。1973 年增加了 3 台直径 165 毫米二辊轧机，1975 年增加直径 165 毫米×5 冷轧机。到 1988 年，该厂已具备二辊、四辊、冷轧机 24 套，主要产品为普冷带、打包烤兰带、电缆带等，年生产能力 1 万吨。

唐钢带钢厂、邢台县轧钢厂、宁远钢厂先后建成四辊及二辊冷轧机组，设计年产能力分别为 0.2 万吨、0.4 万吨、0.3 万吨。产品均为普通冷带钢。

衡水薄板厂于 1993 年建成 MS900 冷轧机组 1 套，设计年产冷轧薄宽钢带 3.5 万吨；2001 年 5 月和 2007 年 4 月分别建成 MS1050 冷轧机组 1 套，设计能力年产冷轧薄宽钢带 13 万吨；2009 年实际冷轧薄宽钢带产量完成 15.29 万吨。

2004 年 3 月唐钢建成投产 2000 毫米单机架冷轧宽钢带轧机；2005 年 3 月邯钢建成投产 1780 毫米冷连轧机组 1 套。

2005 年 12 月，唐山建龙投资 4.8 亿元的冷轧中宽带钢生产线投产。这是国内第一条国产化冷连轧中宽带钢生产线。其吸收了国内外大量先进技术。该生产线的主要设备包括：1 条连续酸洗机组，1 套 900 毫米六辊 4 机架冷连轧机组，12 套罩式退火炉，1 套 900mm 单机架平整机组及 2 套重卷机组。主要生产钢种包括碳素结构钢、优质碳素结构钢和低合金结构钢等。主要产品规格为：厚 0.35~2.0 毫米，宽 450~730 毫米带钢，设计年产量 40 万吨。产品广泛应用于车辆制造、搪瓷、五金、家电、轻工行业，可用于镀锌、彩涂等深加工领域。2010 年，唐山建龙冷轧薄宽钢带产量达到 45.55 万吨，超过设计能力 13.88%。

四、钢管

河北省钢管生产是从 1956 年宁远钢厂所建焊管机组开始的。1970 年，承钢建成了河北省第一个无缝钢管车间。20 世纪 70~80 年代，河北省钢管生产发展缓慢，90 年代有一定的发展，进入 21 世纪有了较快的发展。

（一）无缝钢管

无缝钢管是一种具有中空截面，周边没有接缝的圆形、方形、矩形钢材。

无缝管是用钢锭或实心管坯经穿孔制成毛管，然后经热轧、冷轧或冷拔制成。无缝钢管的坯料分为碳结钢、低合金钢、合金结构钢、轴承钢、不锈钢等。供制作无缝钢管的坯料要符合无缝钢管坯料标准。

无缝钢管因其生产工艺复杂，产品质量高，品种多，又可进行深加工成精密无缝钢管，被广泛应用于要求可靠性更大、强度要求更高的部位。例如：高压锅炉钢管、高压蒸汽钢管、石油裂化钢管、化工输送钢管、汽车、火车、柴油机用高压钢管、飞机、轮船、环保、能源用钢管等。

河北省第一套无缝钢管机组是1970年2月在承钢建成投产的直径76毫米热轧无缝穿孔机组、三段连续斜底炉一座。主要设备有冷拔机4台（5吨、20吨各1台，15吨2台），室式退火炉2座，设计能力年产冷拔管4000吨。1971~1977年，逐步增加了65吨冷拔机、500吨冷剪和30吨冷拔机，1988年已具备年产无缝管1.6万吨的能力。主要产品有一般无缝管、锅炉管、地质管、化肥管、枪管等，具有直径20毫米×3、直径25毫米×2.5、直径51毫米×（2.5~6）、直径60毫米×（3~6）、直径63.5毫米×（4~5）、直径64毫米×4、直径70毫米×（5~7）等规格。1987年无缝管产量达到11090吨，1993年最高年产量达到13002吨。1995年和1996年，分别投资建成了LG80和LG60两条精轧管生产线，并先后开发出35铬钼石油抽芯管、高精密冷轧管等新产品投入市场。

1999年5月，直径76毫米无缝机组穿孔轧机部分停止运行，使无缝管的产量大大降低。

中空钎钢是河北省适应矿山生产建设需要而开发的无缝钢管系列产品之一。1976年唐钢钢研所建成拔管车间，主要设备有直径50毫米拔管机系列，轧机规格直径250毫米；直径30毫米拔管机系列，轧机规格直径160毫米。产品有直径32毫米35SiMnMoV中空钎钢、直径32毫米×10毫米×1220毫米和直径32毫米×10毫米×1200毫米成品钎杆；直径45毫米×60毫米35SiMnMoV接杆钎套。机组设计能力年产中空钎钢800吨。

从1980年开始，由河北省冶金研究所与太原重型机器厂等单位合作，经过数年努力，完成了中国第一台PPM压力穿孔机组的中间试验任务。用120

毫米连铸方坯直接推轧成无缝钢管，1986 年 1 月通过冶金部、机械部和河北省科委联合组织的技术鉴定。河北省冶金研究所 1982 年建成 1 套三辊斜轧直径 50 毫米穿孔机组和相应的 5 吨、8 吨冷拔机各 1 台，设计能力年产直径 25 毫米×2.5 毫米无缝钢管 3000 吨。1985 年因无坯料来源停产。

之后，民营无缝钢管和焊接钢管企业快速崛起，特别是进入 20 世纪 90 年代，河北省陆续建成投产了几家大中型无缝钢管生产厂家（同时生产焊接钢管）。不仅大大提升了河北省无缝钢管生产装备水平，提高了无缝钢管的产品质量，增加了无缝钢管的规格、品种，而且使无缝钢管的产量有了较快的增长，2010 年河北省无缝钢管产量达到 103.72 万吨，创历史最好水平。

1985 年，唐山丰南县轧钢厂建成投产一套直径 40 毫米穿孔机组，配备有 5 吨、15 吨拔管机各 2 台，设计年产直径 25 毫米×2.5 毫米无缝钢管 2500 吨，1988 年产量 983 吨。

盐山县双利钢管制造有限公司始建于 1986 年，经过多年的不断改建、扩建，规模日趋扩大，拥有直径 10~57 毫米冷拔钢管生产线数条，年产量 3000 吨；直径 127~630 毫米热扩生产线 10 条，年生产 116000 吨；直径 114~381 毫米中直缝焊接钢管作业线 1 条，直径 219~1820 毫米双丝、双面埋弧螺旋钢管生产线 2 条，年生产各种型号钢管 12 万吨。公司先后引进美国先进的林肯自动焊接设备，具有科技含量高，工艺技术先进等特点，可按石油行业标准、国家标准、美国石油学会 API 5L 标准，生产 20 号、Q235、Q345 各种型号钢管，广泛用于石油、煤气、天然气、热力发电等基础工程。

邯郸市精密无缝钢管有限公司 1995 年建成投产，下设冷拔和热轧两个分厂，拥有 3 条热轧生产线，7 条冷拔生产线，年产各种规格无缝钢管 15 万吨。是河北省无缝钢管生产的龙头企业，生产的"宏凌"牌无缝钢管是河北省名牌产品。

青县北方钢管有限公司 1995 年成立，主要生产设备有热轧穿孔机、9 条冷拔交互式双芯杆冷拔机、自动旋转轧头机、管材矫直机、无水冷退火炉以及表面酸洗、涂层等配套生产设备。理化实验室可承担钢管的各项物理、化学检测和试验，设有适用于高、中、低压无缝钢管的涡流探伤仪、超声波探伤等，检测手段齐全先进，能完全满足钢管的标准检验及试验的要求。主要产品为无缝钢管，采用先进的工艺技术，分热轧和冷拔两大类。用料为 10 号~45 号碳结钢、低合金钢、轴承钢等。可生产直径（6~70）毫米×（1~13）毫米；直径（89~168）毫米×（4~20）毫米范围的多种无缝钢管。产品品种有：结构管、流体管、合金管、异型管、锅炉管、液压钢体管、轴承管、油井用管等。

1997 年，盐山县无缝钢管厂建成投产，拥有 3 条无缝钢管生产线，年生产能力 5 万吨，产品为直径 219~1016 毫米各种常规型号及非常规型号，壁厚 6~70 毫米各种型号的无缝钢管，并可以根据用户需要，制造特殊型号无缝钢管。

2001 年，河北盐山百亿钢管公司建成投产，主要设备 180 毫米无缝穿孔机 1 台，热轧、热扩、热减径钢管生产线 3 条，主要产品为直径 219~630 毫米之间的各种壁厚，各种标准的大口径无缝钢管、热轧钢管、热扩钢管，年产量 20 余万吨，年出口量 8 万余吨，通过 ISO 9001—2000 质量管理体系认证及美国石油协会 API 5L/5CT 认证，产品广泛应用于原油开采加工、管道输送、机械制造、锅炉制造以及大型场馆建设等。

沧州银海钢管有限公司隶属中海集团股份 2002 年建成投产，拥有无缝穿孔机 1 台，热轧、热扩生产线 10 条，卷管、螺旋管机组各 1 台，可生产直径 159~920 毫米、壁厚 5~60 毫米无缝钢管，直径 219~3000 毫米各种壁厚的直缝钢管和螺旋钢管，年产量达到 20 多万吨。拥有先进的检测设备和完整的计量系统，2006 年通过 ISO 9001—2001 质量体系认证，2009 年通过美国石油协会 API 认证。产品广泛应用于石油、天然气、煤气、水等长输管线和石化企业工艺管网、城市集中供热管网、煤气管网等工程。

2004 年，河北振达管道制造有限公司建成投产，是专业生产钢管的大型企业，经过多年的建设和发展，年生产能力达到 100 万吨，拥有热轧直径 140 毫米机组生产线 1 条、直径 426 毫米机组生产线 1 条及热轧穿孔机组 15 台，冷拔生产线 60 余条；直径 219 毫米高频直缝焊机组，直径 1200 毫米双面埋弧焊机组，直径 2400 毫米双面埋弧焊机组，直缝焊管螺旋焊管生产机组 8 条，拥有涡流探伤机、超声波探伤机等无损检测设备 25 套，以及水压试验机、

WE-600 万能试验机、WE-1000A 液压万能试验机以及全套金相试验设备、物理化学仪器、直读光谱仪等全套设施。能够生产的无缝钢管规格为外径10~1220 毫米；热轧成品管规格为外径 108~219 毫米、壁厚 5~55 毫米，石油套管规格为外径 5-9/16″、5-1/2″、6-5/8″、7″、7-5/8″、8-5/8″、9-5/8″、10-3/4″、12-3/4″、20″等，高频焊管规格为外径 20~219 毫米，双面埋弧焊直缝钢管规格为外径 245~1220 毫米，螺旋焊管规格为外径 219~3620 毫米。主要品种有：生产结构用、输送流体用、高、中、低压锅炉用、石油裂化用、高压化肥设备用、耐低温露点腐蚀钢等无缝钢管；高碳铬轴承钢管，冷拔或冷轧精密钢管、冷拔异型无缝钢管；API 标准系列油井管；ASME（美标）/DIN（德标）/JIS（日标）系列无缝钢管；工程机械配管用无缝钢管和冷拔内螺纹无缝钢管，船舶用无缝钢管、钻探用无缝钢管以及各种合金管。桥梁用直缝钢管、消防用管、防腐用管，天然气用管等。该公司产品 2004 年度获得"中国钢铁工业协会冶金产品实物质量金杯奖"；2007 年度获河北省名牌产品证书。该公司建立了完善的质量管理体系，产品质量达到国内外先进水平，生产综合水平被中国冶金工业标准院评为国际先进水平。2004 年获自营进出口权，2006 年通过美国石油协会 API 5L、API 5CT 认证，2007 年通过欧盟 PED 认证，2008 年通过中国（CCS）、英国（LR）、美国（ABS）、法国（BV）、德国（GL）、挪威（DNV）、日本（NK）、韩国（KR）等船级社认证。产品立足国内市场，远销到欧美及东南亚等地，并与国际知名企业建立了长期合作的战略伙伴关系。

（二）焊接钢管

焊接钢管是由带钢（钢板）弯曲变形为圆形、方形等形状后再焊接成的表面有接缝的钢管。根据焊接方法可分为电弧焊管、高频或低频电阻焊管、气焊管、炉焊管等；根据焊缝形式可分为直缝焊管和螺旋焊管。

焊接钢管与无缝钢管相比，焊接钢管生产工艺简单、生产工艺多样、容易变换产品规格、生产成本低、钢管壁厚均匀、内外表面平滑等。焊接钢管主要用在水管、结构钢管、热交换器管、热水管、废水管、食品工业用管、建筑业用管、家具业等。随着生产工艺改进，焊接钢管质量不断提高，焊接钢管开始大量在天然气、煤气管道上使用。

1988年，全省焊管生产能力达到17.8万吨，实际产量完成13.31万吨，20世纪90年代焊管生产有较快发展，1999年，全省焊管产量完成98.7万吨，是1988年产量的7.4倍。2000年以来，河北省焊管生产得到快速发展，2010年焊管产量完成806.63万吨，是1999年产量的8.2倍；2015年焊管产量完成1745.54万吨，是2010年产量的2.2倍。

河北省第一家焊管厂是宁远钢厂，始建于1956年，1980年安装1台直径20~63.5毫米机组，1985年改造成直径20~42毫米机组，并建成直径10~32毫米机组。1984年9月，1/2、3/4英寸水煤气管获省优产品，1985年8月，水煤气管系列产品获部优产品，1986年12月电线套管系列产品获省优产品。1987年5月引进的联邦德国和英国直径114毫米高强度焊管机组，具有国际20世纪80年代先进水平，可生产石油管、地质管、结构管等高强度焊管，取代部分无缝钢管，是当时河北省唯一的一套现代化焊管机组，配备全自动化可在线焊缝热处理、超声探伤等先进装备，设计能力年产普通和高强度焊管5万吨。企业生产的整筒式抽油泵管为国内首创，也填补了河北省焊接专用管的空白。

衡水薄板有限责任公司（原衡水钢管厂），主要产生水煤气管和渗铝涂层吹氧管。1999年生产能力达到7.5万吨，2000年钢管产量7.6万吨。2011年衡水薄板有限责任公司彻底淘汰了焊管机组，专业生产冷轧薄宽钢带。

河北宣化防腐钢管总厂（原贾家营钢管厂）主要产品有：水煤气管和镀锌焊管，1984年均被评为省优产品。镀锌管于1985年首次进入国际市场，当时是河北省唯一出口的焊接钢管的企业。

1978年8月1日，石家庄131钢管厂建成直径89~165毫米机组，设计年产能力5万吨。主要生产直径3、4、6英寸水煤气管，是河北省最早能生产直径4英寸直缝焊管的企业。该厂生产的直径6英寸直缝焊管，填补了华北地区的一项空白。因原料短缺，不能正常生产，到1988年累计仅生产焊管7.6万吨，远没有达到设计能力。

1987年，邢台市钢管厂建成2套直径40毫米机组，设计年产能力1.2万吨。主要生产薄壁管、异型管、变压器管、家具管。其中，变压器管 1987 年通过了省级鉴定。

河北省 20 世纪 80 年代生产焊管的企业还有沧州市钢管厂、沧县轧钢厂、邯郸市钢管厂、霸县钢管厂和张家口市金属制品厂等，但都因当时坯料短缺而不能满负荷生产。由于 20 世纪 80 年代末以前建设的焊管厂，大多装备水平低，属于国家产业政策列入淘汰序列的设备，因此在 90 年代以后，没有能力进行设备更新换代的焊管企业逐步被淘汰，代之而起的是装备水平较高、生产能力较大、质量保证体系较健全的焊管生产企业。

进入 20 世纪 90 年代，河北省焊接钢管快速发展，陆续建成投产了一批不同规模的焊接钢管企业，有的产能达到百万吨以上，主要聚集在沧州、霸州两市。这些企业普遍采用了国内或从国外引进的先进设备、先进技术，焊管材质有普碳钢、合金钢、不锈钢。产品有各种规格尺寸的直缝焊管、螺旋焊管、方矩焊管、异形焊管、镀锌焊管、防腐焊管，可按照国标、美标、英标、德标等外国标准及石油天然气、化工、消防等专业标准生产，适应用于石油、天然气、给排水、化工、造船、环保、水利、电力、钢结构、建筑、家具等领域，不仅行销国内市场，并出口到亚洲、欧洲、美国、非洲等国家和地区。

衡水京华制管有限公司始建于 1993 年 5 月，位于衡水市，拥有高频直缝焊管生产线 12 条，可生产直径 21.3～325 毫米、壁厚 1.0～14.0 毫米的 ERW 钢管 135 万吨；螺旋焊管生产线 4 条，可生产直径 219.1～1820 毫米、壁厚 5～26 毫米螺旋钢管 20 万吨；热镀锌生产线 8 条，可生产直径 21.3～219.1 毫米、壁厚 1.5～6.0 毫米热镀锌钢管 130 万吨；吊镀锌生产线 2 条，可加工各类镀件 15 万吨；衬塑管生产线 2 条，可生产加工石油管线、套管、油管、衬塑管 10 万吨；3PE 防腐生产线 1 条，可生产加工 FBE、3PE 石油防腐钢管 25 万吨。水压、探伤、超声、X 射线等相关配套辅助检测设施齐全，具备 320 万吨钢管年生产加工能力。是河北省钢管生产规模最大的钢管生产企业。2000 年 9 月通过 ISO9001 国际质量管理体系认证。2001 年 10 月通过冶金产品质量认证，2003 年 6 月取得国家首批同类产品的全国工业产品生产许可证，2004

年 6 月通过河北省企业实验室认证，2006 年初通过美国石油协会 API 认证。生产的"华岐"牌系列钢管包括焊接钢管、热镀锌钢管、螺旋缝埋弧焊钢管、石油管线钢管、石油套管、油管、FBE、3PE 石油防腐钢管等十余种管型，产品畅销亚洲、欧洲、美国、非洲等 60 多个国家和地区。产品可按照国标、美标、英标、日标、德标、石油天然气、化工、消防等标准生产，适用于石油、天然气、造船、化工、环保、水利、电业、钢结构、建筑等多个领域。"华岐"系列产品被评为"河北省名牌产品"。

中原管道制造有限公司拥有先进的 ERW 热轧钢管生产线 4 条，螺旋缝双面埋弧焊管生产线 12 条，石油套管生产线 2 条，大型三层结构聚烯烃（PE、PP）涂敷生产线 1 条，配有高标准理化实验室及先进的检测设备；主导产品为"世兴"牌直径 219~3200 毫米、壁厚 5~30 毫米、钢级为 B-X80 的螺旋缝双面埋弧焊管，"中原"牌直径 89~630 毫米、壁厚 4~12.7 毫米的 ERW 热轧钢管（热张力减径钢管）和直径 139.7~339.7 毫米（5-1/2″~13-3/8″）、钢级为第 1 组、第 2 组、第 3 组的石油套管。生产能力为年产钢管 130 万吨，是河北省大型钢管生产厂家之一。产品销往全国各地，并出口到印度、智利、西班牙、加拿大、荷兰、秘鲁、意大利、沙特、委内瑞拉等国家和地区。2000 年后，通过 ISO9001 国际质量体系认证，美国石油学会 API Spec 5L、5CT、5B 产品认证，ISO14001 环境管理体系认证和 GB/T 28001 职业健康安全管理体系认证，欧盟锅炉压力容器安全认证（PED），特种设备制造许可证（压力管道）等体系认证和许可证书，理化实验室取得中国合格评定国家认可委员会认可证书。"世兴"牌钢管是"河北省名牌产品""中国石油石化装备制造行业名牌产品"。"世兴"商标 2010 年 1 月被认定为中国驰名商标。

霸州市久顺制管有限公司始建于 1999 年，拥有高频焊管机组 16 台，500 型 5 连轧钢机组 8 台（套），大型可逆全自动冷轧机组 8 台（套），650 毫米连轧机组 2 套，850 毫米连轧机组 2 套，热镀锌带钢生产线 8 条，罩式光亮退火炉 4 台（套），并引进无毛刺电脑跟踪切割锯和电子测厚仪等多项国内外先进技术，可生产直径 10~165 毫米、厚度 0.28~4.0 毫米、宽度 20~850 毫米的圆管、方管、矩形管、异型管、镀锌管及中宽以下各种规格带钢，年生产能力 60 万吨以上，产品行销全国各地并出口到东南亚、非洲等海外市场。

沧州市螺旋钢管责任有限公司是 2000 年由沧州市螺旋钢管厂（成立于 1994 年）改制而成的股份制企业，拥有 8 条螺旋埋弧焊管生产线，采用美国林肯自动焊接机，主导产品为：直径（219~3000）毫米×（5~30）毫米，材质 Q235、L245、X42~X70 钢级各种高频、双面埋弧焊"五洲"牌螺旋焊管，年生产能力 40 万吨。主要应用于石油、天然气、煤气、水源等长输管线，也可用于化工、热力管网、电力、打井等其他工程。产品符合 SY/T 5037—2000，SY/T 5038—1992，GB/T 9711.1—1997 以及 API 标准。并具备批量生产 X42~X70 钢级承压长输管线专用钢管的能力。

河北沧州钢管管道制造有限公司始建于 1992 年。公司从美国引进林肯自动双丝、双面埋弧焊螺旋管生产线 7 条，年产直径 219~3500 毫米、壁厚 5~25 毫米，材质为 Q235A、Q235B、B20 号、Q345、16Mn、L245、L290、L360、L485 及 X42~X80 的螺旋焊管 30 万吨。公司产品获得了全国工业生产许可证，产品广泛用于天然气、石油、化工、电力、热力、给排水、蒸汽供热、水电站用压力钢管、火力发电、水源等长距离输送管线及打桩、桥梁、钢结构等工程领域。

沧州盐山螺旋钢管集团有限公司始建于 1992 年，拥有先进的双丝双面埋弧焊螺旋管生产线 9 条，年产直径（159~2820）毫米×（4~35）毫米螺旋钢管 28 万吨。公司通过了 ISO9001 质量管理体系认证，产品获得了全国工业产品生产许可证。公司"昌大"牌商标获河北省著名商标。

霸州市建新钢管有限公司始建于 1991 年，拥有现代化高频焊管生产线 15 条，大型四辊轧机 6 套，二辊轧机 40 套，自动化酸洗线 4 条，带钢环保退火炉 4 座，室内及露天仓库 2 万余平方米，可年产各种六角管、矩形管、异型管 24 万吨。

霸州新华钢管有限公司始建于 1992 年，拥有连轧及可逆轧机组 10 台，制管机 12 台，100 吨黑带退火炉 4 座，光亮退火炉 4 座，年生产能力 20 万吨。专业生产各种规格的方矩管、圆管、暖气片管、异型管、光亮管等及黑退带钢、光亮带钢。

盐山县田源钢管厂始建于1992年，具有年产11万吨钢管能力。双面埋弧焊螺旋管生产线2条，产能5万吨/年；热轧钢管生产线2条，产能4万吨/年；穿孔冷拔机组2条，产能2万吨/年。

霸州市三鑫钢管有限公司始建于1996年，拥有高频焊管机30台（套），可逆轧机2套，轻重型冷轧机20台（套），无毛刺切管机100台，弯管机4台，二氧保护焊30台，冲床机200台，上钉机10台，静电粉末喷涂线一套。可生产直径10~63毫米、厚度0.4~2.0毫米的圆管、方管、矩形管、异型管，年生产能力10万吨，休闲家具30万件。

霸州市京华金属制品有限公司始建于1993年，是专业生产冷轧钢板（带）、镀锌带钢、镀锌焊管的现代化民营企业。公司拥有高频直缝焊管机组2台，可生产不同规格的高频焊镀锌管，产品广泛应用于建筑穿线、温室大棚、结构管、支撑管、家具、室内外运动休闲器材、护栏装饰等。

霸州市广利高频焊管厂和霸州市益源制管有限公司分别始建于1995年和1998年，分别拥有小型高频焊管生产线3条，中型生产线1条，主要生产小直径薄壁焊管，产品用于钢制家具、童车、自行车、打气筒管、装饰用管、灯饰用管、液化气炉具管、吹氧管、体育休闲器材用管等。

唐山京华制管有限公司（简称京华制管）和唐山华岐制管有限公司（简称华岐制管）分别为京华创新集团下属控股公司和全资子公司，均创建于2001年，均拥有直缝焊管机组30条，螺旋焊管机组7条，以及17条纵剪生产线等配套设施，可生产4分~8寸各种壁厚直缝焊管100万吨，直径219~1220毫米各种壁厚螺旋焊管20万吨。此外，京华制管还有年产20万吨带钢、20万吨热镀锌焊管的生产装备；华岐制管还有年产15万吨冷轧带钢及壁厚2毫米以下多品种多规格厚壁管的生产装备。京华制管和华岐制管全部采用自动化的生产设备，生产工艺全部采用微机控制，检测手段先进，检测设备齐全，按照国标和国际标准组织生产。"京华"牌和"华岐"牌焊管是河北省名牌产品畅销全国各地，出口到美国、澳大利亚、新加坡、英国、坦桑尼亚等国家和地区。

巨龙钢管有限公司是由中国石油集团渤海石油装备制造有限公司（简称

渤海石油装备公司）和日本伊藤忠丸红钢铁株式会社共同出资组建的中外合资企业，托管渤海石油装备公司管件分公司、防腐分公司和南京巨龙钢管有限公司。公司成立于 2000 年 4 月，总部位于河北青县，现有河北青县、江苏南京两大生产基地。拥有引进当代最先进的三条 JCOE 大口径直缝埋弧焊钢管生产线、四条热煨弯管生产线、两条大型管件生产线、两条钢管内外防腐生产线。生产线于 2002 年 4 月投产，能为用户提供大口径直缝埋弧焊管、弯管、管件及防腐全系列的产品与服务。大口径直缝埋弧焊钢管年综合产能 60 万吨、热煨弯管年综合产能 8000 根、大型管件年综合产能 2000 件、钢管内外防腐年综合产能 720 万平方米。是中国综合实力最强的专业从事石油天然气输送用高标准、大口径直缝埋弧焊钢管、热煨弯管及管件研发制造和防腐于一体的大型钢管制造企业。公司先后通过了 API 5L、API 2B 认证、ISO9001 质量体系认证、HSE/OHS/EMS 三合一体系认证、压力管道特种设备制造许可证及国外大型石油公司的市场准入资质认证。公司产品用于西气东输，中缅管线，南海海底管线，中石化川气东送管线等多项国内外重大油气输送管道工程，产品被评为全国用户满意产品和中国名牌产品。

河北沧州盐山螺旋钢管厂始建于 2003 年，2006 年与德国合资兴建新厂区，投资 3.1 亿元，引进联邦德国 JCOE 设备一套，在此基础上又自主研发了 3 套 9 条双面埋弧焊生产线并获 5 项国家专利。每年可生产直径 325~1220 毫米、壁厚 7~50 毫米双面埋弧直缝焊钢管 60 万吨。企业自主创新研制成功一条大口径热缩径热轧无缝化生产线，产品可用于电厂、水处理、中央空调、石油和中低压可燃性流体的输送管道、石油套管以及建设结构用管。

万基钢管（秦皇岛）有限公司（以下简称万基钢管）是由台湾万机集团投资的独资企业，专业生产大口径直缝双面埋弧焊（LSAW）钢管，设计产能 45 万吨/年，2003 年 7 月投产 30 万吨，2004 年达到 45 万吨。生产工艺采用了德国当代最先进设备（JCOE）及公司全新自行开发的系列化生产机械与流程。钢板超声波检验、定尺裁边、加压成型、扩径作业、X 射线检验、成品材质检验等一系列作业流程已经成熟，设备各项性能指标均处于国际先进水平。产品为管径 508~1524 毫米、壁厚 8~60 毫米、长度 2.5~12.2 米；材料为 API 5L、X42～X70 以及其他用户补充技术条件的材质。公司通过了 API5L、ISO9001：2000、GB/T 9711.1、GB/T 9711.2 认证。产品适用于石油、天然气管线、码头管桩、海上平台及高层建筑结构用钢管，以及矿浆、自来水输送、电厂取排水及高压蒸汽管线等。

河北天元钢管制造有限公司（简称天元钢管）和河北天惠钢管制造有限公司（简称天惠钢管）均始建于 2005 年，产能均为 30 万吨/年。天元钢管拥有螺旋管生产线 4 条，直缝管生产线 2 条，产品规格为螺旋焊管直径 219～3220 毫米、壁厚为 5～30 毫米；直缝钢管直径 219～1520 毫米、壁厚为 4.5～60 毫米。天惠钢管拥有 JCOE 直缝焊机生产线 3 条及美国林肯自动埋弧焊机生产线 3 条，产品规格为：螺旋焊管直径 219～3620 毫米、壁厚为 6～30 毫米；直缝钢管直径 406～1422 毫米，壁厚为 6～50 毫米。天元钢管和天惠钢管分别于 2006 年和 2008 年以来先后通过了 ISO9001 国际质量体系认证，美国石油学会 API Spec 5L、5CT、5B 产品认证，ISO14001 环境管理体系认证和 GB/T 28001 职业健康安全体系认证，欧盟锅炉压力容器安全认证（PED），特种设备制造许可证（压力管道）。其产品广泛应用于石油、化工、天然气、煤气、集中供热、供水、污水处理等中、低压流体输送。

河北美德钢管制造有限公司是中加合资企业创建于 2005 年，先后引进美国林肯大口径直缝钢管自动焊设备以及德国 JCOE 钢管成型工艺，专业生产大口径直缝钢管生产线 5 条。2011 年又投资 5000 余万元引进国际先进的高频焊管生产线 1 条，公司配备了在线超声波自动探伤仪、X 射线工业电视及实时成像系统、2000 吨静水压试验机、万能材料试验机、夏比冲击试验机、碳硫分析仪等关键的检测设备。产品广泛用于石油、天然气、钢结构、热力发电、轮船制造、基础打桩等重大工程。公司于 2012 年 2 月、6 月分别取得了《中华人民共和国特种设备制造许可证》（压力管道元件）和美国石油协会 API Spec 5L 认证。

河北奥蓝德钢管制造有限公司成立于 2009 年 6 月，拥有两条 JCOE 直缝埋弧焊钢管生产线及三条钢管 3PE（三层聚乙烯涂层）防腐生产线，可按国家标准和国际标准生产各种规格钢管，年综合产能 25 万吨，产品广泛应用于压力管道、石油和天然气长输管线、城市管网、煤浆输送、建筑和钢结构用管（钢管混凝土、管桩、管桁架结构）等领域。公司建有省级企业技术研发中心，下设力学实验室、化学实验室、金相实验室和焊接实验室等，拥有一支由中国制管行业专家组成的技术团队，并与国内制管技术工艺科研院所建立了密切合作关系。公司结构管产品在全国诸多省市重点钢结构工程中得到广泛应用。2010年，油气管产品成功应用于加拿大、印度、比利时、中东及北非等国外重点油气管线工程。

盐山县华昊钢管有限公司、霸州市庆远制管有限公司、盐山宇通钢管有限公司分别创建于2004年、2005年、2007年，生产钢管规模在10万~15万吨，采用引进美国林肯自动埋弧焊机设备或国内先进制管设备，按国标生产普通焊接钢管，主要用于中低压流体输送管道和结构工程。

霸州市隆源钢管厂、霸州市金泰钢管制品有限公司、霸州市德亿达钢管有限公司分别创建于2003年、2006年，生产钢管能力在6万吨及以下，这类企业基本采用国内先进的高频焊管设备，生产小口径薄壁管，包括：方管、圆管、矩形管、异型管等，可广泛用于五金冲压、家具、灯饰、装修等行业。

经过改革开放30余年的发展，河北省焊管生产厂家逐步淘汰了落后的焊管生产设备，不断用先进的生产设备、检测手段、质量保证体系提升企业生产水平，形成了大、中、小规模均有，焊管产品规格齐全、服务质量良好、可以满足社会各行业需求的生产体系。2010年，河北省焊管生产能力超过1000万吨，实际产量807万吨，占全国焊接钢管总量的24.92%；2015年河北省焊管生产能力超过2000万吨，实际产量1745.54万吨，占全国焊接钢管总量的25.05%。

五、轧钢技术进步

（一）加热炉新技术、新工艺

进入20世纪80年代以来，围绕提高轧钢加热炉的自动控制水平、加热水平和降低能源消耗、减少烟尘排放量，采取了一系列新技术新工艺。

1981~1985 年，河北省冶金研究所研制成功工业窑炉燃煤机，在工业炉中应用，节煤 30%，烟尘低于国家排放标准，在国内同类型企业中居领先地位，获 1985 年河北省科技进步奖二等奖。1984 年，河北省冶金能源环保研究所与廊坊地区钢厂合作研制成功 WY 往复炉排燃煤加热炉，每年可节约 308 吨标准煤，烟尘排放量达到国家标准，1985 年获河北省科技进步奖三等奖。

在加热炉节能方面，普遍采用了降低管底比、炉底水管汽化冷却和耐火可塑料绝热包扎、耐热钢半热滑道、无水冷滑轨、无闲区扼流炉型、炉体绝热密封、全捣打炉体、全热风燃油自动比例调节烧嘴、金属片状换热器和高效喷流换热器等技术措施。1984 年，石钢在中型加热炉上使用高铝浇注料浇注炉顶取得成功。唐钢开坯厂在加热炉采用仪表系统自动化测量与调节炉温、炉压等基础上，于 1985 年进一步使用微机控制，使加热炉燃油消耗达到国内直径 650 毫米开坯机用加热炉的最低水平。1985 年 12 月，张家口冶金制氧机备件厂与北京科技大学、邯钢共同研制成高效喷流换热器作为烟气余热回收装置，助燃空气预热温度在 300~500℃，节约燃料 15%~30%，1987 年获河北省科技进步奖二等奖，此项技术在省内外轧钢加热炉上广泛采用。1984 年 5 月，唐钢在加热炉上应用普通硅铝耐火砖，获 1985 年河北省科技进步奖三等奖。

1985 年，唐钢高速线材厂率先在加热炉使用了扬州冶金机械厂制造的步进梁式钢坯加热炉，有效加热面积 214 平方米，加热钢坯能力 80 吨/小时。1996 年 2 月，邯钢中板厂改造步进式蓄热加热炉建成投产。1998 年 12 月，承钢连轧厂加热炉油气混烧改为全烧煤气，同时成功地组织实施了连铸坯热送热装，改变了燃料结构，降低了能源消耗。2005 年大修改造，对加热炉进行了双蓄热改造后，加热能力由 100 吨/小时提高到 120 吨/小时，克服了管道积水和腐蚀难题，炉体密封性能明显增强，消除了炉墙冒火安全隐患，炉内温度场更加均匀，钢坯加热质量进一步改善，缩短了钢坯在炉内加热时间，降低氧化烧损约 1%。

2000 年以后，河北省重点钢铁企业新上的热轧生产线，基本采用步进式蓄热加热炉（基本采用气体燃料），连铸坯热送热装工艺，原有热轧生产线也大多利用大中修机会，对加热炉进行了蓄热式改造。

2001 年 9 月 6 日，石钢一轧加热炉改造竣工，并在技术上创造了三个国内第一，即第一座采用空气、煤气双预热蓄热式烧嘴的加热炉，第一座空气、煤气用蓄热式预热和换热气预热的组合式加热炉，第一座用纯高炉煤气加热合金钢的加热炉。

2002 年，宣钢第二轧钢厂二小型加热炉应用蓄热式燃烧技术，实现加热炉使用高炉煤气。2003 年，"蓄热式燃烧技术在宣钢加热炉上的研究与应用"获河北省科技进步奖三等奖。

2003 年 8 月，唐钢中型轧钢厂"加热炉蓄热式改造"项目，获 2003 年度河北省科技进步奖三等奖。

2008 年 8 月 16 日，邯钢西区热轧厂（设计能力 500 万吨/年）投产，该厂配备的四座步进梁式加热炉由法国斯坦因（上海）有限公司总负责，采用当时世界先进的数字燃烧技术，具有精确温度控制能力，冷坯最大加热能力为 375 吨/小时，为当时国内加热能力最大的加热炉。在加热炉的建设及设备调试过程中，进行了多项改进。主要创新包括：（1）烟道喷涂施工创造性应用了"分块交叉喷涂法"。（2）自主开发了烧嘴燃烧器燃耗参数标定的软件。（3）开发了一套新的装钢功能，用于通信故障状态下的装钢作业。（4）修改了加热炉燃控模型，在画面上新增了板坯头尾温差补偿操作功能。

（二）轧钢新技术、新工艺

（1）1971 年，邯钢研制成功直径 50 毫米、直径 60 毫米钢球双头轧制技术，系国内首创。1981 年，邯钢研制成功直径 40 毫米钢球的三头轧制技术，使小钢球的效率提高 2~3 倍，1985 年获国家专利和 1988 年河北省科技进步奖二等奖。1982 年，邯钢建成钢球在线余热处理设备，所生产的优质淬火钢球质量和磨矿效果已达到和接近国外同类产品的先进水平。

（2）1979 年 8 月，石钢自行设计安装粉煤加热炉炉底出渣车，实现了加热炉不停炉清渣，为连续加热和连续轧钢生产创造了条件。

（3）1980 年，河北省冶金研究所与太原重型机械厂等单位合作完成了我国第一台 PPM 压力穿孔机组的中间试验任务，1986 年 1 月通过冶金部、机械部和河北省科委联合组织的技术鉴定。

（4）1982 年丰润县轧钢厂采用了预应力高刚度轧机。1983 年，河北省冶金厅与邯郸冶金机械厂共同设计制造了 HB-280 短应力线轧机，获 1984 年省科技进步奖二等奖。

（5）1984 年 9 月 19 日，邯钢钢研所、中板分厂共同研制成功的中国第一套轧机轧后幕状冷却装置通过鉴定，1985 年获河北省科技进步奖四等奖。

（6）1994 年，宣钢在国内首次成功地在小型材连轧生产线 10 机架中精轧机组上实现了高性能全交流双馈变频调速改造。1996 年，获河北省科技进步奖二等奖。

（7）1994 年 12 月 28 日，唐钢一轧钢厂和燕山大学共同研制的"250 三铰拉杆方柱型高刚度轧机"通过机械工业部科技成果鉴定。1995 年 3 月，唐钢一轧钢厂技术科研制发明的"三铰拉杆方柱型高刚度轧机专利"获中国专利 10 年成就展金牌奖，并在全国专利奖的评选中获优秀奖。

（8）1995 年，唐钢高速线材厂自行完成的高速线材生产线消化、吸收、改进工程项目，先后获得河北省科技进步奖一等奖、河北省科技兴冀省长特别奖。

（9）2002 年 1 月，石钢"小规格热轧带肋钢筋无缺陷三线切分技术"通过省级科技成果鉴定。2003 年 4 月，石钢 60 万吨棒材连轧生产技术的引进、吸收及创新、连轧低温轧制工艺优化，通过河北省科技厅组织的科技成果鉴定。2003 年 10 月，中国钢铁协会、中国金属学会冶金科学技术奖奖励委员会授予石钢"60 万吨棒材连轧生产技术的引进、吸收及创新"项目 2003 年冶金科学技术奖二等奖。

（10）2004 年 6 月，唐山国丰 1450 毫米中薄板坯连铸连轧生产线动工，2005 年 12 月竣工试产，2006 年 1 月 24 日正式投产。是国内第一条拥有自主知识产权的热轧卷板生产线。

（11）2005 年 1 月 17 日，唐钢"超薄热带生产技术的优化与创新"通过省级技术鉴定，评审委员会认为，该项目总体技术集成达到国际水平。

（12）2005 年 4 月 26 日，邯钢薄板坯连铸连轧引进技术消化、吸收及创新项目荣获"河北省科学技术突出贡献奖"。

第五节 焦化装备与工艺

焦化生产工序是钢铁生产的主要辅助生产系统，也是钢铁工业能源转换的重要组成部分，又为化学工业提供了重要的基础原料。河北省是全国焦炭生产第二大省，也是焦炭消费大省，焦炭主要用于高炉冶炼。

一、焦化企业装备

河北省钢铁企业的焦化生产系统和独立焦化企业，经过几十年的发展，无论在生产规模、装备水平、环境保护和节约能源方面，还是在焦炉煤气净化和化产回收技术方面都取得了显著进步。以下重点企业的发展历程就是全省焦炉装备水平不断提升的例证。

（1）石家庄焦化厂的前身是石家庄桥西焦化厂，始建于 1914 年，是全国第一家机焦企业，同时也是国内首家提炼副产品的炼焦厂。石家庄桥西焦化厂于 1980 年 5 月 8 日停产，原有 3 座焦炉及所有公用附属设施和化产回收系统装置全部拆除，人员并入石家庄焦化厂。

石家庄焦化厂始建于 1958 年 3 月，1979 年底拥有 4 组 8 座亨塞尔曼焦炉及相应的化产回收煤气净化装置，以及焦油、轻苯加工装置，年产焦炭能力 68.6 万吨。为提高焦炉生产能力，进一步满足冶金和城市煤气化需要，原有 2×25 孔和 2×20 孔亨塞尔曼焦炉先后于 1981 年和 1987 年停产报废和拆除。1987 年 10 月 22 日开始建设 30 孔焦炉和与之配套的引进德国的全负压煤气净化回收系统。该焦炉以及 1988 年 8 月建成的 43 孔 JN60-82 型焦炉投产后，6 米大容积焦炉年产能达到 75 万吨，加上原有两座 2.8 米两分下喷复热式 35 孔焦炉年产能 25 万吨，焦炭总产能达到 100 万吨，它标志着河北省炼焦及化产回收技术装备进入国内先进行列。长期以来，石焦的焦炉技术和管理是全国焦化行业的一面旗帜，主导产品"石焦"牌优质冶金焦是河北省第一个焦炭名牌产品。在引进、消化、吸收和再创新煤化工产品回收和精制新技术方面有很多独到之处，多项煤化工产品深加工技术在全国焦化行业为首创，形成了煤气净化、苯精制、双氧水、煤气发电、焦油加工、氢气、糠醇、精萘等煤化工产业链的行业优势。生产的优质高纯苯、甲苯、二甲苯、非芳烃、溶剂油、氢气等为重要的有机化工原料，改质沥青、电极沥青为省优质产品。该厂自1959年到2008年，先后生产过冶金焦和化产品等36个规格品种。石家庄焦化厂于2008年12月24日全面停产。

（2）宣钢焦化厂从1959年4月开始建设，1960年两座焦炉相继投产。1984年11月，经原冶金部批准，宣钢焦化厂将2座58-Ⅰ型焦炉移地大修，建设JN60-82型6米大容积焦炉和与之配套的引进德国的全负压煤气净化产回收技术，焦炭生产能力由56万吨增加到90万吨。第一座6米焦炉于1986年3月29日焦炉破土动工，至1988年建成。

（3）邯钢焦化厂始建于1959年，1980年底拥有3座58-Ⅱ型42孔焦炉，备煤系统配备可逆锤式破碎机4台，DQ-3025型堆取料机1台，堆料能力600吨/时，取料能力300吨/时。还配有螺旋卸车机4台，皮带运输机12台，运煤能力500吨/时，以及相配套的配煤槽和配煤盘。回收系统设有冷凝鼓风、电捕焦油、硫铵、苯回收等系统。是一个具有配煤、炼焦、化产回收、焦油及轻苯加工的完整的焦化企业。

省内其他焦化厂仅仅将焦炉煤气作为燃料使用，而邯钢焦化厂将其部分净化后的焦炉煤气直接输送到邯钢化肥厂作为合成氨的原料。此外，邯钢焦化厂采用高炉煤气加热1座焦炉，此举在当时属河北省首创。

邯钢焦化厂1998年2月25日2座45孔JN60型6米大型焦炉（1号、2号焦炉易地大修）开工建设，分别于1999年7月、2000年7月建成投产，设计能力年产焦炭90万吨。根据2005年《邯钢结构优化产业升级总体规划》，2007年3月~2008年9月邯钢220万吨/年焦化工程建成投产，主要项目包括4座7米42孔大容积焦炉，2套145吨/时干熄焦装置及备煤系统、化产回收系统等公辅设施，化产品主要包括焦油、粗苯、硫磺、硫铵等，焦炉煤气部分外供其他用户。

（4）邢钢焦化厂从 1970 年 6 月开始兴建两分下喷复热式 32 孔中型焦炉 3 座，先后于 1972 年 10 月、1973 年 10 月、1976 年 5 月建成投产，形成年产 30 万吨焦炭的能力。自 2000 年，邢钢相继建成投产 JN43-804 型 65 孔焦炉两座及配套的化产回收装置。

（5）唐山市焦化厂于 1968 年动工兴建双联下喷复热小 58 型 30 孔焦炉两座和配煤、冷凝鼓风、氨水、粗苯等回收系统，总设计能力年产焦炭 20 万吨。1970 年 4 月投产，2005 年停产。

（6）新兴铸管焦化厂于 1973～1975 年建成投产两座侧喷两分单热 66 型 25 孔小型焦炉及相应的配煤、冷凝鼓风、化产回收等设施，并设有粗苯和焦油加工装置。设计能力年产焦炭 10 万吨。1990 年，炼焦 3 号、4 号焦炉投产。焦炉为 2×25 孔两分复热式 66-Ⅳ型焦炉，两座焦炉年产焦炭 10 万吨。煤场利用原有系统，增加一套配料及粉碎设施，新建一套煤气净化系统、循环水及废水处理系统。2000 年，三炼焦 5 号及 6 号焦炉同时投产，焦炉为 2×30 孔两分复热式 W-962F 型焦炉，两座焦炉年产焦炭 16 万吨。煤场利用原有系统，增加一套配料及粉碎设施，拆除原一化产系统建设焦炉系统，在原二化产系统进行煤气系统的三合一改造，六座焦炉公用一套化产系统。2003 年 10 月，四炼焦 7 号焦炉投产，2008 年 4 月 8 号焦炉投产。焦炉为双联火道废气循环复热式 TJL4345A 型焦炉，炭化室高度 4.3 米，7 号焦炉 65 孔，8 号焦炉 55 孔，两座焦炉年产焦炭 80 万吨。

（7）唐钢炼焦制气厂是国家重建唐山市的配套工程之一。1982 年破土动工，1986 年 1 月，由唐钢负责建设与经营。主要技术装备有 5.5 米大容积 36 孔双集气管焦炉两座，配有焦炉四大车、煤塔、熄焦塔、凉焦台、筛焦楼、焦仓及相应的皮带运输通廊。煤气净化化产回收系统设置有冷凝鼓风、蒸氨、硫铵、洗苯、脱苯、脱硫等装置。煤场设置有红外线解冻库、螺旋卸煤机、堆取料机、配煤槽、配煤盘、粉碎机及皮带机运输通廊。供汽、供水、供电等公用工程设施自成系统。这套现代化炼焦制气系统于 1987 年 2 月建成投产，设计能力年产焦炭 72 万吨，并供应城市用煤气和生产炼焦化学回收产品。

1994年12月，唐钢与澳大利亚合作的年处理能力10万吨焦油加工装置建成投产，使焦油加工能力增加到15万吨，是国内焦油处理量较大的生产车间之一，生产的液体硬质沥青全部打入国际市场，增强了企业的竞争力。

唐钢炼焦制气厂1995年6月和2001年7月建成投产5.5米大容积36孔双集气管焦炉两座及全部配套公辅设施。2003年3月~2004年6月，唐钢投资5.5亿元建成投产5.5米65孔焦炉两座，设计能力年产焦炭130万吨。至此，唐钢共拥有5.5米大容积焦炉6座，274孔，设计年产焦炭能力274万吨，是当时河北省钢铁联合企业中焦化工序综合装备水平最高的企业。2014年3月中旬停产。

（8）旭阳焦化集团有限公司成立于1995年，经过十几年的艰苦创业，已经发展成为拥有邢台旭阳焦化有限公司、河北旭阳焦化有限公司、河北中煤旭阳焦化有限公司三家主体的大型焦化企业，焦炭年产能力800万吨，是中国最大的商品焦炭生产商和供应商之一。以焦炭为起点形成了碳材料、醇醚和芳烃三条独特的化工产业链，可生产五大类化工产品。

（9）唐山中润煤化工有限公司是开滦集团依托资源优势，由开滦能源化工股份有限公司控股，唐山钢铁股份有限公司、唐山港兴实业总公司参股的有限责任公司。公司成立于2007年1月，位于唐山海港经济开发区，占地面积2400多亩，总投资35亿元，建设项目主要包括220万吨/年焦化项目、20万吨/年焦炉煤气制甲醇项目、10万吨/年粗苯加氢精制项目。220万吨/年焦化项目，总投资19亿元，建设内容包括4座55孔JN60型焦炉，配套建设备煤系统、熄焦系统、煤气净化系统和其他辅助生产设施及2座处理能力为140吨/时干熄焦系统。项目已于2009年6月底前全部投产。20万吨/年焦炉煤气制甲醇项目，总投资8亿元，与焦炉建设配套同步，主要产品包括：甲醇20万吨/年、杂醇油1600吨/年、硫磺182吨/年；驰放气12964万立方米/年。2009年3月已全部投产。10万吨/年粗苯加氢精制项目以粗苯为原料，采用粗苯加氢及芳烃类萃取蒸馏工艺，主要生产高纯苯、甲苯、二甲苯、重苯等多种化工产品，项目综合收率高，能耗低，经济效益好，属绿色环保清洁型生产项目。项目总投资3.2亿元，于2007年9月开工，2009年3月投产。

二、焦化技术进步

新中国成立以来，河北省的焦化生产经历了由繁重的体力劳动到机械化和自动化，产品品种由少到多，由单种煤炼焦到配煤炼焦，焦炉煤气由多余部分放散到回收作为城市民用燃气和合成氨、制备甲醇、提取天然气和氢气等的原料气的发展历程。这个历程的主要支撑就是不断采用新技术、新工艺。

21世纪以来，中冶焦耐相继开发出以7米、7.65米顶装焦炉和6.25米、6.78米捣固焦炉为代表的清洁高效炼焦技术与装备。这批技术先进、装备水平一流、环保水平和自动化水平优异的大容积焦炉对国家在节约资源与减少污染排放前提下的经济发展意义重大，有力助推了钢铁工业供给侧结构性改革。在2019年1月8日召开的国家科学技术奖励大会上，由中冶焦耐牵头完成的"清洁高效炼焦技术与装备的开发及应用"获得2018年度国家科技进步奖一等奖。该项目以解决炼焦行业清洁高效生产的关键问题为导向，依托"863"计划重点项目，在清洁炼焦关键技术与装备方面进行研究并取得重大突破。项目成果对实现高端技术自主化，对解决我国焦化行业环保与能源困境，对我国钢铁行业的技术升级、炼焦煤资源安全具有重大战略意义。项目成果为解决我国焦化行业新旧产能置换和"一带一路"建设提供了强有力的技术保障。创造了中冶集团、中国焦化行业历史性突破。

（一）炼焦

1. 焦炉大型化改造

1987年2月，唐钢炼焦制气厂建成投产的2座炭化室高5.5米的大容积焦炉，每孔炭化室比58型焦炉多装煤10吨。宣钢焦化厂和石家庄焦化厂1988年建成投产的JN60-82型大容积焦炉，比炭化室高5.5米的焦炉更趋大型化，是国内当时最先进的焦炉，具有20世纪80年代国际水平。它吸收了国内外成熟可靠的先进技术，炉体结构严密，炉体散热量减少，煤焦耗热量降低。同时，熄焦塔设有除尘捕雾装置，桥管设有高压氨水喷洒，完善了环保措施。焦炉地下室加热系统设置煤气热值仪，保证了向炉内供热的稳定和降低能耗。烟道设置氧含量自动分析仪，以监督燃烧情况。邯钢 2008 年建成投产的四座 7 米 42 孔大容积焦炉，比 JN60-82 型更先进，配置了干熄焦系统，环保措施更加完善。唐钢美锦一期 7 米大容积焦炉于 2009 年建成并投产。河钢宣钢搬迁项目（河北乐亭）7 米大容积焦炉正在开工建设中，预计年内建成。

当前，河北省在压减和淘汰炼焦产能的同时，为实现焦化产业结构调整和高质量发展，正通过减量置换建设大型、高效、清洁生产焦。邯郸钢铁集团有限责任公司老区焦化搬迁项目已经启动，本项目减量置换建设 70 孔 7.65 米顶装焦炉 2 座，年产干全焦 210 万吨，煤气深加工生产氢气和液化天然气，煤气深加工规模 55000 立方米/时。项目建设配置高温高压锅炉的 150 吨/时干熄焦设施 3 套及相关配套的备煤、煤气净化、煤气深加工、低品质硫磺和脱硫废液制酸、优化的装煤除尘和出焦除尘设施、脱硫脱硝、风水电气（汽）等生产辅助和公用设施。目前，在建的 7.65 米焦炉还有首钢京唐二期第一步、河北纵横集团丰南钢铁有限公司焦化项目、唐钢美锦集团等。河北旭阳（定州）已建成并投产两座 JND6.25-07 型 60 孔 6.25 米大型捣固焦炉。

2. 焦炉机械化改造

1988 年，宣钢和石焦新建的 JN60-82 型大容积焦炉的四大车，集国内外成熟的先进技术于一体，采用单元程序控制，机、焦侧车辆之间设置 γ 射线连锁装置。推焦车、拦焦车分别设置有一次对位推焦平煤机构，机械清扫炉门、炉框装置，余煤回收、头尾焦回收和炉台清扫装置。装煤车设有机械清扫炉盖、密封炉盖、机械关闭上升管盖、切换高低压氨水阀、清扫上升管、清扫炉顶等装置。熄焦车采用倾翻式，改善了运行的稳定性和熄焦的均匀性。焦炉四大车功能的增加，进一步改善了有关操作人员的劳动环境和减轻了工人的体力劳动。

3. 焦炉维护和技术管理

河北省焦化企业，通过生产实践和总结经验，焦炉操作和维护水平不断提高。如大幅度延长结焦时间的闷炉保温操作、焦炉的自然冷却和停产检修、焦炉本体和护炉铁件的日常维修、大量更换护炉铁件和焦炉的局部修理等。1985年以来，还开发了焦炉炉墙的火焰熔融焊补技术。由于操作管理和维护水平的提高，焦炉炉体寿命延长，宣钢两座58型焦炉至2010年已经服役50年，仍在继续正常生产。

4. 焦炭品种开发

1982年，保定地区焦化厂与冶金工业部鞍山热能所合作，研制成功铸造焦，对提高铸件质量和降低能耗有明显效果，1983年获冶金部科技进步奖一等奖。

（二）焦炉煤气净化和化产回收

1990年，石家庄焦化厂引进联邦德国具有20世纪90年代先进水平的全负压煤气净化工艺技术和关键设备投产（全国第一家），每小时处理煤气5万立方米，日外供商品焦炉煤气63万立方米，年可回收硫磺2000吨。标志着河北省的煤气净化和化产回收的工艺处于国内先进地位，技术装备具有国际水平。近年来，煤气净化和化产回收技术又有新的进步和发展。

河北省焦化企业回收和精制加工的炼焦化学产品主要有焦炉煤气、氨水、纯苯、甲苯、二甲苯、硫铵、氯化铵、硫磺、硫代硫酸钠、硫氰化钠、黄血盐、双氧水、环己酮、糠醇、精萘、炭黑、改质沥青、天然气、氢气、甲醇、二甲醚等近60种。

煤气初冷是焦炉煤气净化和化产回收的基础。多采用立管冷却器，一段或两段水冷却的初冷流程，兼而有横管冷却器，用两段水冷却，在初冷器中喷洒焦油冷凝液，以最大限度净化煤气中的焦油和萘的煤气初冷流程。两种初冷流程比较，后者具有操作稳定、回收率高、能耗低等优点。目前，横贯冷却器分三段冷却。

净化煤气的核心是脱除其中的氨、硫化氢、氰化氢。脱除煤气中的氨，大厂采用直接饱和器生产硫铵，生产稳定可靠，产品较适销对路；中小企业采用水洗氨生产浓氨水的工艺。目前多采用以氨为碱源的 HPF 法脱硫脱氰工艺，脱硫塔后煤气送入喷淋饱和器脱氨生产硫铵。

从 1970 年以后，脱苯系统由采用蒸汽预热富油的脱苯流程，改用石油系统管式加热炉加热富油技术，吨粗苯蒸气耗用量下降 70%。目前，脱苯采用负压脱苯工艺，该工艺粗苯回收率高、不消耗蒸汽、含酚废水少、蒸馏和冷却设备尺寸小、节约能耗、运营费用低。

（三）焦化产品的加工

焦化产品的加工是指煤焦油及其馏分、粗（轻）苯的加工，以及焦炉煤气合成氨的加工。

1982 年，宣钢焦化厂、石家庄焦化厂与鞍山焦化耐火材料设计研究院合作，研究成功 1.5 万吨的改质沥青装置相继投入生产，产品填补了国内空白，1984 年获冶金部科技进步奖二等奖。之后，石家庄焦化厂与鞍山焦化耐火材料设计研究院继续合作，利用在生产改质沥青过程中的副产品闪蒸油，在实验室研制成功煤系针状焦，并通过部级鉴定。

1994 年 12 月，唐钢与澳大利亚合作的年处理能力 10 万吨焦油加工装置建成投产，使焦油加工能力增加到 15 万吨。唐山中润煤化工有限公司 2009 年建成投产了 20 万吨/年焦炉煤气制甲醇项目和 10 万吨/年粗苯加氢精制项目，均大大提升了焦化产品加工的装备水平，为增加产品品种，提高产品质量奠定了坚实基础。

1997 年 7 月，石家庄焦化厂引进德国 Uhd 低温催化加氢 N-甲酰吗啉溶剂萃取法（KK 法）工艺技术，建成投产了 5 万吨/年苯加氢精制设施，是国内第一家粗苯精制项目。石焦生产的焦化高纯苯质量高于石油苯质量。石焦还拥有使用高纯苯制取试剂级苯的专利技术，填补了以焦化苯生产试剂苯的空白，产品达到国内同类产品领先水平。2001 年 7 月，石焦生产的特级高纯苯、高纯甲苯通过省级新产品鉴定。

2007 年，石家庄焦化厂环己酮装置投产（世界第一家）。石焦采用日本旭化成化学工程公司独家拥有技术建成世界上首套环己烯水和法生产环己酮装置，年产环己酮 10 万吨，为同行业提供了可借鉴的经验。石家庄焦化厂在化产回收方面一直走在全省甚至全国焦化行业的前列，回收的化学产品达到36 种。

截至 2015 年底，河北省曾从煤焦油及其馏分、粗（轻）苯、焦炉煤气合成等提取过工业产品 42 种，从煤焦油中分离试制出实验室产品 33 种，其中转入工业生产的有 10 余种。

（四）配煤工艺改造

配煤工艺改造主要是不断提升机械化水平，减少人工操作。1987 年，邯钢焦化厂备煤系统实现微机工业电视监控生产操作管理，对稳定配煤生产操作发挥了积极作用。近年来，自动配煤技术正在逐渐普及。

（五）干熄焦

干熄焦与传统的湿法熄焦相比，具有环境保护和节约能源两大优势。自2006 年 6 月 26 日河北省第一个干熄焦工程在唐钢炼焦制气厂 5 号、6 号焦炉建成投产，干熄焦技术得到普遍推广。到 2015 年，大部分焦化生产实现了干熄焦。2018 年底，河北省焦化生产基本实现干熄焦。

（六）焦化污染治理

焦化生产过程中的废水是主要污染源之一。河北省各焦化企业自 1970 年以来普遍建设了污水处理装置，使焦化污水得到有效的治理。同时，对烟尘、噪声也进行了治理。对于烟尘发生量大的焦炉系统，采取了高压氨水喷洒无烟装煤、熄焦塔安装雨淋板捕尘、上升管改水封等技术措施。通过加强焦炉的维护管理，减轻炉体冒烟量。在噪音大的风机上安装了消音器。2008 年 6 月，邯钢焦化脱硫废液处理难题成功破解。在从脱硫废液中提取液态 NaSCN

产品后，已成功将液态硫氰酸盐转化为固体硫氰酸钠产品，产品合格率达到国际要求。这一成果，提供了一个脱硫废液处理的有效方案，解决了国内外HPF工艺难题，填补了一项国内技术空白，当时处于国际领先水平。目前又新开发出脱硫废液制酸技术，脱硫废液经预处理后送焚烧炉完全燃烧生成二氧化硫，在转化塔内经催化氧化成三氧化硫，然后吸收生成硫酸。

近年来，随着环境保护力度逐年加强，河北省已经开始严格执行新的全国最严的超低排放标准，已建成焦化企业均完成了超低排放改造，新建焦化企业按照超低排放标准进行设计、建设和监管；采用先进环保适用技术，同步配套建设当今国内外最先进、成熟、绿色的节能环保技术和装备：环保型储煤场及输煤设施、焦炉装煤出焦脱硫除尘站、炭化室压力单调、干熄焦（带环境气体除尘脱硫）、焦炉上升管显热回收、焦炉烟囱废气余热回收和脱硫脱硝、焦炉煤气脱硫废液制酸、间接法蒸氨、负压脱苯、蒸汽加热脱苯富油替代焦炉煤气管式炉、焦化废水深度处理、挥发性有机物治理技术；大宗物料采用铁路运输。建设并运行污染源和能耗在线监测系统，建设企业能源管理中心，建设挥发性有机物泄漏检测与修复（LDAR）体系。实现新焦化项目全流程全系统数字化、网络化、智能化、绿色化，建设智能工厂和绿色工厂。

第七章 节能与环境保护

1978 年后，河北钢铁工业快速发展，节能减排和环境保护不断进步。到 2018 年，河北省冶金行业协会入统企业吨钢综合能耗 564.55 千克标煤，吨钢耗新水 2.41 立方米；高炉煤气、转炉煤气利用率分别达到 98.97%、98.79%；水重复利用率达到 97.71%，部分企业水源切换为城市污水再生水；大气污染物排放达到 DB13/2169-2015《钢铁工业大气污染物排放标准》标准要求，2018 年，已有少量企业达到超低排放标准；绝大多数企业实现了生产废水"零排放"。

第一节 综 合

1980 年，河北省冶金厅设立能源环保处，开始管理直属企业的节能和环境保护工作，考核直属钢铁企业的能耗指标主要是产品指标单耗，包括烧结煤耗、炼铁焦比、电炉钢冶炼电耗、轧钢燃耗、耐火砖燃料消耗等指标。

1981 年，河北省属钢铁企业唐山钢铁公司、宣化钢铁公司、邯郸钢铁总厂、承德钢铁厂、邢台钢铁厂、石家庄钢铁厂 6 家钢铁企业焦炉煤气、高炉煤气回收利用率分别为 82.0% 和 59.9%，转炉煤气均未回收；省属钢铁企业固体废渣利用率为 65.7%。

1981 年开始，河北省冶金厅先后制定了节能计划执行情况表、能源消耗定额执行情况表、能源汇总平衡表、节能技措项目完成情况、电综 6 表、工矿企业能源消耗表、能源加工与转换情况表等 7 种统计报表。1985 年开始用微机编制能源平衡表和工业企业能源平衡表。

1981~1983 年，河北省冶金厅对全省轧钢加热炉晋等升级工作有贡献的单位进行奖励。1984 年，制定《河北省冶金企业节约能源等级奖励实施办法》。1987 年，制定《燃气回收、余热利用节约奖办法》；1988 年，制定《河北省冶金企业火车节煤奖励办法》和《河北省冶金企业汽车节油奖励办法》。从 1986 年开始，全省冶金系统每年评比一次节能先进企业、节能先进集体、优秀小改小革项目、特等工序、特等炉窑、节能先进个人和节能先进统计，直到 2001 年河北省冶金工业厅再次撤销。

1982 年初，河北省冶金工业能源环保研究所开始试运行。1984 年 5 月 29 日，河北省编委批准成立河北省冶金能源环保研究所。1988 年，河北省冶金能源环保研究所通过省能源办公室"节能技术服务中心（站、所、队）资质认证"，并授予牌匾；1991 年 10 月，河北省冶金能源环保研究所获得"节能十年全国节能先进集体"荣誉称号；1995 年 1 月 1 日，河北省冶金能源环保研究所合并到河北省冶金研究所，仍从事能源环保检测和环评等项目，保留"河北省冶金工业环境监测网中心站"建制。2005 年 5 月，河北省冶金能源环保研究所整体转制为"河北省众联能源环保科技有限公司"。

1982~1984 年，河北省冶金系统能源工作着重于轧钢加热炉晋等升级工作。1983 年到 1990 年，先后有唐钢、邯钢等企业轧钢加热炉荣获冶金工业部"节能特等炉"称号。

1982 年开始，河北省冶金能源环保研究所开始进行热工设备热平衡测试工作，包括轧钢加热炉、锅炉、高炉、转炉、烧结机、隧道窑、倒焰窑等。1984 年，河北省冶金能源环保研究所开始电气设备及风机、水泵电平衡测试工作，并起草水泵、风机测试标准，由河北省标准计量局作为河北省地方标准发布。1987 年，河北省冶金能源环保研究所编写的《电平衡测试技术》由河北科学技术出版社出版。

1983 年，河北省冶金厅对重点冶金企业进行污染源调查和分析，撰写了《河北省冶金工业污染源调查与评价报告书》；河北省冶金能源环保研究所开始进行建设项目环境影响评价。1984 年 9 月，河北省冶金厅颁发《河北省冶金工业环境管理办法》。1984 年开始，全省冶金企业开展创建清洁工厂活动。

1984 年，河北省冶金厅《河北省冶金工业能源需求初步预测》获得省科技进步奖三等奖。1984～1988 年，河北省冶金厅连续获得河北省节能先进单位称号，1986 年获得冶金工业部节能情报先进单位称号。

1985 年，河北省冶金厅建立节能办公会议制度，由主管能源工作的副厅长主持，开始全行业节能管理。

1986 年，河北省冶金企业全面开展了能量平衡工作。1988 年底到 1989 年初，石家庄钢铁厂、邢台钢铁厂、邯郸钢铁总厂、宣化钢铁公司、邢台冶金机械轧辊公司等企业能量平衡工作通过了河北省能源办公室组织的省级验收，均定为一级，其中邢台钢铁厂由河北省冶金能源环保研究所完成的能源平衡报告（综合部分）被河北省能源办公室确定为报告范本。1989 年，故城钢丝绳厂能量平衡测试工作通过省级验收；1991 年承德钢铁厂能量平衡测试工作完成，并通过省级验收。

1987 年初，河北省冶金厅成立安全环保委员会，由厅长任主任委员，主管副厅长和安全环保处长任副主任委员，有关处室副处长为委员，办事机构设在安全环保处。

1987 年，在企业升级的同时，开展了能源管理升（定）级和指标考核工作。1988 年，参照冶金工业部升（定）级考核规定和工序能耗指标，结合河北省实际，制定省级标准，使能源升（定）级工作有章可循。1987 年，邯钢进入国家二级；1988 年，唐钢进入国家二级，宣钢、邢钢、邢机、贾家营钢管厂等企业进入省级。

1988 年，在河北省冶金能源环保研究所化验室的基础上，组建了河北省冶金环境监测中心站，负责全省环境监测工作；1988 年 5 月，组建河北省冶金环境监测网，唐钢、宣钢、承钢、邯钢、邢钢和石焦等 6 个企业站为监测网区域站。河北省冶金环境监测中心站协调、指导企业监测站的技术和业务工作，从 1988 年第三季开始，对包括钢铁企业在内的全省 55 个冶金企业进行例行监测。

1988 年，河北省冶金厅重新收集 1981～1987 年的各种能源数据，编印了《河北省冶金能源资料汇编》。企业范围为当时的部属企业、省属企业、部分地市县全民所有制企业及个别系统外企业，内容包括产品产量、燃料及动力消耗、能源综合指标、能源经济效益指标和主要工序能耗。

1990年5月，河北省人民政府以省政府令52号发布《河北省节约能源监测办法》；河北冶金企业集团公司发布了《河北省冶金工业节约能源监测实施办法》，决定成立河北省冶金节约能源监测站，设在河北省冶金能源环保研究所。1990~1991年，河北省冶金能源环保研究所和河北省冶金节能监测站参与河北省用能设备节能监测方法编写，编写了轧钢加热炉、热处理电阻炉节能监测方法，烧结机、高炉、高炉热风炉、氧气顶吹转炉、炼钢电弧炉节能监测方法。1996年3月，冶金工业部能源办公室和冶金工业部节能监测中心在呼和浩特市召开冶金工业设备（烧结机、高炉、高炉热风炉、氧气顶吹转炉、炼钢电弧炉、轧钢加热炉）节能监测暂行规定审查会，河北省冶金节能监测站担任审查组组长。1992年，河北省冶金节能监测站在承德组织了全省冶金企业节能监测培训，江西省冶金厅派员参加。1993年，冶金工业部在河南郑州召开全国冶金工业节能监测工作会议，河北省冶金节能监测站做节能监测工作经验介绍。1995年，广东省冶金工业总公司举办节能及节能监测培训，邀请河北省冶金节能监测站授课。1996年10月，河北省冶金节能监测站编著的《冶金工业节能监测》由冶金工业出版社出版。2000年之后，钢铁企业节能监测工作由河北省节能监测中心负责。

1990~1994年，河北省钢铁企业焦化工序能耗（标准煤）从211千克/吨降低到185千克/吨，由等外工序晋升为二等工序；烧结工序能耗（标准煤）从86千克/吨降低到81千克/吨，由二等工序晋升为一等工序；炼铁工序能耗（标准煤）从545千克/吨降低到522千克/吨，由等外工序晋升为三等工序；转炉钢工序能耗（标准煤）从46千克/吨降低到39千克/吨，保持二等工序；电炉钢工序能耗（标准煤）从280千克/吨降低到262千克/吨，保持二等工序。

2000~2003年，很多大中型钢铁企业开展了系统节能，其中宣钢系统节能通过省科委委托张家口市科委组织的成果鉴定。

2004年，河北省重点钢铁企业平均吨钢综合能耗（标准煤）715.72千克，2005年降低到687.99千克。

2005 年，河北省冶金行业协会《河北冶金工业统计月报》增加能源消耗指标；2008 年增加环境保护指标。

2006 年，能耗计算方法改变，电折标系数由等价值改为当量值，吨钢综合能耗（标准煤）647.54 千克，2013 年降低到 582.64 千克，2014 年又有所回升，之后由于污染物治理设施能源消耗增加和节能技术改造的共同作用，吨钢综合能耗处于波动趋势，2018 年平均 564.55 千克。河北省重点钢铁企业吨钢综合能耗、吨钢可比能耗、吨钢电耗及其变化趋势见图 7-1。

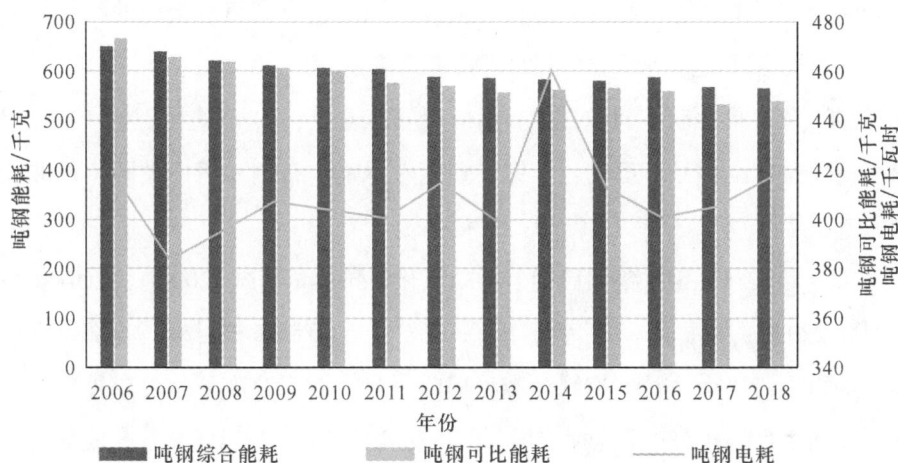

图 7-1 综合能耗指标走势图

2006~2007 年，纳入河北省"双百"企业的钢铁企业，均进行了能源审计，并编制了 2006~2010 年五年节能规划。受河北省发展和改革委员会委托，河北省冶金行业协会组织审查钢铁企业能源审计报告和节能规划。2011~2013 年，进行了第二轮能源审计。

2007 年 5 月，河北省冶金行业协会计量能源工作委员会成立。

2007 年，河北省冶金行业协会发布《河北省钢铁工业节能现状及"十一五"能源预测》。

2007~2008 年，河北省冶金行业协会组织编写了《企业能源·计量手册》，共分 4 册，第 1 册收录能源和计量方面的法律、法规、规章和规范性文件，第 2 册收录能源标准，第 3 册收录计量及仪器仪表标准，第 4 册收录计量检定规程。

2008年6月,河北省冶金能源系统优化经验交流会暨2008年计量能源工作年会在河南安阳市召开。

2008年8月,河北省冶金行业协会开展钢铁企业节能减排专项调查。调查内容为烧结（球团）烟气二氧化硫排放与治理情况、节能规划目标落实情况及节能潜力、主要污染物减排规划目标落实情况。

2008年,宣钢为确保奥运会期间的环境空气质量,停产了部分生产线,安排河钢宣钢历史上最大规模的联合检修,制定落实了奥运会前的污染控制措施和奥运会期间保证环境质量的监管应急措施。

2008年,邢钢获省"双三十"（30个重点县市,30个重点企业）减排目标考核优秀单位称号,唐钢、邯钢、宣钢、承钢、石钢和唐山港陆、河北津西完成了年度"双三十"节能减排目标。

2009年,河北钢铁集团唐钢公司二氧化硫排放量削减4200吨,COD排放量削减220吨,均提前一年完成"十一五"总量控制考核目标;各部位烟尘排放量均达到"十一五"控制标准,提前一年完成省政府下达的减排考核目标。吨钢综合能耗580千克标准煤,节约标准煤12.8万吨以上,完成年度考核目标。

2009年,河北钢铁集团邯钢公司加大节能减排工作力度,全年节约13.16万吨标准煤,超额完成节能目标,二氧化硫排放和化学需氧量排放完成向省市承诺指标。

2009年9月11日,河北省冶金行业协会计量能源工作委员会在张家口宣化宾馆召开年会暨河北省冶金工业节能减排技术交流会。会议期间,河北省工业和信息化厅召开重点钢铁企业能源管理中心建设座谈会。

2009年9月15日,河北省工业和信息化厅印发《关于推进钢铁企业能源管理中心建设有关工作的通知》。10月20日,河北省财政厅、河北省工业和信息化厅发出《关于组织申报2009年工业企业能源管理中心建设示范项目国家财政补助资金的通知》。11月4日,河北省财政厅、河北省工业和信息化厅转发财政部、工业和信息化部《工业企业能源管理中心建设示范项目财政补助资金管理暂行办法》。12月14日，河北省工业和信息化厅转发工业和信息化部《关于2009年工业企业能源管理中心建设示范项目财政补助资金申请报告的复函》。河钢唐钢公司、河钢邯钢公司、河钢承钢公司和邢钢、首秦金属材料有限公司等钢铁企业获得中央财政补助资金。

2010年1月8日，工信部组织的全国钢铁企业能源管理中心示范项目建设工作会议在河钢唐钢公司召开。来自国家部委有关部门和省工信厅、中国钢铁工业协会、中国石油和化学工业协会等相关部门领导，以及宝钢、武钢等21家钢铁企业领导和专家共聚河钢唐钢，围绕企业能源管理中心建设交流经验，推动钢铁企业尽快实现系统性节能降耗一体化管控目标。

2010年1月22日，河北省工业和信息化厅印发《河北省钢铁行业烧结烟气脱硫工作指导意见》。《指导意见》由河北省冶金行业协会代拟。

2010年3月23日，河北省科技厅在石家庄组织召开了河北省产业技术路线图编制启动仪式暨培训会议，河北省产业技术路线图编制工作正式启动。7月23日，"河北省钢铁产业节能减排技术路线图"市场需求和产业目标研讨会在廊坊新奥集团召开。11月24日，"河北省钢铁产业节能减排技术路线图"编制研讨会在河钢集团唐钢公司召开。

2010年3月24日，河北省财政厅、河北省工业和信息化厅印发《关于组织申报2010年工业企业能源管理中心建设示范项目国家财政补助资金的通知》。当年4月，河北省工信厅组织省内初审，河钢集团宣钢公司、新兴铸管有限公司、河北文丰钢铁有限公司等钢铁企业通过初审并获得中央财政补助资金。工业企业能源管理中心建设示范项目国家财政补助资金延续到2012年。

2010年4月，河北省地方标准《钢铁企业大气污染物排放标准》制定工作启动，提出单位为河北省环境保护厅，起草单位为河北省冶金行业协会、河北省环境科学研究院和河北省众联能源环保科技有限公司。

2010年4月14~15日，国家外专局和河北省政府安排、河钢集团承办的第八届中美工程技术研讨会河北省节能减排技术研讨分会在河钢集团唐钢公司召开。中外专家就解决烧结机烟气脱硫和焦化废水处理与再利用技术性难题进行深入交流和广泛研讨。

2010年4月23日，河北省委、省政府通报2009年度"双三十"单位节能减排目标考核结果，河北钢铁集团唐钢公司与全省3个重点县（市、区）、4个重点企业荣获减排目标考核优秀单位称号。

2010年6月18日，河北钢铁集团召开"双三十"单位节能减排专题视频会，对下阶段的节能减排工作进行部署，传达工信部和全省节能减排工作会议精神，并就规范节能减排承诺指标汇报材料的统一格式作了说明。

2010年8月17日上午，河北省"双三十"单位节能减排工作现场会议在河北钢铁集团唐钢公司召开。河北省各设区市的主管副市长、发展改革委主管副主任、环保局局长和"双三十"县（市、区）委书记，县（市、区）长，"双三十"企业法定代表人等150余人参加会议。

2010年9月19日，河北省工业和信息化厅、河北省环境保护厅印发由河北省冶金行业协会起草的《河北省钢铁工业节能减排实施意见》。

2010年10月16日，在第三届中国生态文化高峰论坛和中国生态文明建设高层论坛上，河北铁钢集团唐钢公司荣膺首批全国生态文化示范企业称号。全国生态文化示范企业是由国家林业局、教育部、共青团中央、中国生态文化协会等单位联合评选的。

2010年10月30日～11月1日，中启计量认证中心河北分中心专家组，对河北钢铁集团唐钢公司测量管理体系运行情况进行了全面审核。专家组一致认为，河北钢铁集团唐钢公司测量管理体系符合GB/T 19022—2003标准以及JJF 1112—2003计量认证规范的要求，体系运行有效，审核组推荐河北钢铁集团唐钢公司取得测量管理体系AAA认证合格证书。

2010年底，河北钢铁集团唐钢公司入选工业和信息化部、财政部和科技部联合组织的首批创建"资源节约型、环境友好型"企业试点名单，是河北省4家入选企业中唯一一家钢铁企业。

2011年6月，新兴铸管获得河北省"十一五节能工作先进企业"称号；2012年4月获得河北省"'双三十'节能减排先进单位"称号。

2011年4月15～17日，河北省冶金行业协会与河北省环保产业协会在重庆联合组织召开"河北省钢铁企业烧结烟气脱硫论坛",并组织考察四川达州钢铁有限公司烧结脱硫现场。

2011年6月,河北省冶金行业协会先后完成《河北省钢铁工业大气污染排放标准》送审稿及报批稿,并报省技术监督局。

2011年8月22~24日,冶金工业信息标准研究院、中国金属学会、河北钢铁集团唐钢公司在河钢唐钢联合举办了主题为"推动绿色转型打造清洁钢企"的"2011中国钢铁工业科技与竞争战略论坛"。会上,河钢唐钢公司介绍了打造清洁工厂的经验。会议期间与会代表参观了河钢唐钢公司厂区,交流老厂区实现绿色转型的经验。

2011年11月5日,河北省冶金行业协会组织召开"能源管理中心项目申报咨询会",请有关领导、专家介绍能源管理中心项目的申报条件、申请报告的编写等有关内容。18家钢铁企业参加会议。

2012年4月9~10日,河北省冶金行业协会在石家庄市美丽华大酒店召开河北省地方标准DB 13/1461—2011《钢铁工业大气污染物排放标准》宣贯会议。省环保厅、省工信厅、省工经联领导,省环境科学院、省市环境监测站、大学代表,有关研究设计制造单位代表,共计300余人参加会议。该标准由河北省冶金行业协会与省环境科学院、众联公司共同起草,由河北省质量技术监督局于2011年11月15日发布,于2011年11月30日起实施。

2012年5月,受河北省工信厅委托,河北省冶金行业协会起草《河北省铸造用生铁企业规范管理暂行办法》。

2012年5月29~31日,河北省冶金行业协会与中国设备管理协会、天津市钢铁工业协会联合举办的"第二届全国钢铁行业余热余能利用研讨会"在天津市召开。工信部、省工信厅、省冶金行业协会、中国设备管理协会、天津市经济与信息化委员会、中国炼焦协会等单位领导出席并讲话。会议代表考察河北前进钢铁集团余热利用项目。

2012年6月4~6日,河北省冶金行业协会组织部分钢铁企业给排水负责人和工程技术人员,到武汉考察循环水物理处理技术(高频振荡除垢系统)。

2012年9月,河北省冶金行业协会完成河北省钢铁企业烧结、球团工序污染物治理设施调查。对回收的 108 份调查表进行统计分析，撰写了调查报告。

2012 年，河北省钢铁联合企业 91% 的转炉实现负能炼钢。河北钢铁集团邯钢公司达到 -29.39 千克标煤/吨钢，成为行业标杆。

2013 年 8 月 15 日，河北省冶金行业协会与河北省环境科学学会在石家庄联合召开河北省钢铁企业编制环境污染治理整改方案咨询会。

2013 年 8 月 17 日~9 月 20 日，应会员企业要求，河北省冶金行业协会组织 10 余人的专家组，由秘书长带队，对德龙、河北普阳等企业进行安全、环保、能源资源综合利用进行现场诊断，提出诊断报告。

2013 年 12 月，按河北省发展改革委要求，河北省冶金行业协会开展全省钢铁企业焦炉及焦炉煤气利用情况调研，进而制定焦炉煤气优化利用方案。

2014 年 4 月，河北省冶金行业协会参与起草的河北省地方标准《电动机变频调速技术改造服务规范》通过河北省质量技术监督局组织的审定。

2014 年 7 月，河北省冶金行业协会会同河北省工信厅培训教育中心联合开展河北省新形势下钢铁工业清洁生产与污染防治培训工作，先后为 18 家企业进行了培训。

2014 年，协会入统的会员钢铁企业全部实现负能炼钢。河钢唐钢、河钢邯钢、河钢宣钢、河钢承钢、河北普阳钢铁等一批企业自发电率达到 65% 以上。

2015 年 1 月 20~21 日，河北省冶金行业协会应邀组织 6 名国家级专家到迁安九江线材公司进行环保治理诊断，指导企业做好环境污染治理。

2015 年 1 月 28 日，河北省冶金行业协会组织脱硫、脱硝一体化工艺推介会，东大宏兴公司介绍工艺设计方案。

2015 年 3 月 2~3 日，受河北省工信厅委托，河北省冶金行业协会主办的"河北省钢铁企业能源管理中心建设示范项目验收培训暨钢铁企业能源管理中心建设实施方案宣贯会"在石家庄正定召开。

2015 年 9 月 7~13 日，根据河北省工信厅《关于做好工业企业能源管理中心项目竣工验收工作的通知》（冀工信〔2014〕569 号），河北省冶金行业协会组织专家组对辛集澳森、河北前进、唐山东华、唐山瑞丰、唐山国丰、唐山德龙、唐山港陆等 7 家钢铁企业能源管理中心建设示范项目进行节能量审核。2015 年到 2018 年，对新兴铸管、邢钢、辛集澳森、河北前进、唐山东华、唐山瑞丰、唐山国丰、唐山德龙、唐山港陆、河钢邯钢、河钢宣钢、河北普阳、河北新金、河北文丰、文安钢铁、中国邢机、裕华钢铁、金鼎重工、明芳钢铁、烘熔钢铁、敬业集团、德龙钢铁、文安新钢等企业进行审核。

2015 年 10 月 9 日，河北省冶金行业协会组织召开河北省清理整顿环保违规建设项目政策吹风会，环境保护部环境工程评估中心冶金机电部主任赵春丽介绍环境保护部 55 号文件起草过程及重点，河北省环保厅、河北省环科院有关同志讲解《河北省清理整顿环保违规建设项目工作方案》及备案的前提条件、验收程序和所需资料。

2015 年 10 月，省环保厅组织专家对德龙钢铁进行违规建成项目环保备案现场核查。

2015 年 11 月 16~20 日，河北省环保部门组织的对河北新金、河北普阳等 15 家钢铁企业的清洁生产审核、清洁生产污染防治对标验收。

2015 年 12 月 24~28 日，省环保厅组织对武安地区钢铁企业环保设施进行现场核查。

2015 年 12 月 30~31 日，受省工信厅委托，河北省冶金行业协会组织辛集澳森、河北前进能源管理中心建设示范项目验收。

在控制大气污染无组织排放方面，各钢铁企业各工序的原辅材料产尘点，都配备了除尘装备。2000 年以前，大宗露天原料场以防风抑尘网为主；2000 年以后，逐步改建为半密闭料场和密闭料场，到 2015 年已全部为密闭料场。

2016 年 1 月 5 日，省环保厅组织专家现场核查辛集澳森环保设施。

2016 年 3 月，新修订的河北省地方标准《用水定额》发布实施；河北省水利厅逐步为钢铁企业补办《取水许可证》。

2016 年 3~5 月，唐山市环保局组织专家对辖区内钢铁企业环保设施进行核查。

2016 年 3 月，秦皇岛市环保局组织对辖区内钢铁企业环保设施进行核查。

2016 年 8 月，受省工信厅委托，河北省冶金行业协会组织唐山港陆、唐山国丰、唐山德龙、唐山东海、唐山瑞丰能源管理中心建设示范项目验收。

2016 年 9 月，河北省环境保护厅印发河北省钢铁行业环保违规项目认定备案企业及装备名单；钢铁行业环保违规项目备案工作基本完成。河北省环境保护厅为钢铁企业核发了排污许可证。10 月组织现场检查。

2016 年开始，较多钢铁企业对煤气发电设施进行升级改造，用超高压高温加一次再热机组代替了中温中压机组。

2016 年、2017 年，河北省发展改革委、河北省工信厅委托河北省节能监察监测中心组织各市监测机构对钢铁企业粗钢生产主要工序能耗指标进行异地监察，并组织对监察结果进行专家审定，将审定后的结果向社会发布。

2016~2018 年，钢铁企业在采暖季节及重污染天气期间采取限产、错峰生产等措施。

2016~2018 年，很多钢铁企业建设"余热暖民工程"，利用高炉冲渣水等余热为城市及附近乡村供暖。

2017 年 8 月，受省工信厅委托，河北省冶金行业协会组织敬业集团、德龙钢铁能源管理中心建设示范项目验收。

2017 年，河北省水利厅组织未办理取水许可证的钢铁企业补办取水许可手续。唐银、宏兴钢铁、唐山国义、滦县金马、唐山国丰、唐山东华、唐山瑞丰等企业办理了取水许可证，唐山东海、河北安丰、河北东海特钢、唐山不锈钢、经安钢铁等企业完成了水资源论证报告技术审查。2018 年，唐山新宝泰、辛集澳森等企业完成了水资源论证报告技术审查并取得取水许可证。

2017 年，河北省水利厅组织对武安裕华、河北永洋、唐山新宝泰、河北天柱、迁安燕钢、昌黎兴国、河北敬业、德龙钢铁等企业进行了用水情况现场核查，并现场核查武安运丰、邯郸纵横、昌黎顺先等停产企业。

2018 年 1 月，受省工信厅委托，河北省冶金行业协会组织对河北新金、武安明芳、文安钢铁、文丰钢铁、裕华钢铁、普阳钢铁、烘熔钢铁、中钢邢机、河钢邯钢、金鼎重工、河钢宣钢等钢铁企业能源管理中心建设示范项目验收。

2018年，很多钢铁企业对烧结机脱硫装置进行了改造，并增减脱销设施。有些企业采用活性焦工艺，有些采用循环流化床半干法脱硫+SCR脱硝。

2018年10月，河北省发布《钢铁工业大气污染物超低排放标准》，2019年1月1日实施。

2018年10~11月，河钢集团石家庄钢铁有限责任公司环保搬迁产品升级改造项目完成了环境影响评价、水资源论证报告技术审查及取水许可申请批复、节能审查。

2018年，河北省环保厅加大了对钢铁企业环境违法的处罚力度。

第二节　铁矿采选

铁矿采选节能与环境保护的主要措施和任务是采用节能和环保的新技术、新工艺、新设备，做好污染防治和生态保护，促进矿山行业的绿色发展。

唐钢石人沟铁矿20世纪80年代末期运用了胶带输送机排岩系统，1988年被国家机械工业委员会评为科技进步奖三等奖；1989年，唐钢石人沟铁矿胶带排岩半连续工艺获冶金部科技进步奖三等奖。1992年12月11日，承钢"永磁式干式磁选技术及预选工程"通过省级鉴定。1992年12月28日，唐钢石人沟铁矿与北京矿冶研究总院合作研制的大块干式磁选机预先抛尾工艺成功，通过部级鉴定。12月，唐钢棒磨山铁矿对磁滑轮预选抛尾研制改造完工。1993年，邯邢局玉石洼铁矿首先引进磁滑轮预选技术，后推广到全局。

1991年4月，唐钢石人沟铁矿开工建设尾矿高浓度输送工程，属国内最先进的尾矿输送技术；1995年5月10日通过省级鉴定。1996年，邯邢局与冶金部建筑研究总院合作完成的"符山铁矿高浓度尾矿输送及堆筑上游法尾矿坝的研究"，获得冶金工业部科技进步奖三等奖；2001年，与西安建筑科技大学合作的"西石门铁矿尾矿高效脱水工艺及工业试验研究"获得中国钢铁工业协会、中国金属学会科技进步奖三等奖。

2008年，邯邢冶金矿山管理局西石门铁矿球磨机润滑技术的应用取得显著节能效果。2009年，西石门铁矿在选矿生产中采取"预先抛废"新工艺，投资 150 多万元在自磨机排矿端加装圆筒筛和磁滑轮，将大颗粒废石在进入分级机前抛出，使磨选耗电量明显减少，排尾管道压力减小，磨机台时处理量比改造前增加了 13.4 吨/台时，年可减少二次排岩、尾矿排放费用消耗 100 多万元，节约尾矿排放费用 176 万元。

2008 年，司家营铁矿热电厂通过回收疏水等措施，使软化水车间的除盐水补水量由 550 吨/天降到 300 吨/天。

2009 年 7 月 1~3 日，环境保护部环境工程评估中心组织专家组在唐山举行了矿业公司司家营铁矿南区采选工程（1500 万吨/年）环境影响报告书技术评估会。该工程属于《钢铁产业调整和振兴规划》中积极推进矿产资源开发中的大型矿山工程项目。2010 年 8 月 19 日，《河北钢铁集团矿业有限公司司家营铁矿二期采选工程环境影响报告书》顺利通过环境保护部环境工程评估中心专家的评审，标志着该工程取得突破性进展。2010 年 10 月 14~15 日，河北省环境工程评估中心在唐山组织召开《河北钢铁集团矿业有限公司棒磨山铁矿扩界工程环境影响报告书》技术评估专家评审会。

2010 年 1 月 29 日，由环境保护部牵头，华北环境保护督查中心、河北省环境保护厅、唐山市环境保护局、滦县环境保护局等各级环保部门对河北钢铁集团矿业公司司家营铁矿一期采选工程污染防治设施和措施等进行现场检查考核。专家组认为，工程环保审批手续齐全，基本落实了环境影响报告书及其批复文件提出的生态保护、污染防治设施和措施，符合环境保护验收条件，同意工程通过环境保护验收，并上报环境保护部批准司家营铁矿《排污许可证》。4 月 12 日，司家营铁矿《排污许可证》获得环境保护部批示，标志着该矿采选工程环保措施顺利通过环境保护部的竣工验收。

2010 年 4 月 16 日，《河北钢铁集团矿业有限公司庙沟铁矿矿山地质环境治理二期工程设计》通过河北省国土资源厅审查，获得批准。

2010 年 4 月 22 日到 24 日，河北钢铁集团矿业公司《石人沟铁矿扩界开采工程水土保持方案报告书》和《大贾庄铁矿采选工程水土保持方案报告书》在水利部水土保持监测中心主持召开的技术评审会上相继获得通过，为石人沟铁矿扩界开采工程和大贾庄铁矿采选工程建设铺平了道路。

2011 年 10 月 27 日，国土资源部、财政部举行"全国矿产资源综合利用示范基地建设合作协议签字仪式"，河北钢铁集团矿业公司与首钢矿业公司合作建设河北冀东地区铁矿资源综合利用示范基地项目在仪式上签约。冀东地区铁矿资源综合利用示范基地是河北省唯一一个示范基地，也是全国黑色金属矿山四个示范基地之一。2012 年 2 月 14 日，在国土资源部、财政部总体规划评审会上，冀东地区铁矿资源综合利用示范基地总体规划获得通过。

2012 年 1 月，河北钢铁集团矿业公司司家营铁矿被评为全国绿色矿山试点单位。

第三节　烧结和球团

1981~1982 年，邯钢、邢钢将烧结机机头多管除尘器改为重力除尘器与 CLP/B2250 型旋风除尘系统。1985 年 10 月，唐钢首次在 24 平方米烧结机机头使用国产 36 平方米两电场静电除尘器，通过部级鉴定。1981 年，邯钢新建两台 40 平方米电除尘与机尾多管除尘器串联，除尘效率达 98.8%。1984 年 7 月，石钢用一台 20 平方米三电场卧式除尘器取代多管除尘器，效率达 99.83%。邢钢从 1985 年起先后在 4 台 24 平方米烧结机机尾配加了 25 平方米电除尘器。1985 年 10 月，唐钢首次在 24 平方米烧结机头使用国产 36 平方米两电场静电除尘器，1988 年电除尘器研制与应用获冶金部科技进步奖三等奖。

1984 年 10 月和 1987 年 5 月，宣钢在 64 平方米烧结机上使用节能型烧结点火器。1985 年，省内第一套利用高炉煤气作燃料的点火器在邯钢 18 平方米烧结机上投入使用。1986 年宣钢 1 号 50 平方米烧结机点火器改用自行设计的烧高炉煤气点火器。1987 年 8 月，唐钢在两台 24 平方米烧结机上新建两座高炉煤气点火保温炉，1988 年 9 月申请国家专利。

1992 年 7 月和 1993 年 10 月，石钢分别对 1 号、2 号烧结机、带冷机变频调速，并实现了两者间的同步调速。

1994 年 4 月，唐钢烧结机带冷余热利用改造成功。

2001 年 3 月 1 日，承钢烧结厂小球烧结工程开工，10 月 10 日竣工。

2002 年 1 月 23 日，邯钢一烧结厂 160 平方米电除尘建成投入运行。

2002 年 9 月，唐山国丰钢铁有限公司 2 台 132 平方米烧结机实现低温烧结和小球烧结；2006 年 2 台 110 平方米烧结机、2007 年 1 月 2 台 230 平方米烧结机实现低温烧结。2006 年，110 平方米烧结机加装 4 套柔磁性密封，漏风率降低 5 个百分点。

2004 年 12 月，河北敬业钢铁有限公司 2 台 105 平方米烧结机实现低温烧结；2008 年 6 月 3 台 230 平方米烧结机、2010 年 7 月 2 台 260 平方米烧结机也实现低温烧结。

2006 年 5 月，石钢烧结机烟气密相干塔法脱硫工程建成并投入运行。石钢是国内最早进行烧结烟气脱硫的两个钢铁企业之一。2009 年和 2010 年 9 月，唐山国丰钢铁有限公司建成 2 套一拖二湿式镁法烧结烟气脱硫装置。2010 年 8 月，河北敬业钢铁有限公司建成 2 台 105 平方米烧结机共用脱硫设施 1 套；2010 年 12 月，3 台 230 平方米烧结机建成脱硫装置 2 套，其中 2 台机共用 1 台脱硫设施。

2008 年 7 月，河北敬业钢铁有限公司 2 套链箅机—回转窑余热全部回收。

2010 年 3 月 9 日，河北钢铁集团唐钢公司炼铁南区烧结余热发电工程正式开工建设。项目主要包括建设一台 51.4 吨/小时余热锅炉和一台与之配套的 15 兆瓦补汽冷凝式汽轮机发电机组。

2010 年 4 月，河北省烧结烟气脱硫技术交流会在南京召开。会议代表参观了宝钢梅钢半干法脱硫装置现场和南京联合钢铁公司氨法脱硫现场。

2010 年 4 月，河北钢铁集团承钢公司总投资 4500 万元的重点节能减排项目 360 平方米烧结机烟气脱硫工程全面启动。7 月 17 日开始进入土建施工，9 月 29 日竣工投产。这是承钢第一个烧结机机头烟气脱硫工程，采用半干法脱硫技术，能接近 100%脱除二氧化硫、氟和氯等酸性物质；添加活性炭能脱除二噁英、汞等；脱硫副产物可作为水泥添加料；系统二氧化硫排放浓度可达到小于 100 毫克/标准立方米，颗粒物排放浓度可达到小于 50 毫克/标准立方米。

2010 年 4 月，河北钢铁集团邯钢公司西区 2×300 平方米级烧结烟气脱硫项目正式启动，总投资 8500 万元，采用湿法中的"石灰石–石膏法"工艺，环保旋流水浴式脱硫除尘专利技术。脱硫装置烟气处理能力为一台烧结机最大工况时的烟气量，效率大于 95%，年作业时间可达 350 天，能保证在各种工况条件下连续安全稳定运行。项目完成后，排放二氧化硫浓度将下降到 100 毫克/标准立方米以下；排放含尘浓度将下降到 50 毫克/标准立方米以下。

2010 年 7~9 月，河北敬业钢铁有限公司共建成 4 座蒸汽锅炉，回收烧结余热，日回收过热蒸汽 904 吨。

2010 年 8 月 30 日，河北钢铁集团唐钢公司炼铁北区烧结余热发电工程已建成投运，9 月 1 日炼铁南区烧结余热发电工程一次并网发电。至此河北钢铁集团唐钢公司重点节能技术改造项目烧结余热发电工程全部投产，年可发电26 多万兆瓦时，创效 8000 多万元。

2000 年以前，河北省烧结机基本以中小型机型为主，随着炼铁高炉的大型化，配套的烧结机也逐渐实现了大型化。唐钢 1989 年 9 月和 1993 年 2 月建成投产的 2 台 180 平方米烧结机，是河北省最早的大型烧结机；1999 年 6 月唐钢又建成投产了 265 平方米烧结机；1999 年 12 月，邯钢建成投产了 400 平方米烧结机。至 2004 年底，河北省拥有的不小于 100 平方米的烧结机 11 台，有效面积 2044 平方米，产能 1951 万吨/年，只占总产能的 26.73%。

随着 2005~2018 年钢铁行业淘汰落后产能和压减过剩产能的深入发展，钢铁联合企业通过技术改造，逐渐淘汰了一大批中小型烧结机。2015 年底，河北省 61 家钢铁联合企业拥有的不小于 100 平方米的烧结机 180 台，有效烧结面积 35641 平方米，产能 35991 万吨，占全省机烧结总产能的 90.82%。50~99 平方米的烧结机产能占 8.98%，小于 50 平方米的烧结机只剩 2 台，产能占 0.2%。

随着烧结机的大型化，一些节能环保的设施也基本配备齐全。2015 年底，烧结机全部配备了烟气脱硫设施、余热回收设施、除尘设施，原料场实现了全封闭；到 2018 年，一些企业增建了脱除氮氧化物的设施。

烧结机烟气脱硫大多采用石灰石–石膏法（湿法），也有采用密相半干法、循环流化床半干法、旋转喷雾半干法等，采用湿法脱硫的一些企业加装了湿式电除尘器。河钢邯钢 435 平方米烧结机、沧州中铁装备制造材料有限公司烧结机、河北永洋特钢集团有限公司烧结机烟气脱硫采用活性炭法，唐山中厚板材有限公司、唐山瑞丰钢铁（集团）有限公司、唐山不锈钢有限责任公司烧结机采用了循环流化床半干法脱硫+SCR 脱销组合，排放浓度低于超低排放标准 50%。新兴铸管 2017 年 3 个烧结机头石灰石-石膏法脱硫增加湿式电除尘器，进一步降低外排颗粒物浓度。2014~2015 年，200 平方米烧结机机尾除尘器改为电袋复合除尘器，2016 年 90 平方米烧结机机尾除尘器改为电袋复合除尘器。2017~2018 年除尘器全部采用高效覆膜滤料及褶皱布袋，使除尘器外排达到超低排放标准。2017~2018 年 3 个烧结机头脱硫系统改造为活性焦脱硫脱硝及其他污染物一体化工艺，达到了超低排放标准。

烧结机的余热回收大多采用余热发电工艺，也有的企业直接并入蒸汽管网，还有的企业直接用回收的余热进行烧结的煤气、空气预热或生产使用。烧结机的除尘设施一般机头大多采用电除尘（四电场静电除尘器）、烧结机的机尾大多采用布袋除尘，也有的采用电袋除尘，烧结机的配料、成品筛分、整粒基本都是采用布袋除尘，滤料逐渐从单一物质到复合物质。

竖炉和回转窑生产球团矿主要消耗的能源是煤气和电，主要污染物是颗粒物和二氧化硫。

2000 年以前建设的竖炉 10 平方米及以上的比较少，1988 年，全省只有 8 平方米竖炉 3 座。2001~2002 年，唐山建龙建设了 10 平方米竖炉 2 座，在建设竖炉的同时建设了较完善的除尘和余热回收设施，除尘设施是竖炉焙烧烟气采用电除尘，配料和成品转运采用布袋除尘；竖炉余热回收采取的是汽化冷却工艺，每吨球团矿可以回收 0.13GJ 热量，达到了很好的节能效果。2004 年，唐山东海钢铁集团建设了 1 座 10 平方米竖炉，在建设竖炉的同时建设了竖炉除尘、竖炉烟气脱硫和余热回收设施，竖炉除尘采取的是电除尘；竖炉余热利用采取的是回收蒸汽，蒸汽压力 0.4 兆帕，温度 143℃，每吨球团矿可以回收 0.07GJ 热量；竖炉烟气脱硫采取的是石灰石-石膏法，外排 SO_2 浓度为 70.25 毫克/吨球团。这也是河北省建设最早的竖炉烟气脱硫装置。

2005 年以后，河北省竖炉球团设施建设较快，且大都是 10 平方米及以上的竖炉，主要规格为 12 平方米、14 平方米、16 平方米，这期间所建竖炉的最大特点是在建设竖炉的同时都建设了除尘设施，而且三分之二的企业也同时建设了余热回收装置。竖炉除尘工艺基本都是竖炉本体采用电除尘，配料、上料系统、成品转运、环境基本采用布袋除尘；余热回收装置大多采用回收的饱和蒸汽发电工艺，也有部分企业采用 ORC 螺杆发电，或回收的蒸汽用于供暖、预热混合料、供其他工序生产等。企业的烟气脱硫设施大多建设的较晚，一般在 2010 年前后发展较快，尤其是 2014 年~2015 年，其原因一是国家对环保提出了更高的要求，二是企业对环保的意识明显增强，三是竖炉烟气脱硫技术环保设施的不断改进，河北省符合工信部规范管理条件的钢铁联合企业竖炉全部建设了烟气脱硫设施。大多数钢铁联合企业竖炉烟气脱硫工艺采取的是石灰石-石膏法，大多数外排 SO_2 在 60~80 毫克/立方米；也有少数企业采用氧化镁法，外排 SO_2 在 85~136 毫克/立方米；唐山德龙采用钢渣湿法脱硫，外排 SO_2 在 80 毫克/立方米。

河北省 2015 年仍在正常生产的链算机—回转窑 8 座，河钢邯钢、河钢宣钢各 2 座，河北敬业 2 座，新兴铸管、河北兴华各 1 座。这些球团生产设施是在 2002~2011 年陆续建成投产的。链算机—回转窑在建设的同时都建设了除尘设施，一般是回转窑焙烧部分采用电除尘，配料和成品部分采用布袋除尘，河钢邯钢全部采用布袋除尘；链算机—回转窑余热回收装置河北省最早是 2002 年 7 月新兴铸管建设的，每吨球团矿可回收 0.05GJ 余热用于助燃风的预热；河北兴华 2010 年 12 月建设的余热回收装置，回收的余热用于链算机上冷球的烘干和预热；建设链算机—回转窑烟气脱硫装置河北省最早是河钢集团宣钢，2008 年 2 月建设，采用石灰石-石膏法，外排 SO_2 浓度为 59 毫克/立方米。2015 年底，有 6 座链算机—回转窑建设了烟气脱硫装置。河钢邯钢采取的是循环流化床（半干法）工艺，新兴铸管采用的是石灰石-石膏法（湿法）工艺，河北兴华采用的是氧化镁法工艺，河北前进采用的是活性炭工艺（已停产）。

第四节　炼　铁

炼铁工序主要装备是高炉和热风炉，其节能和环保主要措施是高炉喷吹煤粉、富氧鼓风、高炉炉体软水密闭循环冷却、高炉炉顶余压发电（TRT）或煤气透平与电机同轴驱动鼓风机（BPRT）、干式除尘、冲渣水余热利用、轮式出渣等技术。

一、喷煤

1979 年，邯钢 620 立方米高炉恢复喷吹煤粉；1982 年喷吹煤粉二系列投产。邢钢、新兴铸管工厂喷吹煤粉系统分别于 1981 年和 1982 年投产。1991 年，唐钢一炼铁厂 1 号、2 号高炉应用了高炉喷吹煤粉新技术。1993 年 3 月唐钢二炼铁厂高炉煤粉喷吹系统开工建设，1994 年 3 月建成投产。1994 年 9 月 6 日，一炼铁厂 3 号、4 号高炉喷煤粉工程竣工，一次试喷成功。

1993 年，石钢从德国引进建成高炉喷煤粉工程，被冶金工业部定为节约能源消耗示范推广项目，12 月 1 日工程竣工。1996 年 12 月 28 日，石钢高炉富氧喷煤工艺优化技术通过省科委验收。

1994 年 3 月 20 日，承钢自行设计并安装的炼铁厂 4 号高炉喷煤试验取得成功，并投入试生产。

1994 年，宣钢完成了高炉风口共渗、高炉烟煤和无烟煤混喷技术的研究，并在生产中应用。

1998 年 2 月 10 日，承钢自行设计和安装的 2 号高炉喷煤工程投入使用，承钢炼铁厂 4 座高炉全部喷煤。

2001 年 6 月，承钢在各高炉进行"烟煤和无烟煤混合喷吹"试验获得成功。11 月，宣钢与河北理工学院合作进行了"宣钢喷吹煤性能研究"项目，2002 年高炉正式开始使用低灰、低硫的神府烟煤。2002 年，"宣钢 1260 立方米高炉烟煤大比例混喷技术"项目获河北省科技进步奖三等奖。

2003 年 4 月，宣钢通过改造分配器、混合器、加装 100 立方米储气罐等设施，8号高炉喷煤系统实现了浓相输送。

2004年10月，首钢河北迁钢有限公司第一套高炉喷煤装置投入运行；2007年1月和2010年1月，第二套和第三套建成投入使用。2004年、2007年和2008年，河北敬业钢铁有限公司分别建成2套高炉喷煤装置。

2005年10月26日，邯钢炼铁部将无烟煤和烟煤按照9∶1的配比输入35吨中速磨，并在5号、7号高炉进行喷吹实验成功。从此邯钢结束了高炉只喷无烟煤的历史。

2010年5月，河北钢铁集团唐钢公司炼铁北区制粉系统改造工程动工；10月4日竣工投产。该工程的投产，将使炼铁北区制粉系统能力由原来的每小时110吨，提高到每小时140吨，年可增加喷吹煤粉37800吨，节省焦炭30240吨，创直接效益4500万元。

2010年，河北省平均喷煤比最高，达到153.99千克/吨，之后处于降低趋势。2018年全省平均喷煤比138.77千克/吨。

二、富氧鼓风

1979年，邯钢620立方米高炉曾利用炼钢剩余氧气进行富氧鼓风。1985年，新建6000立方米/时制氧机投产后，重新恢复富氧1%鼓风。宣钢第二炼铁厂、唐钢、新兴铸管工厂也进行富氧鼓风试验，均因未能解决氧气供应问题而终止。

1992年5月，新兴铸管高炉开始使用富氧工艺。

1995年8月7日，承钢炼铁厂4号高炉富氧管道供氧成功。

1999年，邢钢6000立方米/时制氧机投产后，高炉全部实现了富氧鼓风。

2000年以后，为了提高高炉喷煤比，凡是制氧机能力有条件的钢铁企业，都上了富氧鼓风措施，大多富氧在2%左右。

三、热风炉节能

1980年，邯钢首先在620立方米高炉的1号、2号热风炉上应用陶瓷燃烧器，风温提高30~50℃，后陆续在其他高炉热风炉上安装使用。1983年，邢钢与河北省自动化研究所共同研制出 ZJT—I 型极值调节器，实现燃烧过程的最优控制。1985 年，河钢邯钢使用热风炉烧炉自导管最优控制器。

1999 年 9 月，中日合作"绿色援助计划"示范项目——邯钢 1260 立方米高炉热风炉余热回收工程开工，2002 年 3 月 4 日竣工。

2010 年 10 月，河北钢铁集团邯钢公司炼铁部 7 号高炉成功实施热风炉富氧烧炉新技术，高炉风温上升 10℃，吨铁焦比降低 3 千克，年可节约成本 640 万元。

四、高炉煤气除尘

1986 年 8 月 26 日，省内第一套与 300 立方米高炉配套的干式布袋除尘系统在石钢投入运行。之后，承钢、新兴铸管工厂的 300 立方米高炉亦采用单一干式布袋除尘器与之配套。邯钢在煤气除尘系统增加电除尘器。

1992 年 12 月 10 日，承钢炼铁厂 3 号高炉布袋除尘工艺投入运行，并与 4 号高炉布袋除尘系统联网。

1993 年 5 月，邯钢设计院与北京钢铁设计研究总院共同设计的"1260 立方米高炉煤气湿除尘系统"通过省级鉴定。

2004 年，河北敬业钢铁有限公司 3 座 500 立方米高炉建成干法除尘装置；2005 年 3 座 588 立方米高炉和 3 座 1080 立方米高炉、2010 年 3 座 1260 立方米高炉分别建成干法除尘装置。

2007 年 6 月，唐山国丰钢铁有限公司北区 3 座 450 立方米高炉布袋除尘建成，出口煤气含尘量不高于 10 毫克/立方米。2007 年 12 月 1 号 1780 立方米高炉、2009 年 2 月 2 号 1780 高炉布袋除尘投入使用，出口煤气含尘量不高于 8 毫克/立方米。

2009 年，唐山东海钢铁集团特钢有限公司建成 5 套高炉煤气干法除尘装置。

五、高炉炉顶余压利用

高炉炉顶余压利用方式有 TRT 机组和 BPRT 机组两种机组。

1991 年 11 月 7 日，唐钢二炼铁厂 1 号高炉炉顶余压发电工程开工，1993 年 10 月 14 日建成投产。

1994 年 9 月 30 日，唐钢 2 号高炉 TRT 余压发电工程竣工。

2004 年 1 月，德龙钢铁有限公司（邢台）6 号高炉在省内第一家安装使用了 BPRT 机组，2008 年 2 月 7 日，7 号高炉 BPRT 机组投产。

2008 年 9 月，唐山中厚板材有限公司高炉煤气综合利用项目顺利通过国家发展改革委专家组节能量核定。该项目年节约标煤 5.3 万吨，可为公司争取 1500 万元国家财政专项奖励资金。该项目于 2008 年初申报，旨在减少高炉煤气放散量，改善环境，节约能源。

2008 年，河北敬业钢铁有限公司 3 座 1080 立方米高炉建成 TRT，装机 6 兆瓦，正常年发电量达到 23 吉瓦时；2010 年，4 座 1260 立方米高炉建成 TRT，装机 8 兆瓦，正常年发电量达到 41 吉瓦时。

2010 年 2 月，河北省首钢迁安钢铁有限责任公司建成 CCPP 发电装置，年发电量可达 1083 吉瓦时。

2010 年 6 月 28 日，随着 10 号 75 吨/小时全燃煤气锅炉试运行成功，标志着河北钢铁集团唐钢公司炼铁北区新增余热发电工程全部建成投产。该工程投产后每年平均可利用高炉煤气 6 亿多立方米、发电 2 亿千瓦时。

2010 年 9 月 30 日，河北钢铁集团宣钢公司新建 15 兆瓦 TRT 发电机组成功并网发电。TRT 发电机组为干式透平发电机组，效率比传统结构的 TRT 透平发电机提高 3%～5%。

2012 年，德龙钢铁建设了 BPRT 能量回收装置，之后一些钢铁企业陆续建设这种装置。

六、煤气回收与利用

1982～1986 年，唐钢、邯钢、邢钢、石钢先后为高炉、焦炉、转炉建设煤气柜 6 座。

1994 年 9 月，唐钢炼铁新区热电联产工程建成投产。1995 年 5 月 1 日，北区热电联产工程全部建成投产。

2008年6月24日，宣钢2号25兆瓦汽轮发电机试车并网一次成功，顺利发电。

2009年，总投资6.7亿元的河北钢铁集团邯钢公司新区热电厂项目，1号、2号机组和3号机组分别于5月、9月16日一次成功并网发电。河北钢铁集团邯钢公司新区热电厂项目是河北省发展改革委批准建设的省级重点节能减排项目。为实现资源综合利用，此前邯钢先后建成投产3套高炉煤气余压发电机组（TRT）、2套燃气蒸汽联合循环发电机组（CCPP）。

2010年2月9日，河北钢铁集团唐钢公司南区发电工程1号130吨/小时全燃煤气锅炉和25兆瓦发电机组正式并网运行，标志着唐钢能源高效利用又迈出了坚实一步。

2010年2月，河北钢铁集团邯钢公司30兆瓦发电机组开始建设；9月中旬具备了热态试车条件，10月并网发电。项目总投资4900万元，年设计发电2.4亿千瓦时。

七、其他

1988年，河北省大、中、小炼铁企业都结束了高炉排出干渣的历史。

1994年12月10日，唐钢二炼铁厂1号高炉全年工序能耗450千克标煤/吨，2号高炉工序能耗440千克标煤/吨，均达到特等工序。

1999年7月，邢钢2号、4号高炉实施了焦丁回收入炉。

2003年1月，唐钢高炉渣综合利用工程竣工投产。

2003年6月29日投产的石钢420立方米高炉采用分体式高炉渣轮法粒化装置。

2009年10月，河北钢铁集团邯钢公司30万立方米POC新型稀油密封干式高炉煤气柜投入运行，是全国最大容量的干式煤气柜。该工程投资5990万元，是邯钢老区改造3200立方米高炉配套项目，是邯钢最大的能源输配站。

2010年3月，河北钢铁集团唐钢公司动力厂RH燃气快速锅炉正式投入运行，保证了低温余热发电系统的稳定和RH炉的正常生产。

2015年后，多数钢铁企业建设了高炉冲渣水余热供暖工程。

经过十几年的淘汰落后炼铁产能和压减过剩炼铁产能、炼铁产能等量置换和减量置换，以及炼铁装备的改造升级，到2015年底，河北省基本实现了炼铁装备大型化，高炉喷吹煤粉技术、高炉煤气净化技术、高炉煤气余压发电技术、高炉除尘技术、炼铁污水处理等节能减排技术得到了普遍应用，一些新兴节能环保技术也进行了探索。

在高炉喷吹煤粉方面，2015年底河北省60家钢铁联合企业拥有喷吹煤粉设施180套，绝大多数1000立方米及以上高炉都是在建设高炉时即配套建设了喷吹煤粉设施，基本是一座高炉配备一套喷吹煤粉设施，只有少数600立方米左右的中型高炉是两座高炉共用一套喷吹煤粉设施，大部分企业的喷煤比达到150千克/吨铁左右，部分企业的喷煤比可以稳定在160千克/吨铁左右，德龙钢铁喷煤比最高，可以稳定在180千克/吨铁。

在煤气净化回收方面，2015年底河北省60家钢铁联合企业拥有煤气净化设施155套，有32家企业拥有高炉煤气柜，绝大多数高炉煤气柜是10万~20万立方米，最大的煤气柜是河钢邯钢和河钢承钢建设的30万立方米的煤气柜。

在高炉余压发电方面，2015年底河北省60家钢铁联合企业拥有高炉余压回收设施216套，其中TRT 169套，BPRT 47套。绝大多数高炉是在建设的同时即上了高炉余压回收设施，基本是一座高炉配备一套，也有个别企业是两座高炉共用一套。TRT、BPRT的装机容量大多在4.5~10兆瓦之间，发电量40千瓦时/吨铁左右。自从2004年1月德龙钢铁在我省高炉余压回收利用中首次采用BPRT工艺之后，2006~2012年，特别是2009~2010年河北省钢铁联合企业在大于1000立方米的高炉上集中建设了一批BPRT设施，可节电40%左右。

在高炉除尘方面，2015年底河北省60家钢铁联合企业拥有高炉除尘设施779套。基本上是一座高炉拥有多套除尘设施，高炉炉顶、出铁场、矿槽、喷煤、上料及转运等都建设了除尘设施，基本采用布袋除尘，少数企业部分部位采用电除尘，也有个别企业的某个污染点采用电袋复合除尘。

污水处理方面，2015年底河北省60家钢铁联合企业拥有高炉污水处理设施 144 套。有的采用底滤法沉淀池工艺、有的采用粒化沉淀池工艺、有的采用平流式沉淀池工艺、也有的采用曝气+平流+多介质过滤+超滤工艺等，经过处理的污水循环梯级利用，大多数企业都做到了污水零排放。

第五节　炼　钢

河北省炼钢生产分为转炉炼钢和电炉炼钢，以氧气顶吹转炉炼钢为主。炼钢工序主要采用了铁水热装、转炉煤气回收和烟道汽化冷却蒸汽回收、电炉炼钢煤氧助熔、烟气净化、钢渣利用及风机变频调速等节能环保工艺技术，部分企业建设了转炉一次烟气 LT 干法除尘和三次除尘设施。

1979 年，唐钢一炼钢厂氧气侧吹转炉铁水热装新工艺，获河北省科委技术革新成果二等奖。

1980 年，唐钢由两座 100 立方米高炉和 35 吨化铁炉联合供转炉铁水；1983 年，四座 100 立方米高炉恢复生产后，全部实行铁水热装，取消了化铁工序，摒弃了延续 20 年的自产铁水铸块、化铁炼钢的旧工艺。1985 年初，唐钢一炼钢厂实现铁水全部热装，结束了该厂化铁炼钢的历史。石钢空气侧吹转炉从 1984 年开始进行高炉铁水热装炼钢试验，1987 年 300 立方米高炉投产，空气侧吹转炉改造为氧气顶吹转炉，取消了化铁工序，全部采用高炉铁水直接向转炉热装炼钢法。邯钢一炼钢 20 吨氧气顶吹转炉投产后，1983 年 8 月增设了 300 吨混铁炉，建成高炉铁水热装线，部分实现了高炉铁水直接热装炼钢冶炼。1988 年底，全省有 15 座转炉、总容量 173 公称吨位实行了高炉铁水热装炼钢，热装比占 50%。

1981 年，石钢进行了电炉不烘炉直接炼钢试验，1983 年后在全省普遍推广。

1982 年，唐钢试验成功转炉炼钢油水乳化冷却氧枪。

1984 年 12 月，唐钢二炼钢厂建成转炉煤气回收工程。

1985 年，唐钢 5 吨电炉试验成功电炉煤氧枪助熔技术。1985 年 11 月 5 日，唐钢与北京钢铁学院合作研究的电弧炉煤粉——氧枪助熔技术，通过部级技术鉴定。1987年，在唐钢建成了煤氧枪助熔技术现场示范线。1988年7月，唐钢电炉炼钢厂2号电炉使用煤氧喷吹新技术。1991年4月，石钢与北京科技大学共同开发了煤氧喷吹助熔技术，并应用于石钢两座电炉。30吨电炉煤氧助熔技术1992年9月通过国家能源公司和冶金工业部验收鉴定。

1986年，唐钢从日本引进转炉钢渣处理设备，为国内第一家采用自磨机处理钢渣。

1992年6月18日，唐钢开发的河北省重点技术开发项目"钢渣处理与利用技术""浇钢用FLK滑动系统新技术""转炉化铁炉除尘循环水水质稳定技术""连铸机优化控制系统"，通过省级鉴定。

1993年5月，石钢采用了钢水包底吹氩技术。唐钢二炼钢厂与上海工业大学合作，在1号转炉共同开发试验了炼钢高科技"声纳化渣"技术；7月，转炉烟尘烟道采用水冷方接头实验成功。

1993年11月，承钢DI-NB型水平带式真空过滤机处理转炉污泥新工艺被冶金工业部评为科技进步奖三等奖。

1994年5月14日，承钢炼钢厂将日本富士逆变器分别应用在3号转炉氧枪自动升降变速和转炉炉体倾动调速上，经调试获得成功，是交流变频调速新技术首次在国内冶金企业中应用。

1994年10月，承钢炼钢厂水平袋式DL-ND型真空过滤机处理转炉污泥新工艺获联合国环境治理奖。

1994年12月20日，承钢年处理废渣36万吨的钢渣生产线主体工程通过验收。

1997年，宣钢实施转炉红泥与废弃钢渣综合利用的开发研究，在国内首次开发出了以含铁磁粉与转炉红泥为主要原料的新型转炉造渣剂—磁粉冷压块制备工艺，并实现了工业生产。2001年，获河北省科技进步奖三等奖。

1998年10月15日，石钢氧气分厂主冷与贮槽连通注液启动空分装置、600吨混铁炉高炉煤气富氧燃烧保温系统、LF精炼炉在电炉中的应用等三项技术分别获得省级优秀新技术奖一、二、三等奖。

1999年9月28日，石钢30吨电炉及LF30吨精炼炉除尘系统竣工运行。

2003 年，唐钢"LF 炉静止动态无功补偿应用技术研究"课题完成；12 月 20 日，通过省级技术鉴定。2004 年 12 月获河北省科技进步奖三等奖。

2004 年，宣钢"转炉煤气回收及综合利用"获中国钢铁工业协会、中国金属学会冶金科学技术奖三等奖。

2005 年 12 月，河北敬业钢铁有限公司 3 座 150 吨转炉建成 3 套煤气回收装置，平均每炉回收量 18500 立方米；2010 年 6 月，4 座 80 吨转炉建成 4 套煤气回收装置，吨钢煤气回收量 106.5 立方米。

2006 年 11 月 29 日，唐钢举行一钢轧厂转炉烟气分析项目签字仪式。

2009 年 7 月 30 日，河北钢铁集团唐钢公司 8 万立方米转炉煤气柜正式投运。设备运行稳定，其中一钢轧厂平均单炉回收时间较以前延长 2 分钟，转炉煤气回收量可达 80 立方米/吨钢以上，二钢轧厂转炉煤气回收量可达 90 立方米/吨钢以上。

2009 年 7 月，河北钢铁集团邯钢公司新区炼钢成功实现负能炼钢。新区炼钢通过合理优化工艺流程和炼钢工艺，缩短吹炼时间，降低各项消耗；采用高效供氧技术，缩短冶炼时间，加快钢包周转；努力降低铁钢比，增加废钢用量；采用铁水"三脱"预处理技术减少转炉渣；优化复合吹炼工艺，降低氧耗，提高金属收得率；采用自动炼钢技术，实现不倒炉出钢；减少蒸汽放散，提高蒸汽利用率等。投产仅 3 个月实现负能炼钢，创国内实现负能炼钢时间最短纪录。

2009 年 11 月，河北钢铁集团承钢公司投资 1500 余万元的 2 座 100 吨转炉、1 座 120 吨转炉系统二次除尘改造工程动工，是承钢重大环境治理项目之一。项目竣工后，达到岗位粉尘浓度 8 毫克/立方米；烟囱的排放浓度不大于 20 毫克/立方米；除尘风机噪声不大于 70 分贝的环保目标。

2010 年 4 月，河北钢铁集团邯钢公司西区创新炼钢蒸汽回收技术取得成功，利用先进的变压式蓄热器和蒸汽脱水器，采取"循序渐进、稳压稳量"运行方式进行回收，使转炉在炼钢期间的间断、波动蒸汽等变为连续、稳定、蒸汽干度适宜的蒸汽源，连续不断地送入生产蒸汽管网，是国内首家实现炼钢干法除尘工艺"部分"蒸汽自产自用新技术，吨钢回收蒸汽 75 千克，达到国内先进水平。

2010年4月，河北钢铁集团邯钢公司三炼钢厂8座容积为1024立方米的渣池钢渣处理改造项目全部建成投入运行。项目采用焖渣法处理操作工艺和打渣水回收循环再利用工艺技术，解决了钢渣处理水耗高、污染地下水难题。

2010年5月，河北钢铁集团邯钢公司西区炼钢厂负能炼钢指标再创新高，转炉工序能耗吨钢达到-10.47千克标准煤，居行业同类型炼钢厂第一；同时，吨钢煤气回收量连续两个月超过120立方米、最高已达135立方米；吨钢蒸汽回收量连续两个月超过70千克、最高达80千克，这两项指标全部达到国内同类型炼钢厂领先水平。

2010年8月10日，河北钢铁集团唐钢公司钢渣改性气淬处理工程启动。钢渣改性气淬处理工程是唐钢公司紧密结合自身实际，依靠自主创新和产学研相结合的技术创新模式形成的，具有自主知识产权的核心技术，是科技部立项的"钢铁企业低压余热蒸汽发电和钢渣改性气淬处理技术及示范"课题的支撑项目。

2010年10月中旬，河北钢铁集团承钢公司在炼钢提钒工序中，添加铁块冷却提取钒渣生产工艺改为添加热压铁粉球。

2011年，河北钢铁邯钢公司自主设计的炼钢回收蒸汽给余热发电汽轮机补汽的系统改造通过省级鉴定，整体技术达到国际先进水平。

2013年2月，河北前进钢铁有限公司"连铸机热坯高温热能回收利用装置"，获实用新型国家专利。

2013年8月12日，瑞丰钢铁集团钢包全程加盖节能系统投入运行。

2014年5月，河钢唐钢物流公司北渣山区铁路实现计算机连锁并开通使用。河钢唐钢从此结束了自建厂以来，一直沿袭的钢渣露天热泼式翻卸的历史，实现了炼钢渣环保无尘接卸、室内闷渣处理、环保再利用的集约化经营。

进入"十二五"，河北钢铁行业把建设资源节约型、环境友好型企业作为加快转变发展方式的着力点。炼钢工序推广采用了一批成熟的节能减排技术和环保技术。

转炉炼钢随着煤气净化回收量和烟气余热回收量的提高，以及铁水热装、优化炼钢工艺等节能技术的推广应用，2012 年河北钢铁联合企业 91% 的转炉实现了负能炼钢，2014 年全部转炉实现了负能炼钢。到 2015 年，转炉炼钢工序能耗（标准煤）平均 -12.83 千克/吨，达到国家标准 GB 2156—2013《粗钢生产主要工序单位产品能耗限定值》规定（≤10 千克(标准煤)/吨）。其中，河钢集团唐钢转炉炼钢工序能耗 -30.02 千克(标准煤)/吨，达到标准规定的单位产品能耗先进值（≤-30 千克(标准煤)/吨）。

转炉炼钢在治理大气污染物方面，全部采用了一次烟气除尘和二次烟气除尘。一次烟气除尘以湿法除尘为主，如新 OG 法、塔文法等，部分企业采用了 LT 干法除尘；二次烟气除尘及铁水预处理、混铁炉、精炼炉均采用布袋除尘。转炉烟气除尘后的颗粒物浓度，都达到 DB 13/2169—2015 特别排放限值要求。电炉炼钢烟气经除尘后，其颗粒物排放浓度，也达到了 DB 13/2169—2015 的排放限值要求。

在资源综合利用方面，钢渣利用率逐步提高，2015 年达到 98.93%；2018 年钢渣利用率 99.56%，比上年降低 0.20 个百分点。

第六节　轧　　钢

轧钢是黑色金属压力加工工序，主要采用了热送热装、一火成材、蓄热式燃烧等节能工艺和技术及污水处理回用等节水和环保技术。

1979 年，唐钢中型厂 1 号、2 号加热炉实现炉体绝热密封；1980 年，唐钢中型厂加热炉安装片状空气换热器和远红外线加热器；1980 年线材厂加热炉采用无水冷滑轨；1982 年唐钢开坯厂加热炉改水冷出钢坡道为耐热出钢坡道；1987 年唐钢三轧钢厂加热炉采用无水冷滑轨和耐火纤维绝热保温；1988 年唐钢三轧钢厂对加热炉炉体实行整体捣打新工艺；1989 年唐钢四轧钢厂加热炉安装高效喷流换热器，同年加热炉现场整体浇铸代替了砖砌炉体。

1981~1985 年，河北省冶金研究所研制成工业窑炉燃煤机并在工业炉中应用，获 1985 年河北省科技进步奖二等奖。1984 年，省冶金能源环保研究所与廊坊市钢厂合作研制成功 WY 往复炉排燃煤加热炉，1985 年获省科技进步奖三等奖。省冶金能源环保研究所"3WY 型往复炉排在燃煤加热炉上的应用及余热利用研究"1985 年获冶金工业部科技成果奖四等奖。

1982 年开始，河北省逐步开展轧钢加热炉晋等省级工作；同年，省冶金能源环保研究所开始在全省钢铁企业开展轧钢加热炉热平衡测试工作。

1984 年，石钢在中型加热炉上使用高铝浇注料整体浇注炉顶取得成功。唐钢开坯厂加热炉采用仪表系统自动化测量与调节炉温、炉压等基础上，于 1985 年进一步使用计算机控制。

1985 年 12 月，张家口冶金制氧机备件厂与北京钢铁学院、邯钢共同研制成高效喷流换热器作为烟气余热回收装置，1987 年获河北省科技进步奖二等奖，之后在省内外轧钢加热炉上广泛采用。

1985 年，唐钢与省冶金能源环保研究所共同研究的普通硅酸铝耐火纤维在轧钢连续加热炉的应用，获 1985 年河北省科技进步奖三等奖。

1996 年一火成材改造成功，燃料消耗从改造前的 100 千克（标准煤）降为 60 千克（标准煤）。1999 年 8 月，实现连铸坯热送热装工艺，大幅降低燃耗。

1997 年 7 月，邯钢连铸坯（方坯、板坯）热装热送，即转炉—精炼—连铸—热送热装—加热—连轧新工艺开始实施。

1999 年，宣钢在第二轧钢厂成功推广河北省轧钢一火成材新技术。

2001 年 9 月 6 日，石钢一轧加热炉改造竣工，并在技术上创造了三个国内第一，即第一座采用空气、煤气双预热蓄热式烧嘴的加热炉，第一座空气、煤气用蓄热式预热和换热器预热的组合式加热炉，第一座用纯高炉煤气加热合金钢的加热炉。

2002 年 3 月 26 日，邯钢三轧厂污水处理系统通过省级技术鉴定。

2002 年，宣钢第二轧钢厂二小型加热炉应用蓄热式燃烧技术，实现加热炉使用高炉煤气。2003 年，"蓄热式燃烧技术在宣钢加热炉上的研究与应用"获河北省科技进步奖三等奖。

2004 年 6 月 18 日，唐山国丰 1450 毫米中薄板坯连铸连轧生产线动工，2005 年 12 月竣工试产，2006 年 1 月 24 日正式投产，是国内第一条拥有自主知识产权的热轧卷板生产线。

2004 年 12 月~2006 年 10 月，河北敬业钢铁有限公司棒线材轧钢加热炉实施双蓄热燃烧。2005 年 1 月，3 座板坯加热炉实现双蓄热燃烧。2005 年 3 月，棒线材加热炉开始热送热装，2010 年全部棒线材生产线实现热送热装，热装率达到 85%。

2006 年 12 月和 2010 年 4 月，河北省首钢迁安钢铁有限责任公司先后 2 条轧钢生产线实施低温轧制。2006 年 12 月和 2009 年 12 月，2 座轧钢加热炉实现热装热送，热装率分别达到 40%和 60%。

2009 年 1 月到 9 月，河北钢铁集团唐钢公司热轧宽钢带成材率、冷轧宽钢带工序能耗、热轧中厚板成材率、热轧窄钢带成材率、热轧窄钢带工序能耗 5 项指标名列全行业第一。

2009 年 1 月到 10 月，河北钢铁集团邯钢公司连铸连轧厂工序能耗 32 千克(标准煤)/吨，位居行业第 1 名。2010 年 2 月，河北省"双三十"重点节能减排项目，河北钢铁集团邯钢公司连铸连轧厂 CSP 加热炉余热回收利用项目顺利投入使用。CSP 加热炉余热锅炉设计年生产蒸汽 43200 吨，折合 4825 吨标准煤，年可创效益 453 万元，并且可将排烟温度降到 200℃以下。夏季可以并入蒸汽管网，省出高炉煤气用于发电；冬季可以弥补蒸汽不足，减少发电锅炉抽汽量，增加发电量。

2009 年 9 月，唐山东海钢铁集团特钢有限公司建成棒材生产线 1 条，热送比达到 90%以上，钢坯热装温度 750℃以上，加热炉采用双蓄热燃烧方式。

2010 年 8 月 7 日，河北钢铁集团邯钢公司西区二期（冷轧）项目 2180 酸洗联合轧制机组重要配套辅助设施 16000 升/小时酸再生站成功点火烘炉，这标志着酸再生机组正式投入使用。项目引进美国 ISSI 公司的盐酸再生技术。整个酸再生机组将主要处理酸轧机组钢板酸洗产生的废酸，经酸再生机组处理后产出再生酸，重新投入到生产中循环使用。同时，还可以生产出高质量的副产品氧化铁粉，用作生产磁性材料和颜料的原料。

2013 年 7 月，河钢承钢 1780 毫米生产线加热炉余热蒸汽提压项目正式竣工投产，西地饱和蒸汽发电机组汽源得到进一步优化。

2010~2015 年，轧钢工序能耗因钢材品种的变化而有所波动，总体来讲，处于波动下降趋势。

2015 年，河北省冶金行业协会入统的钢铁企业轧钢工序能耗（标准煤）平均为48.92 千克/吨；2018 年，轧钢工序能耗（标准煤）平均为44.25 千克/吨。

轧钢加热炉均使用清洁燃料，大部分企业为净化后的高炉煤气和转炉煤气，使用电炉炼钢的短流程企业和独立轧钢企业，轧钢加热炉燃料为天然气或发生炉煤气。轧钢加热炉均采用蓄热或双蓄热燃烧技术，降低了燃料消耗。

钢铁联合企业基本采用了连铸坯热送热装技术，热装温度 400~800℃，河钢邯钢等企业采用了薄板坯连铸连轧工艺。

部分轧钢加热炉采用汽化冷却工艺，所产蒸汽并入企业蒸汽管网，部分企业供给蒸汽轮机发电。使用水冷却的轧钢加热炉都采用循环冷却，冷却水循环率达到95%以上。

除鳞水和辊道冷却水一般采用旋流井处理，氧化铁皮送烧结工序配料使用，河北东海特钢集团有限公司等企业使用稀土磁盘处理轧钢污水。

轧钢加热炉由于所用燃料为清洁燃料，一般不需要除尘和脱硫，部分企业采用了低氮燃烧器或低氮燃烧技术。

河北省钢铁企业有冷轧工序的，配置了油雾分离器、布袋除尘器，使用酸雾洗涤塔、碱雾洗涤塔、钝化洗涤塔等装置净化气体污染物，并对废酸进行再生利用。

第七节 焦　化

焦化工序主要应用了煤气净化回收、化产回收、污水处理以及干熄焦等节能环保技术。

1981 年和 1987 年，石家庄焦化厂 2×25 孔纵蓄热室亨塞尔曼中型焦炉和 2×20 孔亨塞尔曼焦炉移地大修。1987 年 10 月 22 日开始建设 30 孔焦炉和与总规模配套的引进联邦德国的全负压煤气净化回收系统。

1984年11月，宣钢焦化厂两座58-1型焦炉移地大修，焦炭生产能力由56万吨增加到90万吨。对与焦炉配套的煤气净化回收系统进行改造，引进联邦德国的全负压煤气净化化产回收技术。1986年3月29日破土动工，于1988年建成。宣钢和石焦引进联邦德国的全负压煤气净化化产回收装置，标志着河北省的煤气净化和化产回收的工艺处于国内先进地位，技术装备达到国际水平。

2009年6月，省重点节能减排项目河北钢铁集团邯钢公司东区焦化厂1号干熄焦项目开工建设，2010年4月10日东区1号干熄焦开始温风干燥作业，进入烘炉阶段，4月29日建成投产。邯钢东区1号干熄焦项目总投资为1.58亿元，引进日本、德国等成熟干熄焦技术，技术和装备水平达到国内领先、国际先进。

2009年9月，河北钢铁集团宣钢公司焦油加工沥青新汽化器正式投入使用。对降低沥青放料温度、减少沥青烟排放、改善作业环境、减少大气污染作用巨大。2010年4月5日，河北钢铁集团唐钢公司炼焦制气厂精苯车间更换老系统管式炉项目正式拉开帷幕。该项目投产后，可节约煤气450立方米/小时。

2010年4月12日，河北钢铁集团唐钢公司炼铁厂北区焦炉煤气加压站改造工程破土动工。

2010年7月，河北钢铁集团宣钢公司焦化厂化产系统酸性气体智能湍冲式尾气吸收净化装置投入运行，有效减少了有害含硫尾气排放，提升了利用含硫气体生产硫铵产品的效益。河钢宣钢焦化厂继2009年先后完成工业萘转鼓捕集装置、沥青闪蒸油放散改造、沥青烟捕集系统更新改造、槽区蒸汽管网改造等多项节能减排项目后，2010年又实施了槽区烟气捕集项目、沥青水下成型项目、蒸馏塔蒸汽管网改造、一蒽油冷却器放散改造。

2010年8月，河北钢铁集团唐钢公司焦化工序在新系统现有7个储煤仓的基础上扩建2座直径16米、储量在4000吨的储煤仓及其相应设施。年直接获经济效益可达525万元。

2010年9月25日，河北钢铁集团宣钢公司焦化厂第一炼焦车间燃料由焦炉煤气置换为高炉煤气。

2010 年 10 月，河北省环境保护厅委托邯郸市环保局对河北钢铁邯钢公司焦化厂酚氰污水处理站工艺改造和 1 号干熄焦项目进行验收。焦化厂二回收车间酚氰污水处理站建于 1999 年，2000 年 6 月正式投入运行，主要负责处理炼焦、煤气净化和产品回收过程中排出的含酚氰等物质废水，处理后出水水质已达到国家一级排放标准。

2010 年 11 月 15 日，河北钢铁集团宣钢公司干熄焦工程项目本体装置装红焦投产，12 月 18 日 10 时 16 分正式并网发电。项目包括红焦处理能力为140 吨/小时的干熄焦装置和年发电量 1 亿千瓦时的汽轮发电机组，设计年发电量约 1. 16 亿千瓦时。

2010 年 11 月 18 日，河北钢铁集团邯钢公司改造后的 12 万立方米焦炉煤气柜正式投入运行，该煤气柜原为高炉煤气柜，新增加一台干式脱硫净化装置。

2015 年底，河北省拥有焦化装备的企业共计 66 家，其中钢铁联合企业中具有焦化工序的企业 9 家，独立焦化企业 57 家。经过"十五""十一五"期间的淘汰落后小焦炉的工作，炭化室高度不高于 4.3 米小焦炉已经全部淘汰。全省共有炭化室高度 4.3 米以上焦炉 219 座，其中炭化室高度不低于 5.5 米焦炉 86 座，占焦炉总座数的 39.27%。

2010~2018 年，各焦化厂都十分重视了节能环保工作，9 家钢铁联合企业中的焦化工序 38 座焦炉全部建设了干熄焦；57 家独立焦化企业多数建设了干熄焦。绝大多数干熄焦工艺采取的是抽气式发电，也有部分企业采取了纯凝发电工艺。各焦化厂全部建设了煤气净化脱硫装置，大部分企业采取 HPF 脱硫工艺，也有的企业采取真空碳酸钾法、PDS 碱法、石灰石石膏法（湿法）等脱硫工艺，使煤气含硫量达到 20~30 毫克/立方米。各焦化厂的焦炉煤气基本是 100%回收，2015 年省重点钢铁企业的焦炉煤气回收利用率达到 99.30%，2018 年钢铁企业焦炉煤气回收利用率 99.73%。

各焦化厂（工序）的污水均进行了处理，基本采用的是生化处理+深度处理，处理过的污水循环利用。在除尘设施方面，各企业不仅在配煤、装煤、破碎、筛分装有除尘设施，而且在推焦、干熄焦、焦仓都装有除尘设施，基本都是采用布袋除尘。

第八章 科技进步与创新

国民经济发展需要和市场需求是中国钢铁工业和河北省钢铁工业发展的拉动力，技术进步是中国钢铁工业和河北省钢铁工业崛起、发展的不竭推动力。改革开放特别是实行社会主义市场经济体制以来，钢铁企业逐步成为技术进步的主体。除国有钢铁企业唐钢、邯钢、宣钢、承钢、石钢等企业外，后来崛起的大型非国有制企业也陆续建立了技术中心（科技机构）、形成了以企业为主体、市场为导向、产学研相结合的技术创新和产品开发体系。2003年以后，唐钢、邯钢、新兴铸管、中钢邢机先后成为国家认定的技术中心，唐钢、邯钢、新兴铸管、中钢邢机和邢钢还建立了博士后科研工作站。

改革开放后科技创新为河北钢铁工业的快速发展和产业升级做出了重大贡献，有效地支撑了技术装备水平提升、产品结构调整和品种质量的提高，有力地推动了转变发展方式和实现由钢铁大省向钢铁强省转变。

第一节　重大科技进步

一、铁前工序

（一）干熄焦技术

"十一五"期间，中国干熄焦技术迅速发展，5年时间大中型钢铁企业投产和建成75套干熄焦装置。河北省第一个干熄焦节能环保项目2006年6月26日在唐钢炼焦制气厂5号、6号焦炉干熄焦工程建成投产，其150吨/时焦炭处理能力和97%的设备国产化率居国内首位。2008年7月31日，河北钢铁集团唐钢炼焦制气厂 1~4 号焦炉干熄焦工程顺利投产，焦炭处理能力达到 180 吨/时。2009 年，河北钢铁集团邯钢新区先后有两座焦炭处理能力 140 吨/时的建成投产；2010 年 4 月 29 日，邯钢东区处理能力 75 吨/时的干熄焦项目投入运行。2010 年 11 月，河北钢铁集团宣钢焦化厂建成一座焦炭处理能力 140 吨/时的干熄焦装置。2011 年 7 月，邢钢焦炭处理能力 110 吨/时的干熄焦装置投产；同年 10 月，承钢中滦公司干熄焦处理能力 80 吨/时干熄焦工程开工建设，2012 年 10 月投入运行。

之后，随着节能环保标准和对干熄焦认识的提高，一批焦炉干熄焦工程相继建成投产。2018 年底，全省有焦化工序的钢铁联合企业，焦炉全部实现干熄焦。

(二) 提高高炉原料质量

1978 年后，河北省高炉炼铁积极推行精料技术，重点抓好高炉入炉原料质量，大大促进了高炉炼铁指标改善和铁水质量提高。

1. 淘汰土烧结

土烧结生产主要依靠人工作业，在地面上挖沟，铺上炉条，堆上矿粉、熔剂、燃料的比例混合物，点火后用鼓风机就地吹风烧结，俗称"平地吹"。土烧结生产不仅劳动强度大，生产效率低，严重污染环境，而且烧结矿质量差。1979 年熟料比达到 97.84%；1988 年达到 98.94%，在人造块矿总量中，土烧结矿占 15.58%，以后逐年减少，到 1993 年底，基本淘汰了土烧结，取而代之的是烧结机烧结。

2. 提高机烧结矿质量

(1) 应用原料混匀技术。为解决铁精粉来源多和品位波动大，从而导致烧结矿品位不稳定，进而影响高炉冶炼指标的问题，建设原料混匀料场是一种有效手段。20 世纪 80 年代以来，随着烧结机和高炉装备水平的提高，对烧结矿质量的要求也不断提高，各钢铁企业逐渐重视烧结原料的管理，以提高烧结矿成分的稳定率。1981 年，邢钢进行原料场改造，增设机械化设备，进行中和混匀平铺切取，减小铁精粉品位波动。1987 年 7 月，宣钢烧结原料场改造完成，实现了机械化装卸和微机控制，使 8 个以上品种的铁精粉分别堆放，二次回装按品种配料，同年 10 月份，烧结矿合格率达到 95.2%。1988 年，全省烧结矿平均含铁量波动 ≤ ±1.0 的稳定率为 72.24% ~ 92.62%。继邢钢、宣钢之后，邯钢、唐钢等企业也相继建成了自动化程度较高的混匀料场。进入 21 世纪，民营企业快速崛起，河北敬业、唐山国丰等一批企业也建立了原料混匀料场，但原料场大小、自动化程度各不相同，因此，原料混匀效果也各不相同。

（2）生产高碱度、高品位烧结矿。高碱度烧结矿具有强度高、稳定性好、粉末少和还原性好的特点，有利于降低高炉焦比和提高高炉利用系数。从 1978 年 5 月开始，2672 工厂（现名新兴铸管）、邯钢、唐钢等企业，相继开始生产高碱度、高品位烧结矿。2010 年底，全省钢铁企业烧结矿合格率达到 93.40%，烧结矿品位 55.14%，烧结矿碱度 1.89（倍）；2015 年底，烧结矿合格率 96.22%，烧结矿品位 55.00%，烧结矿碱度 1.85（倍）。

（3）生产球团矿。球团矿粒度均匀，品位高、还原性好，有利于保证高炉炉料的良好透气性。中国高炉的炉料结构普遍采用高碱度烧结矿（75% ~ 85%）+ 酸性球团矿（10% ~ 15%）+ 天然块矿（10% 左右）。

河北省的球团矿生产，主要采用链算机—回转窑和竖炉两种生产工艺。1983 年 6 月，承钢建成投产了国内第一座年产 18 万吨氧化球团的链算机—回转窑，在冶金工业部攻关组的帮助下，通过设备改进和工艺参数的确定，达到了设计能力，获冶金部科技进步奖三等奖。截至 1988 年，河北省仅有 8 平方米竖炉 3 座，链算机—回转窑 1 座。到 2010 年底，河北省拥有链算机—回转窑 8 座，年产球团矿能力 998 万吨；至 2005 年底，对 32 家重点钢铁联合企业的调查，有 24 家企业拥有竖炉 52 座，总计 382 平方米，产能 1714 万吨。

2015 年，河北省 63 家准入钢铁企业共有链算机—回转窑 12 座，10 平方米及以上竖炉 95 座，8 平方米竖炉 4 座。

二、炼铁工序

1. 高炉喷煤技术

高炉喷吹煤粉是降低焦比、稳定高炉操作的有效措施。提高喷煤量的关键是煤种的选择、制粉、精料、高风温和富氧。随着我国钢铁产能的日益增大及高炉煤粉喷吹关键技术的不断进步和完善，以及中国优质炼焦煤资源的日渐匮乏，高炉喷吹煤粉在优化能耗结构、降低生铁成本等方面，正在扮演着越来越重要的角色。

邯钢1979年推行富氧喷煤，邢钢和2672工厂分别在1980年和1983年推行喷煤技术。"八五""九五"期间，国家把高炉喷煤技术纳入国家科技攻关计划，从而在钢铁企业迅速推广和应用。1993年，石钢从德国引进具有国际先进水平的KOSTE高炉浓相输送技术，当年投入运行，并被冶金工业部定为节约能源消耗示范推广项目。1994年3月20日，承钢自行设计并安装的炼铁厂4号高炉喷煤设备试验成功并投入运行。2001年6月承钢试验高炉"烟煤和无烟煤混合喷吹"获得成功。2002年，"宣钢1260m³高炉烟煤大比例混喷技术"项目获河北省科技进步奖三等奖。2005年10月邯钢开始推行无烟煤和烟煤混合喷吹。

1995年，省属企业（唐钢、邯钢、宣钢、邢钢、石钢、承钢、涞钢）高炉喷煤比45.5千克/吨，入炉焦比530千克/吨；2000年，喷煤比105.7千克/吨，入炉焦比448千克/吨；2005年，河北省冶金行业协会统计的19家重点钢铁企业的高炉喷煤比130.71千克/吨，入炉焦比408.36千克/吨；2010年，河北省冶金行业协会统计的36家重点钢铁企业的高炉喷煤比154.0千克/吨，入炉焦比383.0千克/吨；2015年，河北省冶金行业协会统计的58家会员钢铁企业的高炉喷煤比144.42千克/吨，入炉焦比369.0千克/吨。

2. 高炉炉顶煤气余压利用

TRT和BPRT是利用高炉炉顶压力能量的两种方式。到2015年，河北省高炉炉顶煤气余压都得到了利用，取得了明显的经济效益。

（1）TRT发电。TRT是高炉炉顶煤气压力回收透平发电机组的英文缩写。TRT发电是利用高炉煤气的余压，把煤气导入透平机中膨胀做功，驱动发电机发电的能量回收装置，是节能降耗、降低成本的重要手段之一。

我国TRT技术起步较晚，1980年上海汽轮机厂研制的中国第一台湿法TRT装备，在梅山钢铁公司3号高炉（1250立方米）上进行了工业试验，并投入正常运行。1984年，国产首套干法TRT成套设计，用于武钢3号高炉（1515立方米）。由于高炉煤气全干法除尘，没有新水消耗和废水排放，煤气含尘量低于湿法除尘，所以高炉很快以全干法除尘代替湿法除尘。同时，干法TRT发电率高于湿法30%左右。因此，继武钢之后，国内相继投产的都是干法TRT。

1993年10月14日，唐钢1号高炉投产的TRT，是河北省省内第一套，也是国产TRT示范机组。之后，宣钢、邯钢、承钢、邢钢、津西、新金、澳森等企业相继投产了TRT。2015年底，河北省高炉都建设了TRT（或BPRT）装置，63家准入钢铁企业共有183套TRT发电机组，取得明显的经济效益。其中，津西钢铁7号、8号高炉于2005年8月1日并网发电成功的全国第一台共用型TRT装置，是我国在共用型TRT发电工程的开发、研究领域的一个重要的里程碑，与一对一发电相比，具有投资相比较低，占地面积少等特点。

（2）BPRT。BPRT是高炉煤气透平和电动机同轴驱动高炉鼓风机组（Blast Furnace Power Recovery Turbine）的简称，利用高炉炉顶余压通过透平机转化为动能，带动鼓风机运行，而电动机只需输出鼓风机耗功和透平机做功之差，从而达到节电的目的。

2004年，陕西鼓风机（集团）有限公司研制出了第一台煤气透平与电机同轴驱动的高炉鼓风能量回收成套机组（BPRT），为国际首创，拥有自主知识产权。同年5月在河南安阳永兴钢铁公司450立方米高炉投运成功。2007年，德龙钢铁公司6号高炉应用BPRT是省内首次应用，通过一个多月的运行，平均每吨铁节电32千瓦时，节电率31.73%。

截至2015年底，河北省63家准入钢铁企业共有43套BPRT机组。

三、炼钢工序

1. 连铸技术

20 世纪 80 年代以来，通过引进移植和自主创新，我国连铸生产得到快速发展，1997 年连铸比达到 60.65%，2000 年达到 85.3%。特别是进入 21 世纪以来，在连铸技术及装备方面的研究取得了令世人瞩目的成绩。

1982 年，邯钢在国内首次利用德国技术自行设计，由衡阳冶金机械厂制造了一台小方坯连铸机，并投入生产，1983 年获冶金部科技成果特等奖。1988 年底全省已有 8 台连铸机在生产，转炉钢连铸比为 26.44%；1995 年连铸机数量达到 34 台，连铸比达到 62.92%；2000 年连铸机数量达到 58 台，连铸比达到 96.53%，连年居国内领先地位，其中转炉炼钢已全部实现了全连铸生产。在连铸机数量和能力增加的同时，连铸机的装备水平和铸坯的品种结构也发生了质的变化，不仅有小方坯连铸机、大方坯连铸机、矩形坯连铸机，还有普通厚板坯连铸机、大型厚板坯连铸机以及当代国际先进水平的薄板坯连铸连轧机，津西钢铁建设了 H 型钢异形坯连铸机。2000 年以后，无论是国有企业还是新崛起的民营企业，新增转炉炼钢产能均采用连铸生产，彻底淘汰了模铸。

在推广应用连铸技术中，邯钢于 1995 年 3 月 1 日实现全连铸生产，成为全国百万吨以上钢铁企业第一个全连铸企业，由省冶金厅牵头组织的"河北省炼钢连铸技术推广"项目，1996 年 12 月获得河北省科学技术进步奖一等奖，1997 年 12 月获得国家科学技术进步奖二等奖。

2. 炉外精炼技术

炉外精炼就是把一般炼钢炉中要完成的精炼任务，如脱硫、脱氧、除气、去除非金属夹杂物、调整钢的成分和温度等，部分或全部转移到钢包或专用容器中进行。这样就把炼钢分成初炼和精炼，炉外精炼也叫"二次炼钢"。炉外精炼可以大幅度地提高钢水质量，提高初炼转炉的生产能力和降低生产成本。

20 世纪 90 年代以来，随着连铸技术的发展和对钢材质量要求的提高，炉外精炼技术得到了相应发展。通过引进、消化吸收和自行研制开发精炼设备，开始广泛应用于国内钢铁企业。

河北省精炼技术的应用始于"八五"期间。1994 年 6 月 11 日石钢 40 吨 LF 电炉钢包精炼炉竣工投产，1995 年 2 月 17 日邯钢二炼钢分厂两座 25 吨 LF 钢包精炼炉建成投入使用，到"八五"末期仅有 3 座 LF 精炼炉。"九五"期间，共增建精炼炉 6 座，其中 100 吨的 2 座，40 吨的 4 座。2000 年以后，随着转炉全连铸生产，津西、国丰、德龙、港陆等绝大部分钢企都配备了 LF 精炼炉。生产连铸板坯或有高品种质量需求的企业，如邢钢、敬业、文丰、纵横等企业，除 LF 精炼炉外，还配备了 VD、VOD、RH 等精炼装备，河北钢铁集团配备了多座大公称吨位（≥100 吨）的 LF、VD、AOD、RH 精炼装备，满足生产纯净钢的要求。

2015 年，63 家准入钢铁企业有 17 家企业因生产一般用途的碳素结构钢钢坯或产品（主要为热轧钢带、盘条）没有精炼设备，其余 46 家企业共拥有炼钢精炼炉 132 座，其中 LF 精炼炉 97 座、RH 精炼炉 23 座、VD 精炼炉 7 座、CAS-OB 精炼炉 4 座、AOD 精炼炉 1 座。

3. 转炉溅渣护炉技术

转炉溅渣护炉技术是利用 MgO 含量达到饱和或过饱和的炼钢终点渣，通过高压氮气吹溅到炉衬表面上形成高熔点的渣层，减轻炼钢过程中对炉衬的机械冲刷和化学侵蚀，从而达到保护炉衬、提高炉龄的目的。

溅渣护炉是美国开发的一项提高炉龄的新技术。20 世纪 90 年代我国引进该项技术，推广应用和发展的速度很快。河北省在 1995 年开始组织在承钢推广溅渣护炉技术，之后逐步推广，到"九五"末得到了普遍应用，转炉平均炉龄由 1995 年的 840 炉提高到 2000 年的 4495 炉。随着冶炼和溅渣护炉工艺水平的提高，到"十一五"末的 2010 年平均炉龄达到 9936 炉。其中，唐钢达到 21472 炉，敬业钢铁达到 21200 炉，分别位于省内第一名、第二名，位于国内第七名、第八名。

四、连轧技术

连续轧制技术是轧制生产的重大技术进步。改革开放前和改革开放初期，轧制生产主要以复二重线材轧机、横列式小型型材轧机、叠轧薄板轧机、三辊劳特式中板轧机为主，生产效率很低。改革开放以来，随着连铸及轧制技术的进步，连续轧制已成为轧制生产的发展方向。

河北省连续轧制从引进长材连轧机起步。1985 年 6 月，邯钢从英国阿希洛公司引进一套 45 度无扭转高速线材轧机，最高轧制速度可达 90 米/秒；1986 年 10 月，唐钢引进具有 20 世纪 80 年代初国际水平的 75 度/15 度无扭高速线材轧机，最高轧制速度达到 110 米/秒。承钢 1990 年 5 月从德国引进半连轧小型棒材生产线建成投产，1996 年唐钢引进的 60 万吨连轧棒材生产线和邯钢中型半连轧棒材生产线改造竣工投产，2000 年 6 月石钢 60 万吨棒材连轧机投产。继长材连轧之后，板带材连轧开始起步。1996 年，国丰建成投产 1 套半连轧热轧窄带钢生产线，1997 年承钢引进的二手设备热轧中宽带半连轧生产线投产；1999 年 12 月，邯钢引进的西马克-德马格中薄板坯连铸连轧生产线热负荷试车一次成功，1900 毫米宽带钢轧机组（CSP）生产出第一卷热轧薄板。2003 年 1 月 29 日，唐钢中薄板坯连铸连轧生产线建成投产，设计能力为年产 150 万吨，主要品种为厚度 0.8~12.7 毫米、宽度 850~1680 毫米板材。之后，河北纵横钢铁、普阳钢铁、国丰、新金、港陆等企业也都先后建成投产了宽带钢热连轧机。2002 年 10 月 26 日，邯钢 130 万吨冷轧薄板工程引进德国西马克-德马克公司酸洗冷连轧机组和平整机组等关键设备的技术合同在北京人民大会堂举行，2005 年 3 月 26 日，生产线投入试生产，成为河北第一家生产冷连轧薄板的钢铁企业。2005 年 12 月 20 日，唐钢冷轧薄板厂冷连轧卷顺利下线，标志着已具备批量生产冷轧薄板的能力。2015 年后，全省钢铁企业的钢筋、线材、板材、中厚宽钢带、热轧窄钢带、热轧薄宽钢带和冷轧薄板带基本上实现了连续轧制（连轧或半连轧）。

第二节　科技成果与科技项目

一、科技成果

1978~2018 年，河北省钢铁工业多项冶金科技成果获国家、冶金工业部、中国钢铁工业协会和中国金属学会、河北省奖励。

1978 年，邯钢"电渣熔铸成型工艺生产螺旋型钢球轧辊"获得全国科学大会奖；1982 年宣钢龙烟铁矿"EL 系列乳化油炸药"获得国家技术发明二等奖，宣钢"Y-60/48 倾注式矮泥炮"获得国家技术发明三等奖；1983 年，宣钢焦化厂高挥发分弱黏结大同煤在炼焦中的利用获得国家科技进步奖四等奖；1985 年，唐钢 29U 矿用支撑钢获得国家科技进步奖三等奖；1988 年，张家口制氧机备件厂"高效喷流换热器"获得国家科技进步奖三等奖；1997 年，省冶金厅河北省炼钢连铸技术推广获得国家科技进步奖二等奖；2000 年，新兴铸管等"离心球墨铸铁管工艺及装备的研究"获得国家科技进步奖二等奖；2006 年，唐钢等"唐钢超薄热带生产线技术集成与自主创新"获得国家科技进步奖二等奖；2008 年，太原科技大学、河北文丰钢铁"一种空间机构的钢板滚剪切技术与装备"获得国家技术发明二等奖；2013 年，河北联合大学、河钢集团唐钢公司"钢铁企业低压余热蒸汽发电和钢渣改性全淬处理技术及示范"获得国家科技进步奖二等奖；2013 年，河钢集团舞钢公司"特厚钢板生产关键技术研究与创新"获得国家科技进步奖二等奖；2015 年，首钢京唐、河钢邯钢等"高效化微合金化钢板坯表面无缺陷生产技术开发与工程化推广应用"获得国家科技进步奖二等奖。

据不完全统计，1979~1988 年，河北省钢铁工业 72 项科技成果获得冶金工业部科技进步奖，1 项工程设计获得冶金工业部优秀设计二等奖；1989~1999 年获奖情况没有查到相关资料；2000~2018 年，河北省钢铁工业 143 项科技成果获得中国钢铁工业协会、中国金属学会联合颁发的"冶金科学技术奖"；1978~2018 年，河北省钢铁工业 519 项科技成果获得河北省技术发明家、河北省科技进步奖及河北省"科技兴冀省长特别奖个人奖"、省长特别奖、河北省科学技术省长特别奖（个人）、河北省科学技术突出贡献奖。

河北钢铁工业 2009～2014 年获得国家知识产权局授权专利 2981 项，其中发明专利 382 项、实用新型专利 2583 项、外观设计专利 16 项。河北省钢铁工业科技成果获得国家奖励情况见表 8-1，获得省部级奖励情况见表 8-2，河北省钢铁企业 2009～2014 年中国专利授权情况见表 8-3。

表 8-1　河北省钢铁工业科技成果获得国家奖励情况表

全国科学大会奖	国家技术发明奖		国家科技进步奖		
	二等奖	三等奖	二等奖	三等奖	四等奖
1	2	1	6	2	1

表 8-2　河北省钢铁工业科技成果获得省部级奖励情况表

年度	冶金科技进步奖				河北省技术发明奖		河北省科技进步奖			
	一等	二等	三等	四等	二等	三等	一等	二等	三等	四等
1978	—	—	—	—			1	3	7	2
1979		1	1	2					3	
1980			3	6						1
1981	1			2						1
1982			7	1						3
1983	特等1		5	5					1	4
1984		3								
1985		3	1	5			1	2	2	3
1986		4	2	11					4	
1987		优秀设计	1	1				1	2	5
1988			3	3				2	1	1
1989	—	—	—	—					7	1
1990	—	—	—	—					5	
1991	—	—	—	—			1	1	1	
1992									5	6
1993	—	—	—	—			1		5	3
1994							1	1	6	8
1995	—	—	—	—			1	3	16	

年度	冶金科技进步奖				河北省技术发明奖		河北省科技进步奖			
	一等	二等	三等	四等	二等	三等	一等	二等	三等	四等
1996	—	—	—	—			1	3	12	
1997	—	—	—	—				3	8	
1998	—	—	—	—				1	7	
1999	—	—	—	—			2	1	7	
2000	1						1	3	13	
2001		2	3				1	2	7	
2002	1		4					2	7	
2003		4	8					3	17	
2004		3	5					1	14	
2005		4	3				1	1	13	
2006	1	2	4					2	8	
2007		1	8		1	2	1	1	7	
2008	1	3	6			3		1	7	
2009		3	1						10	
2010		4	2			1			10	
2011	2	5	7			1		1	14	
2012	1	2	5		2		2		11	
2013	1	3	6			2		4	8	
2014	1		4			1	1	2	9	
2015		1	4		一等1		2	2	12	
2016	1	2	5		2	1	1	12		
2017		1	2			2	2	5	11	
2018	3	2	9		2	2	1	6	11	

表 8-3　河北省钢铁企业 2009~2014 年中国专利授权情况表

专利权人检索词	发明授权	实用新型	外观设计
河北钢铁集团	182	1383	6
新兴铸管	134	794	10
文丰钢铁	14	25	0
国丰钢铁	11	68	0
邢台钢铁+邢钢	10	102	0

专利权人检索词	发明授权	实用新型	外观设计
承德建龙	10	55	0
唐山建龙	9	97	0
河冶科技	5	5	0
津西钢铁	3	12	0
德龙钢铁	3	6	0
瑞丰钢铁	1	17	0
唐山港陆	0	7	0
唐山东华	0	5	0
河北前进	0	4	0
紫山特钢	0	2	0
河北敬业	0	1	0
唐山前进	0	0	0
普阳钢铁	0	0	0
合　计	382	2583	16

二、科技项目

河北省钢铁工业多年来承担了国家、冶金工业部、科技部、水利部、河北省科学技术厅、河北省冶金工业厅、河北省发展改革委、河北省工信厅、河北省质监局、河北省水利厅、河北省环保厅等下达的多项科技项目，基本都通过了验收，有些通过了成果鉴定。

1981 年 6 月，河北省冶金研究所同石钢、冶金设计院组成喷射冶金项目试验小组，次年在唐钢召开技术推广总结会议。

1982 年 9 月开始，承钢和北京钢铁研究总院合作进行的"铁水喷吹钠盐提钒试验"，1984 年 4 月获得成功。这一项目是国务院确定的 38 项攻关科研项目之一。

1988 年 9 月 27 日，邢机与河北机电学院共同研制的马钢高镍铬离心复合铸铁轧辊，通过省级鉴定。

1991 年 6 月 18 日，唐钢开发的河北省重点技术开发项目"钢渣处理与利用技术""高炉应用 HY 钟阀炉顶技术""浇钢用 FLK 滑动系统新技术""转炉化铁炉除尘循环水水质稳定技术""连铸机优化控制系统""铁合金矿热炉优化微机控制系统"等 6 项新技术认证通过省鉴定验收。

2005 年 10 月 23 日，石钢"数字化示范企业"项目通过河北省科技厅组织并主持的省级成果鉴定。

2008 年 6 月 4 日，河北省科技厅与唐钢在石家庄共同签署《河北省自然科学基金-钢铁联合研究基金协议书》，基金正式进入实际运作阶段，支持了多项钢铁科技项目。

2009 年 3 月 12 日，河北省科技厅在唐山市组织召开河北省钢铁工业技术升级研讨会，启动"河北省钢铁工业技术升级和发展战略研究"软课题。

2009 年 4 月 15 日，第二批河北省自然科学基金—钢铁联合研究基金项目经过专家评审后确定，共有高强钢筋现浇保温墙板结构体系受力性能的实验研究、FTSR 流程低温取向硅钢研制开发等 18 个项目获得省钢铁联合研究基金资助，资助金额 200 万元。

2009 年，河北省冶金行业协会承担了水利部"节水型社会建设"专题中的"钢铁企业节水技术标准"，通过了水利部水资源管理中心组织的验收，成果形成了河北省地方标准《钢铁企业节水技术导则》。

2011 年 12 月 3 日，河北省科技厅与河北钢铁集团联合设立"河北省钢铁行业技术升级专项资金"，与河北钢铁集团、河北联合大学联合设立"河北省自然科学基金—钢铁联合研究基金"。

2011 年 12 月 4 日，河北省科技厅受科技部委托，在唐山组织专家对国家科技支撑计划"钢铁企业低压余热蒸汽发电和钢渣改性气淬处理技术及示范"项目的两个子课题"钢铁企业低压余热蒸汽发电及能量系统优化"和"液态钢渣改性及气淬处理技术"进行验收。

2011 年 12 月 29 日，科技部邀请中国工程院殷瑞钰院士、张寿荣院士等 11 名专家，对"钢铁企业低压余热蒸汽发电和钢渣改性气淬处理技术及示范"重点项目进行验收。

2011 年，河北省冶金行业协会完成了水利部"水资源保护与节约"专题的"《工业企业水平衡测试导则》前期研究课题"。

2012 年 1 月 6 日，河北钢铁集团"唐钢 FTSC 薄板坯连铸新型结晶器技术开发"等 14 项产学研项目通过验收。

2012 年 3 月 24 日，承钢"钒生产工艺优化及技术集成创新"项目通过河北省重大技术创新项目评审组综合评审和验收。

2012 年 8 月 23 日，首钢京唐公司与冶金自动化研究设计院、东北大学、中科院沈阳自动化所及合肥工业大学等单位共同承担的国家"863"计划"流程工业能效分析与运行优化系统的开发与应用"重点项目之"大型联合企业先进能源管理系统开发与应用"课题通过验收。

2012 年 8 月，承钢首次承担的 2011 年度河北省专利战略引导计划项目——"承钢公司钒产品专利战略研究"通过验收。

2012 年 9 月 28 日，科技部在北京组织召开以首钢京唐为主要依托的"新一代可循环钢铁流程工艺技术"重大项目验收会。

2013 年 4 月 14 日，河北省科技厅、河北钢铁集团、河北联合大学签署河北省自然科学基金—钢铁联合研究基金第三期合作协议。协议期为 2014 年至 2016 年，协议额度为每年 350 万元，由三方共同出资。

2013 年 5 月 21 日，2013 年度河北省钢铁产业技术升级专项资金项目评审会召开。6 月，河北钢铁集团唐钢公司等 4 个子公司和钢研总院的 9 个科研项目立项为 2013 年度河北省钢铁产业技术升级项目，将获得省科技厅 1000 万元专项资金支持。

2013 年 7 月，承钢"商用钒电解液制备及相关技术开发"项目通过河北钢铁集团验收。

2013 年 7 月，河北钢铁集团邯钢公司承担的河北省自然科学基金项目"利用酸洗废液和镀锌锌渣为原料制备 MnZn 铁氧体的研究"通过省自然科学基金委员会验收。12 月 10 日，在唐山召开河北省自然科学基金—钢铁联合研究基金项目评审会议。

2013 年 9 月 6 日，承钢"钒钛磁铁矿钒提取技术创新及钒微合金钢研发"和"高速铁路用贝氏体高强螺纹精轧钢筋研发及产业化"两项科技成果通过河北省重大技术创新项目验收。

2013 年 9 月，宣钢承担的河北省 2011 年、2012 年钢铁产业技术升级项目"汽车轮胎子午线用帘线钢盘条的研发及产业化""特高压电力铁塔用耐低温冲击角钢（20 号以下）的开发"通过河北省科技厅验收。

2013 年 10 月，承钢与中科院过程所共同参与承担子课题的国家 863 计划课题"高毒性含铬废渣无害化处置与资源化利用关键技术研究"项目通过科技部技术验收。

2013 年 11 月 29 日，2014 年度河北省钢铁产业技术升级专项资金项目评审会召开。

2013~2015 年，河钢唐钢、河钢邯钢、河钢承钢、河钢宣钢等承担的多项钢铁产业技术升级项目通过验收。

2014 年 2 月 25 日，"十二五"国家科技支撑计划项目——"钢铁企业关键界面物质流、能量流协同优化技术与工程示范"课题启动会在课题负责单位首钢京唐召开。

2014 年 2 月 25 日，唐钢与北京科技大学合作的"唐钢高炉喷吹煤合理选择与搭配、实现性价比最优"项目通过结题验收。

2015 年 4 月 21 日，邯钢承担的省科技支撑计划钢铁专项"高级别汽车用冷轧面板产品研发及产业化"项目通过验收。

2015 年 5 月 7 日，河北省科技厅组织并主持河钢邯钢河北省钢铁工艺技术升级项目——"河北省冷轧及涂镀层钢板工程技术研究中心"建设项目验收。

2015 年 8 月，河钢宣钢与燕山大学合作项目"伺服电机驱动的连铸结晶器非正弦（含正弦）振动控制系统研制"获得国家自然科学基金。

2015 年 9 月，中钢邢机研发制造的 9FA 重型燃气轮机锻件顺利通过采购公司的审核验收认证，中钢邢机已成为中国唯一——家通过国际知名企业认证的生产重型燃气轮机锻件的企业。该产品填补了我国同类锻件产品制造的空白。

2015 年 11 月 9 日，河钢宣钢 1 号转炉智能炼钢项目顺利投用，被评为河北省"互联网+"制造业试点示范项目，填补国内空白。

2015 年 11 月 19 日，河北省工信厅组织《加快钢结构推广应用，助推化解过剩产能，带动河北钢铁产业转型升级》和《机械行业重点企业钢铁产品应用情况调研》课题验收。

2015 年 12 月 10 日，河北省冶金行业协会承担的河北省科技支撑计划项目"河北省钢铁产业技术升级实施方案"通过省科技厅组织并主持的验收。

2015 年 12 月 23 日，河钢邯钢承担的"焦化脱硫废液处理"等 2 项河北省科技支撑计划项目通过河北省科学技术厅验收。

2018 年 6 月 29 日，河北省冶金行业协会承担的河北省科技计划项目"钢铁企业两化融合规范"通过省科技厅组织的验收。

第三节　研发机构

改革开放之前，河北省冶金系统只有一个省级科研机构——河北省冶金研究所。该所建于 1974 年 5 月，主要从事冶金新技术、新工艺和新产品的研究开发，以及推广应用和服务，2005 年 4 月转制为科技型企业。企业科研机构有唐钢钢铁研究所，建于 1973 年 10 月，是河北省冶金系统最早的厂办研究所；宣钢钢研所，建于 1975 年 11 月；承钢钢研所，建于 1975 年 11 月；邯钢钢铁研究所，建于 1978 年 8 月；邢机轧辊和设备研究所建于 1978 年。

改革开放之后，"科学技术是第一生产力"成为共识，企业逐步成为技术进步的主体。1984 年 5 月，河北省冶金能源环保研究所成立，主要从事冶金企业节能及环保设备技术开发，承担河北冶金企业能量平衡测试、工程项目环境评价和监测，以及节能环保项目的设计等任务。各钢铁企业也陆续建立了企业研发机构（研究所或技术中心、研发中心等），形成了以企业为主体、市场为导向、产学研相结合的技术创新和新产品开发体系，成为企业发展和技术进步的有力支撑。

到 2018 年，全行业不仅有一批省级技术中心，还有河钢唐钢、邯钢、承钢、新兴铸管、中钢邢机的 5 个国家级技术中心；河钢唐钢、邯钢、新兴铸管、德龙钢铁、承德建龙、唐山建龙、邢台钢铁的 7 个博士后工作站，以及纳入省级管理序列的邢钢的"河北省线材工程技术研究中心"、河钢邯钢的"河北省冷轧及涂镀层钢板工程技术中心"、新兴铸管的"河北省球墨铸铁管工程技术研究中心"。

河钢集团不仅成立了河北钢铁技术研究总院，还合作建有：

北科大—河钢石钢汽车用钢冶金技术研究所（2005 年 6 月 16 日成立，设在北科大）；

河钢东大产业技术研究院（2016 年 7 月 6 日成立，本部设在东北大学，在河钢设立科研及科研成果产业化转换基地）；

河钢集团—昆士兰大学可持续钢铁创新中心（2017 年 3 月 17 日成立）；

河钢集团—冶金规划院协同创新研究中心（2018 年 1 月 13 日成立）；

河钢集团—山东电工电气集团铁塔用钢创新研发中心（2018 年 3 月 16 日成立）；

河钢集团—中国汽研汽车用钢研发中心（2018 年 5 月 23 日成立）；

河钢集团—北京科技大学钢铁绿色制造协同创新中心（2018 年 5 月 31 日成立）；

河钢集团—上海电气金属材料研发中心（2018 年 6 月 5 日成立）；

河钢集团—重庆大学西南研究院（2018 年 9 月 25 日成立）；

河北省钒钛产业技术研究院（2018 年 11 月 28 日成立，河钢集团联合中科院过程所、东北大学等共建）。

第四节　以团体标准参与冶金产业转型发展

近年来，为规范河北省钢铁工业企业的生产、管理，河北省冶金行业协会引导和组织企业积极参与制定各类技术、设备、工艺、产品等标准，旨在依标准引领钢铁工业企业全方位的提升和进步。

河北省冶金行业协会 2017 年在全国团体标准信息平台注册，随后开始协会团体标准制修订工作，2018 年和 2019 年制定了《钢铁企业两化融合规范》《钢铁企业环境保护成本统计导则》《铁矿粉造块工序设备规格与生产能力》《质量管理小组活动指南》等 7 项标准。

在确定团体标准制定计划时，协会首先考虑标准与行业发展的关系。

钢铁工业的发展需要从传统向可持续的智能化、绿色化转型，协会抓住转型升级的这个方向，确定标准制定的原则。

钢铁企业两化融合，是指以信息技术改造钢铁工业，使信息技术完全融入钢铁企业产品研发设计、生产制造、经营管理和营销服务过程，通过业务系统综合集成、企业间业务协同等建成完备的信息化系统，实现钢铁企业信息化，促进钢铁企业发展理念和发展模式的创新，提高钢铁企业运营效率；是钢铁工业智能化的体现形式。为此，协会制定的《钢铁企业两化融合规范》规范了钢铁企业两化融合，使信息化成为钢铁企业发展的内生要素，以提升钢铁企业的创新能力、能源资源优化配置水平和利用效率，减少污染物排放，实现创新发展、智能发展和绿色发展，形成可持续发展竞争能力。

国家规定了高炉、转炉的设备规格和生产能力，但对铁矿粉造块工序各种设备的规格及对应的生产能力、焦炉炉型及对应的生产没有规定，给行业管理和产能置换工作带来了极大的干扰。为此，协会制定发布了《铁矿粉造块工序设备规格与生产能力》《焦炉炉型与生产能力》。前一个标准规定了钢铁企业烧结机、竖炉、链箅机—回转窑、带式焙烧机规格及其对应的生产能力，并明确了炼铁高炉和造块工序设备之间的匹配关系，适用于钢铁企业铁矿粉造块工序中不同生产设备生产能力的换算，适用于核定相应设备的生产能力；后一个标准为焦炉各炉型对应的生产能力规范标准，对于调整优化焦化产业结构、促进焦化产业高质量发展，具有非常重要的意义。两个标准均被河北省工业和信息化厅采用，运用于产能置换工作。

随着我国生态文明建设和钢铁企业绿色发展的不断推进，环境保护投入逐年加大，环境保护成本逐渐提高，企业和政府部门迫切需要掌握钢铁企业环境保护成本统计信息。但钢铁企业之间环境保护成本的统计范围、计算方法各不相同，缺乏可比性，使企业和政府部门得到的信息混乱，亟须统一规范钢铁企业环境保护成本统计的范围、界定计算方法；铁前成本也存在同样的问题。同时，降低成本是企业增加效益的主要手段，成本对标是企业间对标的重要内容。为此，协会先后制定了《钢铁企业环境保护成本统计导则》和《钢铁企业铁前成本统计导则》，分别规定了两项成本的成本的构成、统计程序、统计范围、计算方法等内容，并规范了统计报表的格式，为建立钢铁企业成本数据库奠定了基础。

质量管理小组活动是企业改进各种过程的重要手段，协会制定了《质量管理小组活动指南》，规定了质量管理小组组建、活动程序、成果报告编写、成果发表、评审、激励、统计工具应用的内容和要求，用于指导冶金行业及各类组织有效开展质量管理小组活动。

采购经理指数（PMI）是通过对采购经理的月度调查得出的能够反映经济变化趋势的指数，协会几年前开始了河北省钢铁行业 PMI 指数发布工作。为进一步规范这一活动，我们制定了《钢铁行业采购经理指数调查导则》，规定了钢铁行业采购经理指数（PMI）的调查、编制和发布的程序和内容。

标准发布后，协会都及时在河北省钢铁企业进行了宣贯。

2019 年，协会的团体标准《钢铁企业环境保护成本统计导则》被工业和信息化部遴选为团体标准应用示范项目，是河北省唯一入选的团体标准，并被确定为亮点标准之一。

1. 河北省冶金行业协会发布的团体标准

T/HBMIA 1—2018 钢铁企业两化融合规范；

T/HBMIA 2—2018 钢铁企业环境保护成本统计导则；

T/HBMIA 3—2018 铁矿粉造块工序设备规格与生产能力；

T/HBMIA 4—2019 质量管理小组活动指南；

T/HBMIA 5—2019 钢铁企业铁前成本统计导则；

T/HBMIA 6—2019 钢铁行业采购经理指数调查导则；

T/HBMIA 7—2020 焦炉炉型与生产能力。

2. 河北省冶金行业协会作为参与起草单位编制的地方标准

DB13/2169—2015 钢铁工业大气污染物排放标准；

DB13/T 2025—2014 电动机系统变频调速节能改造规程；

DB13/T 2082—2014 钢铁企业节水技术导则；

DB13/T 2083—2014 热轧轻型薄壁工字钢；

DB13/1461—2011 钢铁工业大气污染物排放标准。

3. 河北省冶金行业协会会员单位主导或参与编制的地方标准

DB13/T 2328—2016 钢铁企业通用质量要求。

参与编制单位：河北省标准化研究院、国家钢铁质检中心（唐山）、河钢集团唐钢公司、河钢集团邯钢公司、邢台钢铁有限责任公司、华北理工大学。

DB13/T 1188—2010 钢铁企业能源介质质量控制 水质。

参与编制单位：秦皇岛首秦金属材料有限公司。

DB13/T 2329—2016 钢铁企业通用技术要求。

参与编制单位：河北省标准化研究院、国家钢铁质检中心（唐山）、河钢集团唐钢公司、河钢集团邯钢公司、邢台钢铁有限责任公司、华北理工大学。

DB13/T 2995—2019 钢铁工业旅游区服务规范。

参与编制单位：德龙钢铁有限公司、河北博锐思旅游咨询服务有限公司、唐山市德龙钢铁有限公司。

DB13/T 1600—2012 球墨铸铁管件和附件 环氧粉末涂层通用技术条件。

参与编制单位：新兴铸管股份有限公司。

DB13/T 1601—2012 球墨铸铁管和管件 水泥砂浆内衬密封层通用技术条件。

参与编制单位：新兴铸管股份有限公司。

DB13/T 1648—2012 铸造用高纯生铁。

参与编制单位：河北龙凤山铸业有限公司、武安市质量技术监督局。

DB13/T 2129—2014 铸铁生产主要工序单位产品能源消耗限额。

参与编制单位：河北省节能监察监测中心、河北龙凤山铸业有限公司、河北冠丰冶金工业有限公司、唐山市节能监察监测中心。

DB13/T 2270—2015 高炉用铸铁冷却壁。

参与编制单位：河北天宇高科冶金铸造有限公司。

DB13/T 2856—2018 铁矿石钾、钠含量的测定电感耦合 等离子体原子发射光谱法。

参与编制单位：邯郸钢铁集团有限责任公司。

DB13/T 1318—2017 热轧酸洗钢板和钢带通用技术要求。

参与编制单位：邯郸钢铁集团有限责任公司。

DB13/T 1318—2010 热轧酸洗钢板和钢带。

参与编制单位：邯郸钢铁集团有限责任公司。

DB13/T 1423—2011 冷轧及冷成形用热轧钢带。

参与编制单位：唐山国丰钢铁有限公司、唐山市丰南区质量技术监督局。

DB13/T 1608—2012 硼合金钢盘条。

参与编制单位：宣化钢铁集团有限责任公司。

DB13/T 1833—2013 矿山专用高耐磨锻（轧）钢球。

参与编制单位：河北钢诺新材料科技有限公司、广平县质量技术监督检验所。

DB13/T 2467—2017 石油套管用热轧钢带通用技术要求。

参与编制单位：邯郸钢铁集团有限责任公司。

DB13/T 2857—2018 轧纵剪用热连轧低碳钢带通用技术要求。

参与编制单位：邯郸钢铁集团有限责任公司。

DB13/T 5149—2019 冷轧用碳素结构钢热轧钢带通用技术要求。

参与编制单位：唐山市德龙钢铁有限公司、德龙钢铁有限公司。

第九章 进出口贸易

第一节 钢材出口情况

一、钢材出口数量及金额

1980年以前，河北冶金系统只有少数企业按照国家指令性计划提供出口货源。随着出口业务的不断扩大，中国有色金属进出口总公司、河北省五金矿产进出口公司、化工进出口公司、机械进出口公司、兴冀公司、天津市五金矿产进出口公司直接从唐钢、邯钢、承钢、邢机、石焦、马耐等省属企业以及地市国营、集体冶金企业收购产品，组织出口。从1981年开始，河北省冶金进出口公司代理中国冶金进出口总公司、中国有色金属进出口总公司执行出口合同。1981~1988年，出口生铁10651吨、焦炭18274吨、耐火材料10461吨、有色金属1092吨、化工产品1480吨、铁合金1000吨、金属硅815吨、稀有金属680吨，以及钢材、鳞片石墨和非金属矿产品等，销往日本、比利时、荷兰、美国、英国、联邦德国、意大利、泰国、加拿大、新加坡和中国香港地区等11个国家和地区，出口创汇2019万美元。

20世纪90年代，河北省钢铁行业出口产品以初级产品生铁、钢坯为主，2000年出口生铁16.6万吨、钢坯49.97万吨。2001年以后，以出口钢材为主，2001年出口钢材1.99万吨，占全国钢材出口总量的比重仅有0.42%；2004年出口钢材超过100万吨，达到130.03万吨，占全国出口钢材总量的比重达到9.14%；2007年出口钢材超过1000万吨，达到1004.40万吨，占全国出口钢材总量的比重达到16.03%。2008年以后，受世界金融危机的影响，出口钢材开始下降，2010 年出口钢材恢复性增长，河北省出口钢材 746.21 万吨，占全国出口钢材总量的比重为 17.58%。之后，钢材出口量及在全国出口钢材总量的占比逐年提高，从 2012 年开始河北省钢材出口量在全国各省区中排第一位，2015 年达到峰值，2016 年开始，出口量、出口金额和占全国的比例均开始下滑，2018 年下降幅度很大。河北省 2001~2018 年钢材出口量、出口金额、出口价格及占全国总量的比例见表 9-1、表 9-2 和图 9-1、图 9-2。

表 9-1　2001~2018 年河北省钢材出口量及占全国比例

年份	河北省		全国		河北占全国比例/%
	出口量/万吨	环比增长/%	出口量/万吨	环比增长/%	
2001	1.99		474.14		0.42
2002	3.13	57.29	545.49	15.05	0.57
2003	41.20	1216.29	695.57	27.51	5.92
2004	130.03	215.61	1423.31	104.62	9.14
2005	201.06	54.63	2052.39	44.20	9.80
2006	477.21	137.35	4303.67	109.69	11.09
2007	1004.40	110.47	6263.90	45.55	16.03
2008	934.56	-6.95	5917.74	-5.53	15.79
2009	368.47	-60.57	2457.68	-58.47	14.99
2010	746.21	102.52	4244.68	72.71	17.58
2011	866.70	16.15	4896.97	15.37	17.70
2012	1074.39	23.96	5560.20	13.54	19.32
2013	1435.35	33.60	6244.47	12.31	22.99
2014	2717.14	89.30	9392.63	50.42	28.93
2015	3698.65	36.12	11239.81	19.67	32.91
2016	3418.39	-7.58	10843.43	-3.53	31.52
2017	1660.97	-51.41	7525.05	-30.60	22.07
2018	676.82	-59.25	6933.58	-7.86	9.76

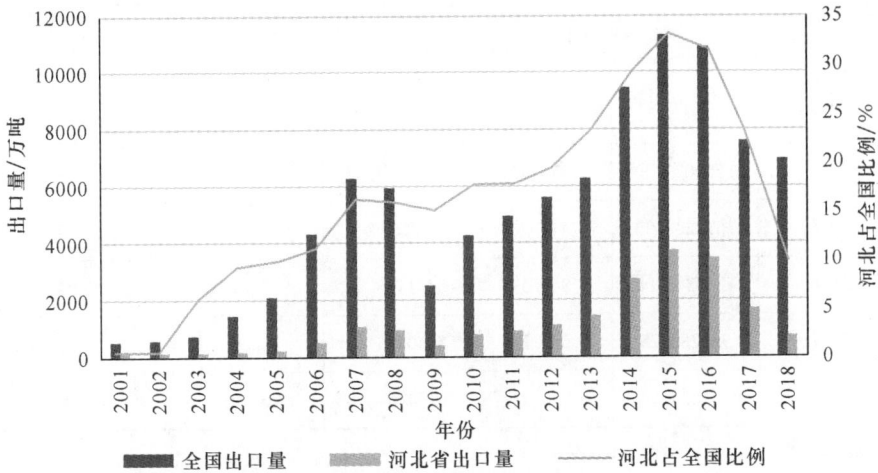

图 9-1 2001~2018 年河北省钢材出口量及占全国比例

表 9-2 2001~2018 年河北省钢材出口金额及占全国的比例

年份	河北省钢材出口		全国钢材出口		河北占全国比例/%
	金额/万美元	价格/美元·吨$^{-1}$	金额/万美元	价格/美元·吨$^{-1}$	
2001	549	275.88	186704.72	393.78	0.29
2002	918.1	293.32	218321.47	400.23	0.42
2003	15778.76	382.98	310496.4	446.39	5.08
2004	73691.59	566.73	833831.49	585.84	8.84
2005	111690.87	555.51	1308559.46	637.58	8.54
2006	245866.1	515.22	2626490.53	610.29	9.36
2007	577911.58	575.38	4412321.05	704.4	13.1
2008	896608.37	959.39	6335656.52	1070.62	14.15
2009	273663.65	742.70	2231656.24	908.03	12.26
2010	527174.78	706.47	3664738.22	863.37	14.39
2011	738927.44	852.58	5143602.38	1050.36	14.37
2012	808325.03	752.36	5123589.54	921.48	15.78
2013	946185.53	659.20	5347560.62	856.37	17.69

年份	河北省钢材出口		全国钢材出口		河北占全国比例/%
	金额/万美元	价格 /美元·吨$^{-1}$	金额/万美元	价格 /美元·吨$^{-1}$	
2014	1550021.72	570.46	7116752.87	757.7	21.78
2015	1532200.33	414.26	6282699.1	558.97	24.39
2016	1263344.08	369.57	5441118.36	501.79	23.22
2017	936280.25	563.70	5440795.40	723.02	17.21
2018	521633.34	770.71	6274761.94	904.98	8.31

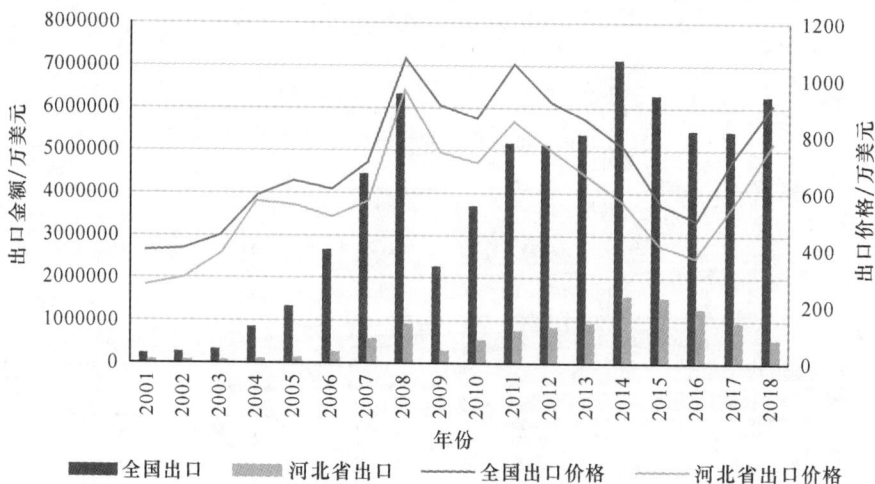

图 9-2　2001~2018 年河北省钢材出口金额及出口价格

二、钢材出口产品结构

2001~2003 年，河北省出口钢材以棒线材为主。2003 年以后，随着邯钢、唐钢、唐山国丰等企业薄板坯连铸连轧、中薄板坯连铸连轧、涂镀生产线和多套中宽带、中厚板轧机的投产，大大提升了河北钢铁行业板材轧机装备水平和生产能力，出口钢材品种中板材的比重逐步提高。总体来看，河北省出口钢材大部分为中低端钢材，虽然从 2012 年开始成为第一钢材出口大省，但钢材出口均价低于全国钢材出口均价，在全国各省（市、区）中排序后几位。到 2015 年，出口钢材品种中，板材的比重占到出口总量的 31.09%，比 2002 年提高 30.05 个百分点；棒线材的比例为出口总量的 52.81%，比 2002 年下降 35.11 个百分点。2015 年河北省不仅出口钢材品种增加，结构也有很大改善。河北省 2018 年、2015 年、2010 年、2002 年钢材出口产品结构分别见图 9-3~图 9-6。

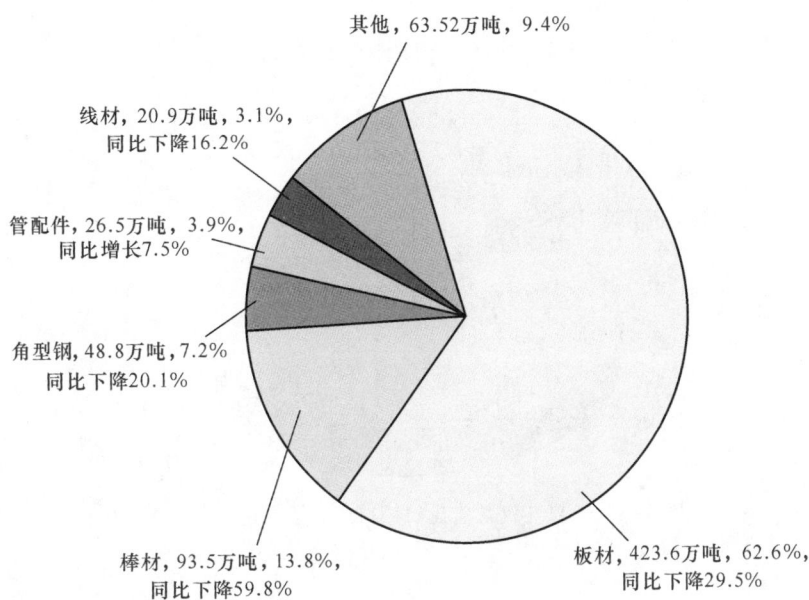

图 9-3　2018 年河北省海关钢材出口结构图

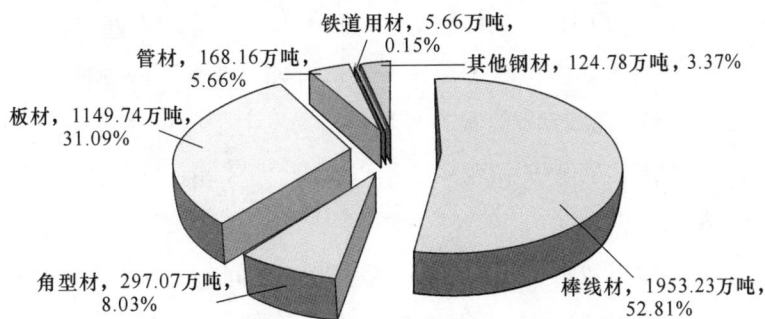

图 9-4　2015 年河北省出口钢材产品结构及所占比例

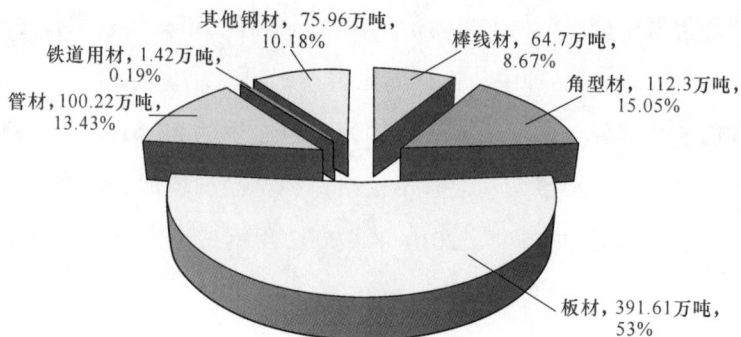

图 9-5　2010 年河北省出口钢材产品结构及所占比例

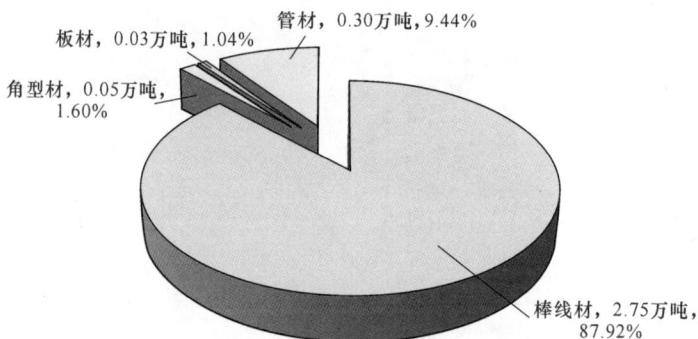

图 9-6　2002 年河北省出口钢材产品结构及所占比例

第二节　钢材进口情况

2003 年以前，我国钢材进口数量大大高于出口数量，从 2004 年开始，我国钢材市场由供不应求向供求平衡转变，钢材进口大幅下降，钢材出口持续增加，到 2006 年，我国钢铁产品对外贸易格局发生了历史性转变，开始实现钢材净出口。但对比表 9-2 和表 9-3 可以看出，进口钢材价格明显高于我国出口钢材价格。

河北省进口钢材数量少，从 2005 年到 2015 年间，进口最多的 2011 年只有 24.13 万吨，进口数量占全国进口总量的比例最高的 2013 年，也只有 1.69%。见表 9-3。

表 9-3 2000~2018 年钢材进口数量及金额

年份	中国钢材进口情况			河北省钢材进口情况			河北省数量占比/%
	数量/万吨	金额/万美元	价格/美元·吨⁻¹	数量/万吨	金额/万美元	价格/美元·吨⁻¹	
2000	1596.14	853589	534.78				
2001	1721.73	896359	520.62				
2002	2448.81	1236585	504.97				
2003	3716.85	1991581	535.82				
2004	2930.27	2078723	709.40				
2005	2581.62	2460845	953.22	20.90			0.81
2006	1851.00	1982755	1071.18	10.97	16517.90	1505.73	0.59
2007	1087.06	2055261	1890.66	12.10	26073.00	2154.79	1.11
2008	1538.00	2332764	1516.75	17.69	31900.00	1803.28	1.15
2009	1763.20	1947976	1104.80	16.46	23233.00	1411.48	0.93
2010	1643.00	2011247	1224.13	21.50	30908.60	1437.61	1.31
2011	1558.00	2156983	1384.46	24.13	34514.56	1430.36	1.55
2012	1366.00	1780507	1303.45	22.81	26100.00	1144.23	1.67
2013	1408.00	1704912	1210.88	23.85	26872.61	1126.73	1.69
2014	1443.00	1791442	1241.47	22.20	24324.60	1095.70	1.54
2015	1278.00	1433480	1121.66	14.75	16127.45	1093.39	1.15
2016	1321.42	1315201.8	995.29	13.28	12594.61	948.13	1.01
2017	1330	1516999.6	1140.8	7.78	10617.4	1359.17	0.59
2018	1316.62	1705386.8	1295.27	9.97	13617.58	1366.38	0.76

河北省钢材进口原产地有 30 多个国家和地区, 主要是韩国、欧盟、日本、美国和中国台湾地区。进口钢材品种多、规格多、数量少, 主要有板材、管材、棒线材、型材、铁道用材等; 钢种有合金钢、低合金钢、普碳钢及不锈钢。进口钢材企业以中外合资及国外独资企业占比较大。进口原因首先是来料加工贸易; 其次是国内钢材品种质量不能满足用途要求, 实物质量稳定性差; 第三是国内外客户根据自己需求意愿, 指定生产企业采购某国外企业钢材, 以及其他原因。

第三节　进口铁矿石情况

随着中国粗钢产量的增加，以及中国铁矿石自给率较低，进口铁矿石的数量逐年增加，进口铁矿石的依存度也波动上升到2015年的84%，河北省进口铁矿石的数量在全国进口总量的占比也逐年升高到2015年的28.13%，2016年达到29.04%，2017年降低到25.13%。2018年，中国海关没有公布各省进口铁矿石数量。2000~2018年中国及河北省进口铁矿石情况见表9-4、图9-7。

表9-4　2000~2018年中国及河北省进口铁矿石情况

年份	全国进口铁矿石		河北省进口铁矿石	
	数量/万吨	价格/美元·吨⁻¹	数量/万吨	河北省占比/%
2000	6900	26.6	500	7.25
2001	9231	27.1	1048	11.35
2002	11150	26.18	1617	14.50
2003	14818	33.38	1851	12.49
2004	20800	61.03	1925	9.25
2005	27500	66.92	2903	10.56
2006	32633	63.78	4732	14.50
2007	38309	88.22	6607	17.25
2008	44366	136.20	7879	17.76
2009	62778	79.87	12433	19.80
2010	61864	128.38	11936	19.29
2011	68608	163.84	13823	20.15
2012	74355	128.58	17015	22.88
2013	81941	129.03	18686	22.80
2014	93251	100.42	23264	24.95
2015	95272	60.48	26801	28.13
2016	102412	56.3	29747	29.04
2017	107474	70.97	26969	25.13
2018	106447	70.96		

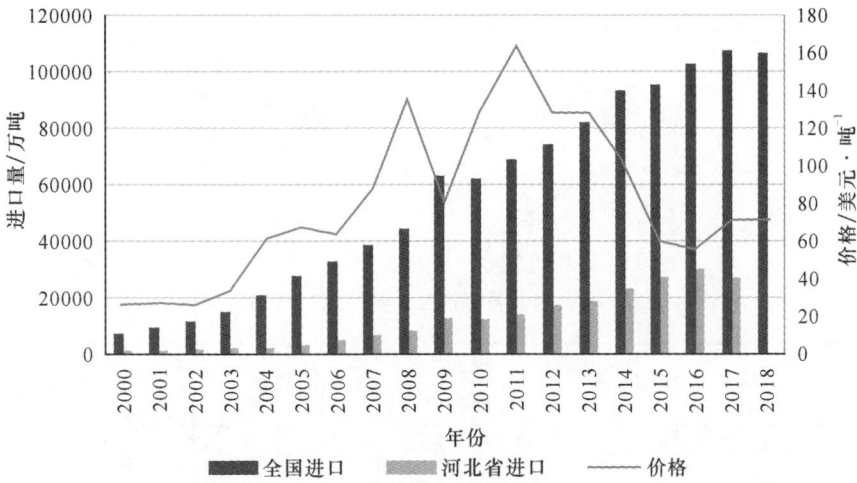

图 9-7　2000~2018 年全国及河北省进口铁矿石情况

从铁矿石的进口国别来看，主要为澳大利亚、巴西和印度。

附录一 科技奖励

附表 1-1　河北省钢铁工业获得国家奖励项目

序号	项目名称	获奖年度	获奖类别及等级	获奖单位
1	电渣熔铸成型工艺生产螺旋型钢球轧辊	1978	全国科学大会奖	邯钢
2	EL 系列乳化油炸药	1982	国家技术发明二等奖	宣钢龙烟铁矿
3	Y-60/48 倾注式矮泥炮	1982	国家技术发明三等奖	宣钢
4	高挥发分弱黏结大同煤在炼焦中的利用	1983	国家科技进步奖四等奖	宣钢焦化厂
5	29U 矿用支撑钢	1985	国家科技进步奖三等奖	唐钢
6	高效喷流换热器	1988	国家科技进步奖三等奖	张家口制氧机备件厂
7	河北省炼钢连铸技术推广	1997	国家科技进步奖二等奖	河北省冶金工业厅
8	离心球墨铸铁管工艺及装备的研究	2000	国家科技进步奖二等奖	新兴铸管（集团）有限责任公司等
9	唐钢超薄热带生产线技术集成与自主创新	2006	国家科技进步奖二等奖	唐钢等
10	一种空间机构的钢板滚剪切技术与装备	2008	国家技术发明二等奖	太原科技大学、河北文丰钢铁有限公司
11	钢铁企业低压余热蒸汽发电和钢渣改性全淬处理技术及示范	2013	国家科技进步奖二等奖	河北联合大学、河钢集团唐钢公司
12	特厚钢板生产关键技术研究与创新	2013	国家科技进步奖二等奖	河钢集团舞钢公司
13	高效化微合金化钢板坯表面无缺陷生产技术开发与工程化推广应用	2015	国家科技进步奖二等奖	首钢京唐、河钢邯钢等

序号	项目名称	获奖年度	获奖类别及等级	获奖单位
14	超大型水电站用金属结构关键材料成套技术开发应用	2018	国家科技进步奖二等奖	首钢集团有限公司，秦皇岛首秦金属材料有限公司，北京科技大学，中国水利水电第七工程局有限公司，中国电建集团华东勘测设计研究院有限公司，中国葛洲坝集团机械船舶有限公司，天津大桥焊材集团有限公司

附表 1-2　河北省钢铁工业获得冶金工业部奖励项目（仅列入一等奖、二等奖）

序号	项目名称	获奖年度	获奖类别及等级	获奖单位
1	柴油机排气净化催化剂	1979	科技成果二等奖	河北铜矿、小寺沟铜矿
2	高质量通用高速钢	1981	科技成果一等奖	省冶金研究所
3	小方坯连铸工艺攻关	1983	科技成果特等奖	邯钢等
4	改质沥青工艺	1984	科技成果二等奖	石焦、宣钢
5	供气砖的研制与应用	1984	科技成果二等奖	唐钢等
6	船用低合金 09MnNbC 钢的研制	1984	科技成果二等奖	唐钢等
7	提高武钢 1.7 米轧机半钢工作辊质量达到日本产品水平	1985	科技进步奖二等奖	邢机等
8	高碱度金属原料的高炉冶炼及炉外脱硫技术	1985	科技成果二等奖	宣钢
9	改质沥青	1985	科技成果二等奖	宣钢焦化厂
10	通过轧后余热处理及微合金化技术研制 42 千克级可焊接钢筋	1986	科技进步奖二等奖	唐钢
11	煤系针状焦的研制	1986	科技进步奖二等奖	石焦
12	提高武钢冷轧辊质量达到联邦德国同类产品水平	1986	科技进步奖二等奖	邢机

续附表 1-2

序号	项目名称	获奖年度	获奖类别及等级	获奖单位
13	1800千伏安矿热炉除尘及余热利用	1986	科技进步奖二等奖	唐钢等
14	西石门铁矿马河工程设计	1987	优秀设计二等奖	华北矿建

附表1-3　河北省获得中国钢铁工业协会、中国金属学会获奖项目

（仅列入一等奖、二等奖）

序号	项目名称	获奖年度	获奖等级	获奖单位
1	熔融还原技术基础研究	2000	一等奖	钢研总院、承钢等8单位
2	窄带钢生产工艺的优化与创新	2001	二等奖	唐钢、河北理工学院
3	邯钢薄板坯连铸连轧项目建设	2001	二等奖	邯钢
4	唐钢节能技术综合应用与创新	2001	二等奖	唐钢
5	焦化剩余氨水蒸馏工艺开发与应用	2003	二等奖	唐钢
6	钢塑复合压力管及管件	2003	二等奖	新兴铸管
7	石钢60万吨棒材连轧生产技术的引进、吸收及创新	2003	二等奖	石钢
8	板带冷轧机用高铬复合铸钢支承辊和高铬锻钢工作辊的研制	2003	二等奖	邢机
9	舞钢宽厚板轧机Acc系统研制与开发	2004	二等奖	舞钢、北科大
10	万能轧机复合镶套轧辊的研制	2004	二等奖	邢机
11	中小型轧钢企业CIMS体系结构及关键技术的研究	2004	二等奖	唐钢、河北工业大学
12	唐钢二号高炉大修工程高炉整体推移技术应用与创新	2004	二等奖	唐钢
13	石钢国产50吨高阻抗电弧炉炼钢提高生产效率技术研究	2005	二等奖	石钢
14	新型现代化热轧板带工作辊的研制	2005	二等奖	邢机
15	X70大口径管线用宽厚板研制	2005	二等奖	舞阳钢铁等单位

续附表 1-3

序号	项目名称	获奖年度	获奖等级	获奖单位
16	φ610×12000 高压无缝气瓶专用收口机	2005	二等奖	新兴铸管
17	唐钢薄板坯连铸连轧生产线技术集成与自主创新	2006	一等奖	唐钢等单位
18	棒材轧机四线切分轧制技术优化与创新	2006	二等奖	唐钢
19	邯钢酸洗线的优化配置及工艺改进	2006	二等奖	邯钢
20	DN800~1400mm 水冷金属型离心机	2007	二等奖	新兴铸管、芜湖新兴铸管
21	热轧板带表面在线检测技术的开发与应用	2008	一等奖	河北钢铁集团唐钢等
22	工程机械用系列调质高强钢开发	2008	二等奖	河北钢铁集团舞钢公司
23	高速线材轧机关键设备国产化集成与创新	2008	二等奖	河北钢铁集团宣钢等单位
24	双膜法水处理工艺技术在冶金工业废水处理中的研究与应用	2008	二等奖	河北钢铁集团邯钢公司
25	司家营铁矿Ⅲ采场露天转井下防排水及地质环境保护研究	2009	二等奖	河北钢铁集团唐钢司家营铁矿、北京科技大学
26	唐钢 3200m³ 高炉节能减排综合技术的研究和应用	2009	二等奖	河北钢铁集团唐钢公司
27	邯钢应用钢铁厂低热值高炉煤气燃料发电的工艺技术研究与创新	2009	二等奖	河北钢铁集团邯钢公司
28	大型焊管轧机系列用辊的开发	2009	三等奖	中钢邢机
29	司家营铁矿整体开发方案优化研究	2010	二等奖	河北钢铁集团矿业公司

序号	项目名称	获奖年度	获奖等级	获奖单位
30	大厚度锅炉汽仓用钢板的研制开发	2010	二等奖	河北钢铁集团舞钢公司
31	常规与双蓄热组合式供热技术的研究及其在大型板坯加热炉上的应用	2010	二等奖	中冶赛迪、河钢集团
32	1450mm热连轧生产线三电自主集成与创新	2010	二等奖	唐山国丰等
33	钒氮微合金化技术及高效节约型建筑用钢开发	2011	一等奖	钢研总院、马鞍山钢铁公司、河北钢铁河钢集团唐钢公司
34	唐钢清洁生产技术集成与应用	2011	一等奖	河北钢铁集团、河北钢铁集团唐钢公司
35	露天转地下开采平稳过渡关键技术研究	2011	二等奖	河北钢铁集团矿业等
36	唐钢建筑用长材高效率、低成本洁净钢制造平台	2011	二等奖	河北钢铁集团唐钢公司等
37	基于"压力反馈"的动态轻压下技术开发与应用	2011	二等奖	河北钢铁集团、河北钢铁集团邯钢
38	烧结全流程综合自动控制系统的研发与应用	2011	二等奖	唐钢微尔自动化公司等单位
39	HPF法脱硫废液处理工艺的研究与开发	2011	二等奖	河北钢铁集团、河北钢铁集团邯钢
40	舞钢特厚钢板生产技术集成	2012	一等奖	河北钢铁集团舞钢公司
41	3200m^{3}高炉低燃料比技术创新及应用	2012	二等奖	河北钢铁集团邯钢公司
42	钢铁物流、能源流界面技术集成与创新	2012	二等奖	河北钢铁集团唐钢公司
43	钢铁企业制氧系统最佳节能模式的理论研究及实践	2013	一等奖	北京科技大学、河钢唐钢气体有限公司
44	烧结生产系统漏风检测技术创新和能效优化	2013	二等奖	河钢唐钢、辽宁科技大学

续附表1-3

序号	项目名称	获奖年度	获奖等级	获奖单位
45	移动式热风板流化床煤调湿技术	2013	二等奖	河钢唐钢等
46	大型转炉干法除尘系统泄爆防控集成技术	2013	二等奖	河钢宣钢等
47	微合金化钢板坯角部缺陷形成机理及控制技术的开发与应用	2014	一等奖	钢研总院、首钢京唐、河钢邯钢等
48	钒化工固废资源化利用技术与产业化应用	2015	二等奖	河钢承钢、中科院过程工程研究所
49	镁钛低硅新型球团矿的开发及其在京唐超大型高炉中的应用	2016	一等奖	首钢总公司、首钢京唐钢铁联合有限责任公司
50	低成本生产高质量钢绞线和帘线用钢的关键技术和产业化	2016	二等奖	北京科技大学、青岛钢铁有限公司、首钢总公司、岳阳通海炉窑电磁设备有限公司、江西省新余钢铁集团有限公司、宣化钢铁集团有限责任公司、河南济源钢铁（集团）有限公司
51	钒化工流程钒元素高效提取技术创新与应用	2016	二等奖	承德钢铁集团有限公司
52	冶金行业智能天车控制系统的研发与应用	2017	二等奖	唐山钢铁集团微尔自动化有限公司、唐山钢铁集团有限责任公司
53	连铸凝固末端重压下技术开发与应用	2018	一等奖	东北大学、唐山钢铁集团有限责任公司、攀钢集团有限公司、中冶京诚工程技术有限公司、宝钢特钢韶关有限公司
54	高品质特殊钢绿色高效电渣重熔关键技术的开发和应用	2018	一等奖	东北大学、宝钢特钢有限公司、舞阳钢铁有限责任公司、辽宁科技大学、中钢集团邢台机械轧辊有限公司、通裕重工股份有限公司、大冶特殊钢股份有限公司、江阴兴澄特种钢铁有限公司、邢台钢铁有限责任公司、沈阳华盛冶金技术与装备有限责任公司

序号	项目名称	获奖年度	获奖等级	获奖单位
55	高炉喷煤评价体系研发及应用	2018	一等奖	北京科技大学、首钢京唐钢铁联合有限责任公司、山西太钢不锈钢股份有限公司、中冶京诚工程技术有限公司、唐山钢铁集团有限责任公司、江苏沙钢集团有限公司、方大特钢科技股份有限公司、柳州钢铁股份有限公司、甘肃酒钢集团宏兴钢铁股份有限公司、青岛特殊钢铁有限公司、湖南华菱湘潭钢铁有限公司、唐山国丰钢铁有限公司、抚顺新钢铁有限责任公司、唐山新宝泰钢铁有限公司
56	焦化能源流高效集成关键技术研发及应用	2018	二等奖	河钢集团有限公司、天津大学、济南冶金化工设备有限公司、常州江南冶金科技有限公司、无锡亿恩科技股份有限公司
57	特大型高炉无料钟炉顶关键工艺技术与装备开发及应用	2018	二等奖	宝钢湛江钢铁有限公司、中冶赛迪工程技术股份有限公司、秦皇岛秦冶重工有限公司
58	基于商用车正向设计轻量化用钢的开发与应用技术	2018	二等奖	首钢集团有限公司、首钢京唐钢铁联合有限责任公司、北京首钢股份有限公司、北京科技大学、北京福田戴姆勒汽车有限公司、正兴车轮集团有限公司、中国第一汽车股份有限公司技术中心、辽宁金天马专用车制造有限公司

附表1-4 河北省钢铁工业获得省级科技奖励项目（仅列入一等奖、二等奖）

序号	项目名称	获奖年度	获奖类别及等级	获奖单位
1	冀东司家营北区赤铁矿石英岩弱磁—强磁—反浮选半工业试验	1978	河北省科技成果一等奖	司家营铁矿
2	CHF-×14平方米充气机械搅拌式浮选机	1978	河北省科技成果二等奖	河北铜矿
3	矾山磷铁矿成矿规律研究	1978	河北省科技成果二等奖	华勘
4	氧气侧吹转炉炼钢新工艺	1978	河北省科技成果二等奖	唐钢
5	利用钒渣直接合金化生产低合金钢新工艺的研究推广	1985	河北省科技成果一等奖	承钢
6	HB280无牌坊轧机	1985	河北省科技进步奖二等奖	省冶金厅钢铁处等
7	整体包挡渣球的推广应用	1985	河北省科技进步奖二等奖	石钢
8	VS-500型液压伸缩杆式扒渣	1987	河北省科技进步奖二等奖	宣钢机械厂
9	三头球磨钢球螺旋孔型斜轧轧辊	1988	河北省科技进步奖二等奖	邯钢
10	高炉钛渣护炉综合利用	1988	河北省科技进步奖二等奖	承钢
11	利用钒渣直接合金化生产含钒低合金新工艺推广应用	1989	河北省"科技兴冀省长特别奖个人奖"	承德钢铁厂樊永忠
12	西石门铁矿难采矿体采矿方法	1991	河北省科技进步奖一等奖	北京科大、邯邢局等
13	切分—最少蝶式孔型轧制角钢新工艺	1991	河北省科技进步奖二等奖	丰润县冶金工业公司等
14	25MnSiV（Ti）高强度25U型钢	1993	河北省科技进步奖一等奖	唐山钢铁公司等
15	高速线材生产线消化、吸收、改进工程	1994	河北省省长特别奖	唐山钢铁股份有限公司
16	高速线材生产线消化、吸收、改进工程	1994	河北省科技进步奖一等奖	唐山钢铁公司
17	大型复合铸钢支承辊	1994	河北省科技进步奖二等奖	邢台冶金机械轧辊股份有限公司
18	罗克普方坯连铸机	1995	河北省科技进步奖一等奖	邢台冶金机械轧辊股份有限公司

续附表 1-4

序号	项目名称	获奖年度	获奖类别及等级	获奖单位
19	BD650型多功能全自动打捆机	1995	河北省科技进步奖二等奖	唐山钢铁公司等
20	棒磨山铁矿选矿流程优化研究与应用	1995	河北省科技进步奖二等奖	唐山钢铁(集团)公司
21	综合开发应用新技术优化电炉生产工艺	1995	河北省科技进步奖二等奖	唐山钢铁股份有限公司
22	河北省炼钢连铸技术推广	1996	河北省科技进步奖一等奖	河北省冶金厅
23	离心球墨铸铁管工艺及装备的研究	1996	河北省科技进步奖二等奖	中国人民解放军2672工厂
24	双馈变频调速技术在小型材连轧机组交流主传动电机上的应用	1996	河北省科技进步奖二等奖	宣化钢铁公司等
25	唐钢1260m³高炉生产流程优化及攻关达产	1996	河北省科技进步奖二等奖	唐山钢铁(集团)公司
26	邢台冶金机械轧辊股份有限公司计算机管理信息系统	1996	河北省科技进步奖三等奖	邢台冶金机械轧辊股份有限公司
27	石钢高炉富氧喷吹烟煤工艺优化	1997	河北省科技进步奖二等奖	石家庄钢铁厂等
28	石人沟铁矿内部排岩系统的研究及应用	1997	河北省科技进步奖二等奖	唐山钢铁集团有限责任公司
29	大型焦炉炉门及护炉装置	1997	河北省科技进步奖二等奖	邢台机械轧辊(集团)有限公司
30	邢钢钢铁生产工艺结构改进及优化	1998	河北省科技进步奖二等奖	邢台钢铁有限责任公司
31	河北省炼钢全连铸推广工程	1999	河北省省长特别奖	河北省冶金工业厅
32	高速线材悬臂式轧机的开发与创新	1999	河北省科技进步奖一等奖	唐山钢铁集团有限责任公司
33	河北省轧钢一火成材新技术推广	1999	河北省科技进步奖一等奖	河北省冶金厅、唐钢、邯钢、石钢、邢钢、承钢、宣钢、新兴铸管
34	铁矿粉造块应用复合添加剂技术及工艺的研究	1999	河北省科技进步奖二等奖	河北理工学院、唐山国丰钢铁有限公司
35	离心球墨铸铁管工艺及装备的研究	1999	河北省省长特别奖	新兴铸管(集团)有限责任公司等

序号	项目名称	获奖年度	获奖类别及等级	获奖单位
36	炼铁烧结过程中智能测水系统	2000	河北省科技进步奖一等奖	河北理工大学、唐山钢铁集团有限责任公司等
37	8011 合金家庭用铝箔	2000	河北省科技进步奖二等奖	渤海铝业有限公司
38	反射率分布在稳定采煤质量合理堆放煤种优化配煤方案中的研究应用	2000	河北省科技进步奖二等奖	石家庄焦化厂等
39	焦化新型固定式铸石算条筛（推广）	2000	河北省科技进步奖二等奖	唐山钢铁集团有限公司
40	高速线材生产线消化、吸收、改进工程	2000	河北省科学技术省长特别奖（个人）	唐山钢铁集团有限责任公司李连平
41	冀东磁铁矿烧结成矿规律及在生产上的应用	2001	河北省科技进步奖一等奖	河北理工学院、唐山钢铁集团有限责任公司
42	邯钢薄板坯连铸连轧引进技术消化、吸收及创新	2001	河北省科技进步奖二等奖	邯郸钢铁集团有限公司
43	窄带钢生产工艺的优化与创新	2001	河北省科技进步奖二等奖	唐山钢铁集团有限公司等
44	铁矿粉造块理论及生产技术、工艺创新	2002	河北省科学技术省长特别奖	河北理工学院、唐山钢铁集团有限责任公司
45	优化转炉生产工艺，实现产品结构调整	2002	河北省科技进步奖二等奖	石家庄钢铁有限责任公司
46	唐钢节能技术综合应用与创新	2002	河北省科技进步奖二等奖	唐山钢铁集团有限责任公司
47	石钢 60 万吨棒材连轧生产技术的引进、吸收及创新	2003	河北省科技进步奖二等奖	石家庄钢铁有限责任公司
48	Cr5 锻钢冷轧辊研制	2003	河北省科技进步奖二等奖	邢台机械轧辊（集团）有限公司
49	大转炉（150 吨）—小方坯生产工艺优化与创新	2003	河北省科技进步奖二等奖	唐山钢铁股份有限公司

序号	项目名称	获奖年度	获奖类别及等级	获奖单位
50	棒材热连轧力能参数预报系统	2003	河北省科技进步奖二等奖	唐山钢铁集团有限责任公司等
51	邯钢薄板坯连铸连轧引进技术消化、吸收及创新	2004	河北省科学技术突出贡献奖	邯郸钢铁集团有限责任公司
52	中小型轧钢企业 CIMS 体系结构及关键技术的研究	2004	河北省科技进步奖二等奖	唐山钢铁股份有限公司棒线材厂等
53	超薄热带生产技术的优化与创新	2005	河北省科技进步奖一等奖	唐山钢铁股份有限公司
54	宣钢 8 号高炉大修综合升级改造	2005	河北省科技进步奖二等奖	宣化钢铁集团有限责任公司
55	唐钢焦化生产工艺综合优化及改造	2006	河北省科技进步奖二等奖	唐山钢铁股份有限公司等
56	薄板坯连铸连轧低碳高强钢的生产工艺与应用研究	2006	河北省科技成果二等奖	河北理工大学、唐山钢铁股份有限公司
57	空间自住型系列轧机研制	2007	河北省技术发明二等奖	秦皇岛燕山大学申光宪、新兴铸管股份公司王学柱等
58	一种薄板坯连铸连轧生产冷轧用钢的工艺	2007	河北省技术发明奖三等奖	唐钢陈礼斌、孔庆福等
59	连铸连轧带钢生产过程中的组织性能预报及控制	2007	河北省科技进步奖一等奖	燕山大学、唐钢股份等
60	900mm 四机架六辊冷连轧带钢成套设备开发与工艺研究	2007	河北省科技进步奖二等奖	唐山建龙实业有限公司等
61	高速线材生产工艺装备国产化的技术集成与创新	2008	河北省科技进步奖二等奖	宣化钢铁集团有限责任公司
62	中碳钢碳化物在线连接球化关键技术及应用	2011	河北省科技进步奖二等奖	河北联合大学、河北钢铁集团唐钢公司
63	加氢炼油反应器用大厚度临氢 Cr-Mo 钢板的开发	2012	河北省技术发明奖二等奖	河北钢铁集团舞钢公司

续附表1-4

序号	项目名称	获奖年度	获奖类别及等级	获奖单位
64	$ZrO_2 - Al_2TiO_5/AlN$ 复相材料的制备与性能研究	2012	河北省技术发明奖二等奖	河北联合大学、唐山港陆等
65	钢铁企业低压余热蒸汽发电和钢渣改性气淬处理技术及示范	2012	河北省科技进步奖一等奖	河北联合大学、河北钢铁集团唐钢等
66	唐钢清洁生产技术集成与应用	2012	河北省科技进步奖一等奖	河北钢铁集团唐钢公司
67	二次能源综合利用技术开发与集成创新	2013	河北省科技进步奖二等奖	河北钢铁集团邯钢公司
68	FTSR 薄板坯短流程高碳含量钢种生产工艺开发	2013	河北省科技进步奖二等奖	河北钢铁集团、河北联合大学、河北钢集铁团唐钢公司
69	钒生产工艺优化及技术集成创新	2013	河北省科技进步奖二等奖	河北钢集铁团承钢公司
70	球墨铸铁管关键技术及装备	2013	河北省科技进步奖二等奖	新兴铸管股份有限公司
71	薄板坯连铸连轧生产线超薄规格热轧板卷大批量生产技术创新	2014	河北省科技进步奖一等奖	河钢集团唐钢、河钢钢研院、华北理工
72	提钒尾渣资源化及高质化利用	2014	河北省科技进步奖二等奖	河钢集团承钢公司、中科院
73	微合金化连铸板坯边角部无缺陷生产技术开发与应用	2014	河北省科技进步奖二等奖	河钢集团邯钢公司、钢研总院
74	带钢冷轧机整辊式板型仪和板型控制系统	2015	河北省技术发明奖一等奖	燕山大学、河钢集团衡板公司
75	薄板坯连铸连轧工艺生产无取向电工钢质量提升技术与开发	2015	河北省科技进步奖一等奖	河钢集团唐钢公司、钢铁研究总院等
76	复杂环境金属矿露天转地下充填开采与尾矿内排协同技术研究	2015	河北省科技进步奖一等奖	河钢集团、中南大学
77	转炉流程高品质轿车用特殊钢棒材的研发与应用	2015	河北省科技进步奖二等奖	河钢集团石钢公司、北京科技大学
78	电硅热法钒铁冶炼技术创新与应用	2015	河北省科技进步奖二等奖	河钢集团承钢公司

续附表1-4

序号	项目名称	获奖年度	获奖类别及等级	获奖单位
79	热轧及冷轧带钢卷取与开卷质量综合控制技术研究	2016	河北省技术发明奖二等奖	燕山大学
80	自蔓延燃烧合成氮化钒铁技术与产业化制备	2016	河北省技术发明奖二等奖	承德锦科科技股份有限公司、河北钢铁股份有限公司承德分公司
81	高级别汽车板关键技术创新及应用	2016	河北省科技进步奖一等奖	河钢集团邯钢公司，北京科技大学
82	焦化流程绿色转型关键技术创新与应用	2016	河北省科技进步奖一等奖	河钢集团唐钢公司、中冶焦耐（大连）工程技术有限责任公司、华北理工大学、河北钢铁股份有限公司唐山分公司
83	钒资源高效综合利用技术创新与产业应用	2016	河北省科技进步奖二等奖	河北钢铁股份有限公司承德分公司
84	中高温锅炉容器用高韧特厚钢板研发与产业化应用	2016	河北省科技进步奖二等奖	河钢集团舞钢公司
85	超宽冷轧高端汽车面板稳定化生产配套技术的开发与应用	2016	河北省科技进步奖二等奖	首钢京唐钢铁联合有限责任公司
86	板带轧机非线性耦合振动抑制及早期故障诊断技术研究与应用	2016	河北省科技进步奖二等奖	燕山大学
87	基于五级信息化体系架构的大数据技术集成创新	2016	河北省科技进步奖二等奖	河钢集团宣钢公司
88	首钢京唐300t转炉"全三脱"冶炼自动化炼钢技术	2016	河北省科技进步奖二等奖	首钢京唐钢铁联合有限责任公司、北京首钢自动化信息技术有限公司
89	京唐热轧厚规格管线钢高效稳定轧制开发与应用	2016	河北省科技进步奖二等奖	首钢京唐钢铁联合有限责任公司
90	热模法大口径球墨铸铁管工艺装备研究与应用	2016	河北省科技进步奖二等奖	新兴铸管股份有限公司

序号	项目名称	获奖年度	获奖类别及等级	获奖单位
91	余热余能综合利用关键技术创新与应用	2016	河北省科技进步奖二等奖	河钢集团邯钢公司
92	高炉有害元素分布及控制技术研究	2016	河北省科技进步奖二等奖	河钢集团邯钢公司、华北理工大学
93	矿产资源采选协同高效利用关键技术研究与应用	2016	河北省科技进步奖二等奖	河钢集团矿业公司
94	汽车用涨断连杆非调质钢的研发	2016	河北省科技进步奖二等奖	河钢集团石钢公司、钢铁研究总院
95	高品质特薄带钢缺陷综合治理方法及其现场应用的研究	2017	河北省技术发明奖二等奖	燕山大学、宝山钢铁股份有限公司
96	宽厚板连铸坯重压下关键工艺与装备技术的开发及应用	2017	河北省科技进步奖一等奖	唐山钢铁集团有限责任公司、东北大学、唐山中厚板材有限公司、中冶京诚工程技术有限公司
97	高速板带轧机稳定运行设计理论技术与实践研究	2017	河北省科技进步奖一等奖	燕山大学
98	钢铁企业废渣/余热利用技术研发及应用示范	2017	河北省科技进步奖二等奖	华北理工大学、河钢集团有限公司、河钢集团唐钢公司、河钢集团宣钢公司
99	低成本海水淡化集成优化技术	2017	河北省科技进步奖二等奖	首钢京唐钢铁联合有限责任公司、北京首钢国际工程技术有限公司、华东理工大学
100	百米重轨全长在线水淬热处理技术开发及批量稳定化生产	2017	河北省科技进步奖二等奖	河钢集团邯钢公司、中国铁道科学研究院、钢铁研究总院
101	冷轧薄规格高强汽车板稳定生产及质量控制集成技术的开发与应用	2017	河北省科技进步奖二等奖	首钢京唐钢铁联合有限责任公司

续附表 1-4

序号	项目名称	获奖年度	获奖类别及等级	获奖单位
102	含钒铁水"三脱"炼钢新技术	2017	河北省科技进步奖二等奖	河钢股份有限公司承德分公司、北京科技大学
103	高炉炼铁过程元素危害防治关键技术与应用	2018	河北省技术发明奖二等奖	华北理工大学
104	中频感应竖炉连续氮化制备氮化钒技术发明与创新	2018	河北省技术发明奖二等奖	河钢股份有限公司承德分公司
105	转炉流程生产窄规格汽车用钢冷轧基料的工艺技术创新	2018	河北省科技进步奖一等奖	唐山钢铁集团有限责任公司、唐山不锈钢有限责任公司、华北理工大学、河钢股份有限公司唐山分公司
106	板带热轧过程综合建模理论及轧制过程优化技术	2018	河北省科技进步奖二等奖	燕山大学
107	冶金尘泥资源高效利用关键技术开发与工业应用	2018	河北省科技进步奖二等奖	华北理工大学
108	高品质稀有气体提取精制关键技术及装备开发	2018	河北省科技进步奖二等奖	邯郸钢铁集团有限责任公司、四川空分设备集团有限责任公司、浙江新锐空分设备有限公司、中国航天科技集团有限公司第五研究院第五二研究所
109	大型轧机系统振动特性分析与监测控制关键技术及工程应用	2018	河北省科技进步奖二等奖	燕山大学、东北大学秦皇岛分校
110	超低温环境压力容器钢板成套技术开发应用	2018	河北省科技进步奖二等奖	河钢集团有限公司、河钢集团舞钢公司
111	热轧板带全线高速钢轧辊制造和应用集成技术研究	2018	河北省科技进步奖二等奖	中钢集团邢台机械轧辊有限公司

附录二 钢铁产品产量和经济效益

附表 2-1   1949~2019 年河北省主要钢铁产品产量

年份	粗钢/万吨	生铁/万吨	钢材/万吨	焦炭/万吨	铁矿石原矿/万吨
1949	0. 37		0. 26	5. 60	8. 43
1950	1. 39		1. 04	6. 29	13. 69
1951	3. 68	0. 51	2. 29	7. 71	35. 48
1952	6. 61	4. 53	3. 80	14. 13	97. 69
1953	9. 29	6. 24	5. 63	11. 40	139. 22
1954	15. 41	9. 62	7. 10	14. 63	156. 53
1955	21. 28	10. 13	8. 87	17. 99	180. 84
1956	24. 78	12. 06	10. 23	21. 77	250. 33
1957	24. 77	12. 85	11. 44	29. 95	225. 87
1958	36. 91	53. 25	11. 80	220. 20	1342. 06
1959	42. 34	173. 89	26. 92	433. 78	1030. 76
1960	69. 81	236. 07	38. 67	526. 41	1119. 70
1961	19. 00	74. 65	13. 96	196. 76	388. 75
1962	13. 15	21. 34	8. 80	48. 83	206. 24
1963	14. 44	16. 94	9. 25	33. 50	184. 64
1964	20. 53	26. 85	12. 12	35. 67	170. 16
1965	29. 25	38. 46	16. 67	50. 17	208. 07
1966	41. 40	48. 99	21. 14	71. 76	261. 93
1967	46. 65	45. 23	20. 38	58. 59	241. 12
1968	49. 17	49. 60	20. 46	71. 17	333. 01
1969	48. 35	78. 18	24. 86	96. 55	514. 94
1970	62. 53	102. 40	32. 05	144. 87	727. 50
1971	80. 26	113. 66	39. 29	204. 48	803. 60
1972	88. 51	126. 90	44. 84	227. 45	892. 08

年份	粗钢/万吨	生铁/万吨	钢材/万吨	焦炭/万吨	铁矿石原矿/万吨
1973	101.77	126.52	48.14	232.44	901.82
1974	97.87	144.77	55.93	255.81	983.24
1975	111.15	178.32	68.77	294.98	1073.58
1976	67.38	179.03	53.56	288.61	1044.28
1977	94.16	177.65	63.47	282.58	1023.61
1978	145.49	222.52	94.95	321.88	1161.38
1979	167.58	234.84	103.85	292.37	1174.95
1980	190.39	251.56	125.88	285.14	1000.63
1981	182.86	216.40	122.48	249.73	975.36
1982	185.90	219.73	140.45	245.79	917.81
1983	214.62	243.50	161.84	269.58	941.28
1984	230.77	259.74	181.78	281.31	1172.96
1985	249.13	285.76	197.06	284.89	800.06
1986	269.53	329.72	218.63	280.66	1002.24
1987	286.89	368.93	243.25	332.32	1153.97
1988	308.76	399.36	256.27	370.53	1161.98
1989	351.17	433.45	269.89	386.52	2433.22
1990	383.69	521.25	281.27	433.53	2826.98
1991	420.38	590.03	318.48	462.27	3039.60
1992	502.96	683.37	404.75	484.20	1614.60
1993	564.40	795.00	457.80	580.60	1924.90
1994	719.00	1040.60	627.40	697.80	2347.30
1995	793.20	1214.50	783.50	937.50	2898.60
1996	908.60	1258.20	721.10	1096.50	5265.10
1997	1056.10	1379.60	786.40	1239.00	6170.00
1998	1106.10	1297.90	931.00	604.50	5514.00
1999	1303.90	1464.80	1103.60	695.30	5405.70
2000	1230.10	1709.20	1306.50	792.00	5889.00
2001	1969.65	2177.09	1871.01	921.00	5735.00
2002	2659.63	2921.04	2509.99	973.00	6257.00
2003	4065.06	4227.34	3729.37	1128.00	7922.00
2004	5641.39	5283.54	4697.79	1941.00	10315.00

续附表 2-1

年份	粗钢/万吨	生铁/万吨	钢材/万吨	焦炭/万吨	铁矿石原矿/万吨
2005	7424.99	6841.25	6847.74	2613.00	15227.00
2006	9096.29	8250.14	8467.10	3209.10	24951.89
2007	10706.40	10483.58	10474.91	3572.10	30953.96
2008	11589.42	11355.66	11571.79	3923.50	38097.21
2009	13536.27	13084.86	15134.47	4800.30	35789.47
2010	14458.79	13705.39	16757.23	4988.09	44618.84
2011	16450.66	15442.40	19226.77	6036.23	59470.90
2012	18048.38	16350.23	20995.20	6677.74	52356.95
2013	18849.63	17027.55	22861.56	6395.82	56933.29
2014	18530.30	16932.60	23995.20	5613.80	56611.10
2015	18832.98	17383.32	25245.31	5480.62	51399.36
2016	19259.97	18398.37	26150.42	5312.20	52203.35
2017	19121.47	17997.27	24551.08	4813.80	58163.52
2018	23729.85	21387.65	26908.74	5074.34	22734.29
2019	24157.70	21774.37	28409.63	4893.00	29952.21

附表 2-2　2003~2019 年河北省钢铁工业主要经济指标

年份	指标/亿元				占全省工业比例/%			
	工业增加值	主营业务收入	利税总额	利润总额	工业增加值	主营业务收入	利税总额	利润总额
2003	499.54	1412.07	181.50	105.93	24.83	24.09	26.02	27.31
2004	672.58	2381.43	236.18	140.18	27.35	29.28	26.40	27.32
2005	889.12	3305.83	299.59	175.40	27.62	30.88	25.64	25.34
2006	1001.19	3903.12	409.64	254.76	26.24	30.00	27.95	28.68
2007	1284.55	5445.05	541.66	340.54	27.77	31.87	27.54	27.28
2008	1769.08	7603.59	487.56	273.54	28.95	34.03	22.94	21.18
2009	1689.15	7583.44	395.46	243.49	26.77	31.79	18.60	19.38
2010	2052.13	9199.14	353.78	211.51	25.08	29.15	12.37	12.06
2011	2444.73	11321.27	403.88	244.40	23.26	27.80	11.23	10.84
2012	2411.41	11468.28	339.94	153.52	21.78	26.38	8.96	6.68
2013	2401.29	11649.89	302.97	163.56	20.50	25.46	7.39	6.39
2014	2256.32	11194.02	344.12	209.84	19.19	24.06	8.68	8.67

续附表 2-2

年份	指标/亿元				占全省工业比例/%			
	工业增加值	主营业务收入	利税总额	利润总额	工业增加值	主营业务收入	利税总额	利润总额
2015	1916.61	9793.44	210.14	93.11	17.04	21.84	5.73	4.27
2016	2034.35	10618.44	—	299.91	17.44	22.72	—	11.49
2017	2424.47	13025.19	—	714.37	26.10	18.65	—	22.91
2018	—	11601.94	—	907.89	—	30.66	—	41.05
2019	—	12647.69	—	644.11	28.90	31.29	—	32.00

附表 3-1　2019 年河北省规范钢铁企业烧结机统计表

序号	企　业	烧结机类型、数量及规格
1	唐山钢铁集团有限责任公司	1×360 平方米带式、2×210 平方米带式、1×265 平方米带式
2	唐山不锈钢有限责任公司	1×132 平方米带式、1×265 平方米带式
3	唐山中厚板材有限公司	2×210 平方米带式、1×240 平方米带式
4	唐山市丰南区经安钢铁有限公司	4×180 平方米带式
5	首钢京唐钢铁联合有限责任公司	2×550 平方米带式
6	首钢股份公司迁安钢铁公司	无
7	唐山东华钢铁企业集团有限公司	2×220 平方米步进式、1×220 平方米带式
8	唐山瑞丰钢铁（集团）有限公司	3×200 平方米烧结机、4×96 平方米烧结机
9	迁安市九江线材有限责任公司	2×90 平方米步进式（停产）、5×90 平方米步进式、5×152 平方米步进式
10	唐山燕山钢铁有限公司	1×132 平方米带式、1×90 平方米带式、3×300 平方米带式
11	唐山松汀钢铁有限公司	2×92.5 平方米带式、1×198 平方米带式、1×300 平方米带式
12	河北津西钢铁集团股份有限公司	1×195 平方米带式、2×265 平方米带式、1×210 平方米带式、2×210 平方米步进式、1×265 平方米步进式
13	唐山港陆钢铁有限公司	4×100 平方米带式、2×200 平方米带式
14	河北东海特钢集团有限公司	4×180 平方米带式、3×200 平方米带式
15	唐山市德龙钢铁有限公司	1×230 平方米带式
16	唐山建龙特殊钢有限公司	1×200 平方米带式
17	唐山新宝泰钢铁有限公司	1×210 平方米带式、2×92 平方米步进式
18	唐山兴隆钢铁有限公司	2×90 平方米步进式（2013 年 10 月末开始生产）、2×112 平方米步进式

序号	企 业	烧结机类型、数量及规格
19	唐山金马钢铁集团有限公司	2×180 平方米步进式、2×96 平方米步进式（停产）
20	河北鑫达钢铁有限公司	3×96 平方米步进式、5×160 平方米步进式
21	唐山市丰南区凯恒钢铁有限公司	1×112 平方米带式、1×198 平方米带式
22	唐山国义特种钢铁有限公司	4×120 平方米带式
23	中普（邯郸）钢铁有限公司	1×180 平方米带式、1×265 平方米带式
24	河北新武安钢铁集团鑫汇冶金有限公司	2×130 平方米带式
25	河北永洋特钢集团有限公司	1×180 平方米带式
26	金鼎重工有限公司	3×200 平方米带式
27	河北新武安钢铁集团文安钢铁有限公司	1×200 平方米步进式、2×108 平方米步进式
28	武安市明芳钢铁有限公司	2×180 平方米步进式（其中停产 1 台）、1×200 平方米带式
29	河北宝信钢铁集团有限公司	2×110 平方米带式
30	武安市永诚铸业有限责任公司	1×110 平方米带式
31	河北新武安钢铁集团烘熔钢铁有限公司	2×220 平方米带式
32	河北新金钢铁有限公司	2×200 平方米带式烧结机；1×120 平方米步进式烧结机
33	河北兴华钢铁有限公司	1×200 平方米带式、1×95 平方米带式
34	河钢集团邯郸钢铁集团有限责任公司	2×435 平方米带式、2×360 平方米带式、1×400 平方米带式
35	河北普阳钢铁有限公司	2×180 平方米带式、1×265 平方米带式
36	武安市裕华钢铁有限公司	2×126 平方米步进式、2×200 平方米带式、1×265 平方米带式
37	河北文丰钢铁有限公司	3×93 平方米带式、1×126 平方米步进式、1×132 平方米步进式
38	石家庄钢铁有限责任公司	1×280 平方米带式
39	敬业集团有限责任公司	2×105 平方米带式、3×230 平方米带式、2×260 平方米带式、2×128 平方米带式
40	邢台钢铁有限责任公司	1×180 平方米带式、1×198 平方米带式
41	德龙钢铁有限公司	1×132 平方米带式、2×96 平方米步进式

续附表 3-1

序号	企 业	烧结机类型、数量及规格
42	承德钢铁集团有限公司	3×360 平方米带式烧结机、2×180 平方米带式烧结机
43	承德建龙特殊钢有限公司	1×265 平方米带式
44	沧州中铁装备制造材料有限公司	3×240 平方米带式、1×260 平方米带式、1×180 平方米带式
45	宣化钢铁集团有限责任公司	3×360 平方米带式
46	秦皇岛安丰钢铁有限公司	4×180 平方米带式、1×360 平方米带式
47	秦皇岛宏兴钢铁有限公司	3×112 平方米步进式、1×112 平方米步进式（停产）、1×180 平方米步进式
48	秦皇岛佰工钢铁有限公司	2×180 平方米步进式
49	辛集市澳森钢铁有限公司	1×105 平方米步进式、1×122 平方米步进式
50	唐山文丰山川轮毂有限公司	2×180 平方米步进式
51	河北唐银钢铁有限公司	1×180 平方米带式、2×90 平方米带式
52	河北华西钢铁有限公司	3×92.4 平方米带式
53	唐山东海钢铁集团有限公司	1×98 平方米步进式、1×112 平方米步进式、2×210 平方米带式
54	唐山市玉田金州实业有限公司	无
55	唐山正丰钢铁有限公司	无
56	唐山市春兴特种钢有限公司	2×105 平方米带式
57	河北天柱钢铁集团有限公司	1×320 平方米带式、1×208 平方米步进式、1×108 平方米带式
58	河北荣信钢铁有限公司	2×100 平方米带式、2×200 平方米带式
59	承德盛丰钢铁有限公司	2×152 平方米步进式
60	承德兆丰钢铁集团有限公司	2×132 平方米步进式

附表 3-2 2019 年河北省规范钢铁企业球团装备统计表

序号	企 业	球团设备类型、数量及规格
1	唐山钢铁集团有限责任公司	无
2	唐山不锈钢有限责任公司	无
3	唐山中厚板材有限公司	1×10 平方米竖炉
4	唐山市丰南区经安钢铁有限公司	2×12 平方米竖炉

续附表 3-2

序号	企 业	球团设备类型、数量及规格
5	首钢京唐钢铁联合有限责任公司	1×504 平方米带式焙烧机
6	首钢股份公司迁安钢铁公司	无
7	唐山东华钢铁企业集团有限公司	无
8	唐山瑞丰钢铁（集团）有限公司	无
9	迁安市九江线材有限责任公司	2×10 平方米竖炉（停产）；2×10 平方米竖炉；4×14 平方米竖炉
10	唐山燕山钢铁有限公司	3×10.5 平方米竖炉；2×14 平方米竖炉；1×16 平方米竖炉
11	唐山松汀钢铁有限公司	3×10 平方米竖炉
12	河北津西钢铁集团股份有限公司	4×10 平方米竖炉；3×10 平方米竖炉（停产）
13	唐山港陆钢铁有限公司	4×12 平方米竖炉
14	河北东海特钢集团有限公司	3×12 平方米竖炉
15	唐山市德龙钢铁有限公司	1×10 平方米竖炉
16	唐山建龙特殊钢有限公司	2×10 平方米竖炉
17	唐山新宝泰钢铁有限公司	2×10 平方米竖炉
18	唐山兴隆钢铁有限公司	1×12 平方米竖炉
19	唐山金马钢铁集团有限公司	1×12 平方米竖炉
20	河北鑫达钢铁有限公司	2×14 平方米竖炉；2×16 平方米竖炉
21	唐山市丰南区凯恒钢铁有限公司	1×12 平方米竖炉（脱硫配备率100%）
22	唐山国义特种钢铁有限公司	2×10 平方米竖炉
23	中普（邯郸）钢铁有限公司	1×14 平方米竖炉
24	河北新武安钢铁集团鑫汇冶金有限公司	1×10 平方米竖炉
25	河北永洋特钢集团有限公司	无
26	金鼎重工有限公司	1×10 平方米竖炉
27	河北新武安钢铁集团文安钢铁有限公司	无
28	武安市明芳钢铁有限公司	2×12 平方米竖炉
29	河北宝信钢铁集团有限公司	无
30	武安市永诚铸业有限责任公司	无
31	河北新武安钢铁集团烘熔钢铁有限公司	无
32	河北新金钢铁有限公司	2×10 平方米竖炉
33	河北兴华钢铁有限公司	1×4 米×30 米回转窑
34	河钢集团邯郸钢铁集团有限责任公司	1×4.5 米×60 米，1×4.5 米×57 米回转窑

序号	企　业	球团设备类型、数量及规格
35	河北普阳钢铁有限公司	2×14 平方米竖炉
36	武安市裕华钢铁有限公司	6×10 平方米竖炉
37	河北文丰钢铁有限公司	1×10 平方米竖炉、2×8 平方米竖炉（停产）
38	石家庄钢铁有限责任公司	无
39	敬业集团有限责任公司	5×10 平方米竖炉、2×4.3 米×30 米回转窑
40	邢台钢铁有限责任公司	无
41	德龙钢铁有限公司	无
42	承德钢铁集团有限公司	无
43	承德建龙特殊钢有限公司	2×10 平方米竖炉
44	沧州中铁装备制造材料有限公司	2×10 平方米竖炉
45	宣化钢铁集团有限责任公司	1×5 米×35 米回转窑、1×4.6 米×33.7 米回转窑
46	秦皇岛宏兴钢铁有限公司	1×10 平方米竖炉（停产）、3×10 平方米竖炉
47	秦皇岛佰工钢铁有限公司	无
48	辛集市澳森钢铁有限公司	3×14 平方米竖炉
49	唐山文丰山川轮毂有限公司	无
50	河北唐银钢铁有限公司	无
51	河北华西钢铁有限公司	1×10 平方米竖炉
52	唐山东海钢铁集团有限公司	2×12 平方米竖炉
53	唐山市玉田金州实业有限公司	无
54	唐山正丰钢铁有限公司	无
55	唐山市春兴特种钢有限公司	1×10 平方米竖炉
56	河天柱钢铁集团有限公司	2×12 平方米竖炉
57	河北荣信钢铁有限公司	3×10.5 平方米竖炉
58	承德盛丰钢铁有限公司	1×10 平方米竖炉
59	承德兆丰钢铁集团有限公司	2×10 平方米竖炉

附表 3-3　2019 年河北省规范钢铁企业高炉统计表

序号	企　业	高炉数量及有效容积
1	新兴铸管股份有限公司（武安本部）	1×1280 立方米
2	迁安轧一钢铁集团有限公司	2×580 立方米

序号	企 业	高炉数量及有效容积
3	崇利制钢有限公司	1×505 立方米
4	天津荣程集团唐山特种钢有限公司	1×1080 立方米
5	唐山钢铁集团有限责任公司	1×2000 立方米、2×3200 立方米
6	唐山不锈钢有限责任公司	2×450 立方米、2×550 立方米
7	唐山中厚板材有限公司	1×1580 立方米、1×1780 立方米
8	唐山市丰南区经安钢铁有限公司	1×1280 立方米、2×1080 立方米
9	首钢京唐钢铁联合有限责任公司	2×5500 立方米
10	首钢股份公司迁安钢铁公司	2×2650 立方米、1×4000 立方米
11	唐山东华钢铁企业集团有限公司	1×550 立方米、1×680 立方米、1×1080 立方米
12	唐山瑞丰钢铁（集团）有限公司	1×450 立方米、3×680 立方米、2×1080 立方米 、1×1350 立方米
13	迁安市九江线材有限责任公司	4×480 立方米、6×1080 立方米
14	唐山燕山钢铁有限公司	3×450 立方米、2×1080 立方米、2×2560 立方米
15	唐山松汀钢铁有限公司	2×580 立方米、2×1080 立方米
16	河北津西钢铁集团股份有限公司	8×550 立方米、4×1280 立方米
17	唐山港陆钢铁有限公司	2×650 立方米、4×1080 立方米
18	河北东海特钢集团有限公司	1×680 立方米、1×1080 立方米、3×1350 立方米
19	唐山市德龙钢铁有限公司	2×1080 立方米
20	唐山建龙特殊钢有限公司	3×450 立方米
21	唐山新宝泰钢铁有限公司	1×450 立方米、1×630 立方米、1×1080 立方米
22	唐山兴隆钢铁有限公司	1×530 立方米、1×1080 立方米
23	唐山金马钢铁集团有限公司	1×500 立方米、1×1080 立方米、1×1350 立方米
24	河北鑫达钢铁有限公司	1×580 立方米、4×1080 立方米
25	唐山市丰南区凯恒钢铁有限公司	1×1080 立方米、1×1580 立方米
26	唐山国义特种钢铁有限公司	2×600 立方米、2×1080 立方米
27	中普（邯郸）钢铁有限公司	1×600 立方米、2×1260 立方米
28	河北新武安钢铁集团鑫汇冶金有限公司	1×460 立方米、1×1080 立方米

续附表 3-3

序号	企 业	高炉数量及有效容积
29	河北永洋特钢集团有限公司	1×450 立方米
30	金鼎重工有限公司	3×1080 立方米
31	河北新武安钢铁集团文安钢铁有限公司	1×420 立方米、2×510 立方米、1×1080 立方米
32	武安市明芳钢铁有限公司	1×460 立方米（停产）、2×1080 立方米
33	河北宝信钢铁集团有限公司	1×420 立方米、2×630 立方米
34	武安市永诚铸业有限责任公司	1×460 立方米
35	河北新武安钢铁集团烘熔钢铁有限公司	1×620 立方米、1×1260 立方米
36	河北新金钢铁有限公司	2×450 立方米、2×1080 立方米
37	河北兴华钢铁有限公司	2×550 立方米
38	河钢集团邯郸钢铁集团有限责任公司	2×2000 立方米、3×3200 立方米、1×1000 立方米（其他封存）
39	河北普阳钢铁有限公司	3×1050 立方米
40	武安市裕华钢铁有限公司	3×600 立方米、2×1080 立方米
41	河北文丰钢铁有限公司	2×460 立方米、2×480 立方米、1×550 立方米
42	石家庄钢铁有限责任公司	1×480 立方米、1×580 立方米、1×1080 立方米
43	敬业集团有限责任公司	3×450 立方米、2×588 立方米、3×1080 立方米、6×1260 立方米
44	邢台钢铁有限责任公司	2×420 立方米、1×450 立方米、1×1050 立方米
45	德龙钢铁有限公司	3×1080 立方米
46	承德钢铁集团有限公司	1×1260 立方米、3×2500 立方米
47	承德建龙特殊钢有限公司	1×650 立方米、1×1350 立方米
48	沧州中铁装备制造材料有限公司	3×2500 立方米、1×1350 立方米
49	宣化钢铁集团有限责任公司	1×2000 立方米、2×2500 立方米
50	秦皇岛安丰钢铁有限公司	4×1260 立方米、1×1206 立方米
51	秦皇岛宏兴钢铁有限公司	4×580 立方米、1×1260 立方米
52	秦皇岛佰工钢铁有限公司	2×1080 立方米
53	辛集市澳森钢铁有限公司	1×610 立方米、1×1050 立方米、1×1080 立方米

序号	企 业	高炉数量及有效容积
54	唐山文丰山川轮毂有限公司	2×1080 立方米
55	河北唐银钢铁有限公司	1×750 立方米、1×550 立方米、1×1080 立方米
56	河北华西钢铁有限公司	2×450 立方米、1×1080 立方米
57	唐山东海钢铁集团有限公司	1×450 立方米、1×600 立方米、1×680 立方米、2×1080 立方米。(因减量置换建设一座 1200 立方米高炉,现有厂区无场地,所以先拆除 450 立方米高炉,在此地建设 1200 立方米高炉)
58	唐山市玉田金州实业有限公司	无
59	唐山正丰钢铁有限公司	无
60	唐山市春兴特种钢有限公司	2×1080 立方米
61	河天柱钢铁集团有限公司	2×800 立方米、1×630 立方米、1×1080 立方米
62	河北荣信钢铁有限公司	1×480 立方米、1×450 立方米、2×1080 立方米
63	承德盛丰钢铁有限公司	2×650 立方米
64	承德兆丰钢铁集团有限公司	2×650 立方米

附表 3-4 2019 年河北省规范钢铁企业转炉和电炉统计表

序号	企 业	数量×公称容量
1	新兴铸管股份有限公司(武安本部)	2×80 吨转炉
2	迁安轧一钢铁集团有限公司	1×160 吨转炉
3	崇利制钢有限公司	1×35 吨转炉
4	天津荣程集团唐山特种钢有限公司	2×100 吨转炉
5	唐山钢铁集团有限责任公司	2×55 吨、3×150 吨转炉
6	唐山不锈钢有限责任公司	1×80 吨、2×100 吨转炉
7	唐山中厚板材有限公司	3×120 吨转炉
8	唐山市丰南区经安钢铁有限公司	1×60 吨、2×120 吨转炉
9	首钢京唐钢铁联合有限责任公司	5×300 吨转炉
10	首钢股份公司迁安钢铁公司	5×210 吨转炉
11	唐山东华钢铁企业集团有限公司	1×120 吨、1×150 吨转炉

序号	企 业	数量×公称容量
12	唐山瑞丰钢铁（集团）有限公司	2×120 吨转炉、3×80 吨转炉
13	迁安市九江线材有限责任公司	2×50 吨、2×80 吨、3×100 吨转炉
14	唐山燕山钢铁有限公司	1×50 吨、4×180 吨转炉
15	唐山松汀钢铁有限公司	2×100 吨、2×120 吨转炉
16	河北津西钢铁集团股份有限公司	6×50 吨、2×100 吨转炉
17	唐山港陆钢铁有限公司	3×75 吨、2×150 吨转炉
18	河北东海特钢集团有限公司	4×120 吨、1×130 吨转炉
19	唐山市德龙钢铁有限公司	2×80 吨转炉
20	唐山建龙特殊钢有限公司	2×60 吨转炉
21	唐山新宝泰钢铁有限公司	3×60 吨转炉
22	唐山兴隆钢铁有限公司	3×50 吨转炉
23	唐山金马钢铁集团有限公司	2×120 吨转炉
24	河北鑫达钢铁有限公司	2×80 吨、2×120 吨转炉
25	唐山市丰南区凯恒钢铁有限公司	1×120 吨转炉
26	唐山国义特种钢铁有限公司	3×120 吨转炉
27	中普（邯郸）钢铁有限公司	2×50 吨、2×100 吨转炉
28	河北新武安钢铁集团鑫汇冶金有限公司	2×55 吨转炉
29	河北永洋特钢集团有限公司	1×70 吨电炉
30	金鼎重工有限公司	2×120 吨转炉
31	河北新武安钢铁集团文安钢铁有限公司	2×35 吨、2×60 吨转炉
32	武安市明芳钢铁有限公司	2×50 吨、1×80 吨转炉
33	河北宝信钢铁集团有限公司	2×50 吨转炉
34	武安市永诚铸业有限责任公司	1×55 吨转炉
35	河北新武安钢铁集团烘熔钢铁有限公司	3×60 吨转炉
36	河北新金钢铁有限公司	1×40 吨、2×120 吨转炉
37	河北兴华钢铁有限公司	2×50 吨转炉
38	河钢集团邯郸钢铁集团有限责任公司	4×100 吨、2×120 吨、2×260 吨转炉
39	河北普阳钢铁有限公司	2×120 吨转炉
40	武安市裕华钢铁有限公司	2×50 吨、2×120 吨转炉
41	河北文丰钢铁有限公司	3×35 吨、1×120 吨转炉
42	石家庄钢铁有限责任公司	1×60 吨电炉；2×60 吨转炉

序号	企业	数量×公称容量
43	敬业集团有限责任公司	4×50 吨、3×150 吨转炉
44	邢台钢铁有限责任公司	3×50 吨、1×80 吨转炉
45	德龙钢铁有限公司	2×120 吨转炉
46	承德钢铁集团有限公司	2×100 吨、2×120 吨、2×150 吨转炉；1×120 吨、1×150 吨提钒转炉
47	承德建龙特殊钢有限公司	1×70 吨、1×120 吨转炉；1×70 吨提钒转炉
48	沧州中铁装备制造材料有限公司	3×180 吨转炉
49	宣化钢铁集团有限责任公司	1×120 吨、2×150 吨转炉
50	秦皇岛安丰钢铁有限公司	3×150 吨、2×100 吨转炉
51	秦皇岛宏兴钢铁有限公司	4×65 吨转炉
52	秦皇岛佰工钢铁有限公司	2×60 吨转炉、1×60 吨转炉（其他压减产能，封停）
53	辛集市澳森钢铁有限公司	3×120 吨转炉
54	唐山文丰山川轮毂有限公司	2×120 吨转炉
55	河北唐银钢铁有限公司	2×120 吨转炉
56	河北华西钢铁有限公司	3×50 吨转炉
57	唐山东海钢铁集团有限公司	3×120 吨转炉
58	唐山市玉田金州实业有限公司	2×60 吨电弧炉
59	唐山正丰钢铁有限公司	3×60 吨电弧炉
60	唐山市春兴特种钢有限公司	2×120 吨转炉
61	河北天柱钢铁集团有限公司	2×70 吨、2×50 吨转炉
62	河北荣信钢铁有限公司	2×50 吨转炉；2×60 吨转炉
63	承德盛丰钢铁有限公司	2×50 吨转炉
64	承德兆丰钢铁集团有限公司	2×60 吨转炉

附表 3-5　2019 年河北省规范钢铁企业精炼装备统计表

序号	企业	规格
1	唐山钢铁集团有限责任公司	4×150 吨；2×55 吨
2	唐山不锈钢有限责任公司	1×110 吨；3×100 吨；1×110 吨（脱磷炉停产）；1×110 吨（VOD 停产）
3	唐山中厚板材有限公司	4×120 吨

序号	企　业	规　格
4	唐山市丰南区经安钢铁有限公司	无
5	首钢京唐钢铁联合有限责任公司	5×300 吨
6	首钢股份公司迁安钢铁公司	8×210 吨
7	唐山东华钢铁企业集团有限公司	无
8	唐山瑞丰钢铁（集团）有限公司	无
9	迁安市九江线材有限责任公司	3×100 吨
10	唐山燕山钢铁有限公司	2×60 吨；4×180 吨
11	唐山松汀钢铁有限公司	无
12	河北津西钢铁集团股份有限公司	无
13	唐山港陆钢铁有限公司	无
14	河北东海特钢集团有限公司	2×130 吨
15	唐山市德龙钢铁有限公司	2×80 吨
16	唐山建龙特殊钢有限公司	1×60 吨
17	唐山新宝泰钢铁有限公司	无
18	唐山兴隆钢铁有限公司	无
19	唐山金马钢铁集团有限公司	无
20	河北鑫达钢铁有限公司	无
21	唐山市丰南区凯恒钢铁有限公司	无
22	唐山国义特种钢铁有限公司	1×120 吨
23	中普（邯郸）钢铁有限公司	3×60 吨、1×100 吨
24	河北新武安钢铁集团鑫汇冶金有限公司	2×100 吨
25	河北永洋特钢集团有限公司	2×70 吨、1×120 吨、2×120 吨
26	金鼎重工有限公司	1×120 吨
27	河北新武安钢铁集团文安钢铁有限公司	无
28	武安市明芳钢铁有限公司	1×50 吨（淘汰）
29	河北宝信钢铁集团有限公司	无
30	武安市永诚铸业有限责任公司	无
31	河北新武安钢铁集团烘熔钢铁有限公司	1×60 吨
32	河北新金钢铁有限公司	1×120 吨 LF

序号	企 业	规 格
33	河北兴华钢铁有限公司	1×50 吨
34	河钢集团邯郸钢铁集团有限责任公司	5×100 吨，4×260 吨
35	河北普阳钢铁有限公司	3×150 吨
36	武安市裕华钢铁有限公司	无
37	河北文丰钢铁有限公司	1×120 吨
38	石家庄钢铁有限责任公司	10×60 吨
39	敬业集团有限责任公司	3×150 吨
40	邢台钢铁有限责任公司	4×50 吨；1×60 吨；2×80 吨
41	德龙钢铁有限公司	1×120 吨
42	承德钢铁集团有限公司	2×100 吨 LF；2×120 吨 LF；1×125 吨 VD；2×150 吨 LF；2×150 吨 RH
43	承德建龙特殊钢有限公司	3×70 吨
44	沧州中铁装备制造材料有限公司	3×180 吨
45	宣化钢铁集团有限责任公司	1×130 吨；1×110 吨；2×180 吨
46	秦皇岛安丰钢铁有限公司	2×100 吨 LF、1×100 吨 RH
47	秦皇岛宏兴钢铁有限公司	无
48	秦皇岛佰工钢铁有限公司	无
49	辛集市澳森钢铁有限公司	无
50	唐山文丰山川轮毂有限公司	4×120 吨
51	河北唐银钢铁有限公司	1×120 吨
52	河北华西钢铁有限公司	无
53	唐山东海钢铁集团有限公司	无
54	唐山市玉田金州实业有限公司	2×75 吨
55	唐山正丰钢铁有限公司	5×60 吨
56	唐山市春兴特种钢有限公司	无
57	河北天柱钢铁集团有限公司	1×80 吨
58	河北荣信钢铁有限公司	无
59	承德盛丰钢铁有限公司	无
60	承德兆丰钢铁集团有限公司	无

附表 3-6　2019 年河北省规范钢铁企业连铸机统计表

序号	企　业	连铸机类型及规格
1	唐山钢铁集团有限责任公司	2×1500×150 毫米板坯；2×1550×70 毫米板坯；1×150 毫米 6 机 6 流方坯；1×165 毫米 6 机 6 流方坯；1×800 毫米 6 机 6 流方坯
2	唐山不锈钢有限责任公司	3×1600×200 毫米板坯
3	唐山中厚板材有限公司	1×250 毫米×（1500～2100）毫米单机单流直弧型；1×（200～280）毫米×（1260～2100）毫米单机单流直弧型；1×（180～250）毫米×（1500～2100）毫米单机单流直弧型；1×250 毫米×360 毫米 4 机 4 流全弧型、1×320 毫米×460 毫米 4 机 4 流全弧型；1×160 毫米×160 毫米 6 机 6 流、1×165 毫米×165 毫米 6 机 6 流
4	唐山市丰南区经安钢铁有限公司	3×280×165 毫米 6 机 6 流矩形坯
5	首钢京唐钢铁联合有限责任公司	2×2150×230 毫米板坯；2×1650×230 毫米板坯
6	首钢股份公司迁安钢铁公司	2×160 毫米 2 机 8 流方坯；3×1600×230 毫米板坯；1×2150×230 毫米板坯
7	唐山东华钢铁企业集团有限公司	2 台 8 机 8 流方坯
8	唐山瑞丰钢铁（集团）有限公司	1×4 机 4 流矩形坯；3×5 机 5 流矩形坯；1×6 机 6 流矩形坯
9	迁安市九江线材有限责任公司	5×150 毫米 4 机 4 流方坯；6×150 毫米 6 机 6 流方坯
10	唐山燕山钢铁有限公司	1×330×180 毫米 4 机 4 流矩形坯；1×280×165 毫米 4 机 4 流矩形坯；1×280×165 毫米 6 机 6 流矩形坯；1×1000×180 毫米板坯；1×1300×180 毫米板坯；1×1600×250 毫米板坯；1×1800×250 毫米板坯；2×1550×230 毫米板坯；1×410×320 毫米 8 机 8 流矩形坯
11	唐山松汀钢铁有限公司	1×700×200 毫米板坯；2×165×330 毫米 8 机 8 流方坯；1×165×225 毫米 6 机 6 流方坯

序号	企 业	连铸机类型及规格
12	河北津西钢铁集团股份有限公司	2×715×180 毫米板坯；1×550×180 毫米板坯；2×165×280 毫米 4 机 4 流方坯；1×165×225 毫米 6 机 6 流方坯；1×320×410 毫米 5 机 5 流方坯；2×150×150 毫米 5 机 5 流方坯；550×440×105 毫米、750×370×90 毫米、1024×390×90 毫米异型坯；180×605×1100 毫米，370×90×750 毫米，1200×500×120 毫米板坯
13	唐山港陆钢铁有限公司	2×1100×170 毫米板坯；2×1400×200 毫米板坯；1×280×165 毫米 5 机 5 流矩形坯；1×280×165 毫米 5 机 5 流矩形坯（停产）；1×150 毫米 10 机 10 流方坯（停产）
14	河北东海特钢集团有限公司	2×225×165 毫米 8 机 8 流矩形坯；1×225×165 毫米 10 机 10 流矩形坯；2×650×200 毫米板坯；1×1450×200 毫米板坯
15	唐山市德龙钢铁有限公司	四机四流矩形坯连铸机 2 台、6 机 6 流方坯连铸机 1 台
16	唐山建龙特殊钢有限公司	1×250×150 毫米 5 机 5 流方坯；1×710×170 毫米板坯
17	唐山新宝泰钢铁有限公司	1×280×165 毫米 5 机 5 流矩形坯；1×165×330 毫米 5 机 5 流矩形坯；1×165×400 毫米 4 机 4 流矩形坯
18	唐山兴隆钢铁有限公司	1 台 R6、R12 4 机 4 流方坯；1 台 R6、R12 5 机 5 流方坯
19	唐山金马钢铁集团有限公司	1×620×165 毫米板坯；1×350×165 毫米 6 机 6 流矩形坯
20	河北鑫达钢铁有限公司	2×280×165 毫米 9 机 9 流矩形坯；1×280×165 毫米 7 机 7 流矩形坯；2×280×165 毫米 6 机 6 流矩形坯
21	唐山市丰南区凯恒钢铁有限公司	1 台 8 机 8 流方坯
22	唐山国义特种钢铁有限公司	2×150 毫米 5 机 5 流方坯；1×150 毫米 6 机 6 流方坯

序号	企　业	连铸机类型及规格
23	中普（邯郸）钢铁有限公司	1×1800×250 毫米板坯、1×165 毫米 5 机 5 流方坯、1×180×2300 毫米板坯
24	河北新武安钢铁集团鑫汇冶金有限公司	1×330×165 毫米 4 机 4 流矩形坯、1×225×165 毫米 5 机 5 流矩形坯
25	河北永洋特钢集团有限公司	1×230×280 毫米 5 机 5 流方坯、1×160×225 毫米 8 机 8 流方坯、1×320×420 毫米 6 机 6 流方坯
26	金鼎重工有限公司	1×165 毫米机流方坯，1×150 毫米机流方坯，1×1500×250 毫米板坯
27	河北新武安钢铁集团文安钢铁有限公司	1×280×165 毫米 4 机 4 流矩形坯、1×330×150 毫米 5 机 5 流矩形坯、1×280×165 毫米 5 机 5 流矩形坯、1×600×165 毫米 4 机 4 流矩形坯
28	武安市明芳钢铁有限公司	2×165×165 毫米 4 机 4 流方坯，1×165×165 毫米 6 机 6 流方坯
29	河北宝信钢铁集团有限公司	1×150 毫米 4 机 4 流方坯、1×280×165 毫米板坯
30	武安市永诚铸业有限责任公司	2×165 毫米 3 机 3 流方坯
31	河北新武安钢铁集团烘熔钢铁有限公司	2×165 毫米 5 机 5 流方坯、1×1500×200 毫米板坯、1×1600×220 毫米板坯
32	河北新金钢铁有限公司	1×170 毫米 7 机 7 流方坯、1×1100×200 毫米板坯、1×1260×230 毫米板坯
33	河北兴华钢铁有限公司	2×380×320 毫米 3 机 3 流矩形坯、1×150 毫米 4 机 4 流方坯、1×150 毫米 3 机 3 流方坯
34	河钢集团邯郸钢铁集团有限责任公司	2×200 毫米，1×150 毫米 1 机 8 流方坯；2×1680×80 毫米，2×1900×250 毫米，2×2150×230 毫米薄板坯；1 机 5 流异型坯
35	河北普阳钢铁有限公司	1×1150×220 毫米板坯、1×2300×330 毫米板坯

序号	企 业	连铸机类型及规格
36	武安市裕华钢铁有限公司	2×165 毫米 4 机 4 流方坯、2×150 毫米 8 机 8 流方坯、2×1250×220 毫米板坯
37	河北文丰钢铁有限公司	2×1800×250 毫米板坯、2×570×165 毫米机流矩形坯、1×225 毫米机流方坯（其他未统计）
38	石家庄钢铁有限责任公司	1×320×280 毫米 3 机 3 流矩形坯；1×360×300 毫米 3 机 3 流矩形坯；1×180 毫米 5 机 5 流方坯；1×150 毫米 5 机 5 流方坯
39	敬业集团有限责任公司	3×150 毫米 4 机 4 流方坯；1×150 毫米 10 机 10 流方坯；1×1600×220 毫米板坯；1×1100×220 毫米板坯
40	邢台钢铁有限责任公司	2×160 毫米 4 机 4 流方坯；2×325×280 毫米 4 机 4 流矩形坯；1×160 毫米圆坯。（其他不单独统计）
41	德龙钢铁有限公司	2×1100×200 毫米板坯；1×710×180 毫米板坯
42	承德钢铁集团有限公司	4×165×165 毫米方坯；1×525×165 板坯；2×165×200 板坯
43	承德建龙特殊钢有限公司	1×200 毫米 5 机 5 流方坯；1×600 毫米圆坯
44	沧州中铁装备制造材料有限公司	1×1150×200 毫米板坯；2×1650×230 毫米板坯
45	宣化钢铁集团有限责任公司	1×200×285 毫米 12 机 12 流方坯；2×165×165 毫米 12 机 12 流方坯
46	秦皇岛宏兴钢铁有限公司	2×150 毫米 6 机 6 流方坯；1×900×180 毫米 4 机 4 流矩形坯；1×330×165 毫米 6 机 6 流矩形坯
47	秦皇岛佰工钢铁有限公司	1×280×165 毫米 6 机 6 流矩形坯、1×12000 毫米方坯
48	辛集市澳森钢铁有限公司	2 座 8 机 8 流方坯；1 座 7 机 7 流板坯
49	唐山文丰山川轮毂有限公司	1×2500×400 毫米板坯；1×1800×250 毫米板坯；1×（16～60 吨）模铸钢锭；1×600 毫米圆坯

续附表 3-6

序号	企　业	连铸机类型及规格
50	河北唐银钢铁有限公司	1×165×165 毫米 8 机 8 流方坯；1×（165~330）×165 毫米 8 机 8 流矩形坯
51	河北华西钢铁有限公司	1×280×165 毫米 5 机 5 流矩形坯；1×280×165 毫米 4 机 4 流矩形坯；1×580×165 毫米 3 机 3 流矩形坯
52	唐山东海钢铁集团有限公司	1×380×165 毫米 8 机 8 流矩形坯；1×520×150 毫米 6 机 6 流矩形坯；1×630×165 毫米 5 机 5 流矩形坯；1×200×330 毫米 2 机 2 流板坯（停产）；1×1330×200 毫米 2 机 2 流板坯（停产）；1×380×165 毫米 3 机 3 流矩形坯（停产）
53	唐山市玉田金州实业有限公司	1 台 R8 米弧方坯及矩形坯
54	唐山正丰钢铁有限公司	1 台 7 机 7 流连铸机；2 台 4 机 4 流连铸机
55	唐山市春兴特种钢有限公司	2×280×165 毫米 6 机 6 流矩形坯
56	河北天柱钢铁集团有限公司	2 套 4 机 4 流矩形坯；1 套 5 机 5 流矩形坯；1 套 6 机 6 流矩形坯
57	河北荣信钢铁有限公司	1×1600×200 毫米板坯（停产）；1×225×165 毫米 6 机 6 流矩形坯；1×150 毫米 6 机 6 流方坯；1×410×340 毫米 3 机 3 流矩形坯；1×225×165 毫米 4 机 4 流矩形坯
58	承德盛丰钢铁有限公司	3×420 毫米 4 机 4 流方坯
59	承德兆丰钢铁集团有限公司	1×330×165 毫米 6 机 6 流矩形坯；1×330×165 毫米 5 机 5 流矩形坯

附表 3-7　2019 年河北省规范钢铁企业轧机统计表

序号	企　业	轧机类型及规格
1	唐山钢铁集团有限责任公司	1×1810 毫米热轧；1×1700 毫米热轧；2×550 毫米线材轧机（热轧）；1×650 毫米棒材轧机（热轧）；1×685 毫米棒材轧机（热轧）；1×650 毫米/630 毫米型材轧机（热轧）
2	唐山不锈钢有限责任公司	1×1580 毫米带材轧机（热轧）；2×285 毫米线材轧机（热轧）（停产）

序号	企业	轧机类型及规格
3	唐山中厚板材有限公司	2×3500 毫米轧机；1×1100 毫米轧机
4	唐山市丰南区经安钢铁有限公司	1×1800×520 毫米带材轧机（热轧）；2×（610、440）×370 毫米带材轧机（热轧）（停产）
5	首钢京唐钢铁联合有限责任公司	1×2250 毫米带材轧机（热轧）；1×1580 毫米带材轧机（热轧）；1×1700 毫米（冷轧）；1×2230 毫米（冷轧）；1×1420 毫米（冷轧）；1×3500 毫米中厚板轧机（热轧）
6	首钢股份公司迁安钢铁公司	1×2250 毫米带材轧机（热轧）；1×1580 毫米带材轧机（热轧）；5×1450 毫米冷轧
7	唐山东华钢铁企业集团有限公司	150 万吨棒材轧机 1 台；85 万吨线材轧机 2 台
8	唐山瑞丰钢铁（集团）有限公司	2×650 毫米热轧；1×850 毫米热轧；1×950 毫米热轧；1×950 毫米冷轧
9	迁安市九江线材有限责任公司	7×158 毫米线材轧机（热轧）；6×228 毫米线材轧机（热轧）；2×158 毫米线材轧机（热轧）（停产）
10	唐山燕山钢铁有限公司	1×950 毫米带材轧机（热轧）；1×1780 毫米带材轧机（热轧）；1×1580 毫米带材轧机（热轧）
11	唐山松汀钢铁有限公司	1×850 毫米带材轧机（热轧）
12	河北津西钢铁集团股份有限公司	1×850 毫米带材轧机（热轧）；1×650 毫米带材轧机（热轧）；1×550 毫米带材轧机（热轧）；2×610 毫米粗轧机带肋钢筋（热轧）；1×250×（250～900）×300 毫米型材轧机（热轧）；2×100×（100～400）×200 毫米型材轧机（热轧）；1×（U400～800，Z600～950，H400－1100）型材轧机（热轧）
13	唐山港陆钢铁有限公司	无
14	河北东海特钢集团有限公司	1×650 毫米棒材轧机（热轧）；1×610 毫米棒材轧机（热轧）；1×710 毫米棒材轧机（热轧）；1×710 毫米线材轧机（热轧）；1×700 毫米带材轧机（热轧）；1×750 毫米带材轧机（热轧）；1×1580 毫米带材轧机（热轧）

续附表 3-7

序号	企 业	轧机类型及规格
15	唐山市德龙钢铁有限公司	2×（φ5.5~20）毫米高速线材；1×650 毫米带钢（热轧）
16	唐山建龙特殊钢有限公司	1×650 毫米带材轧机（热轧）；1×800 毫米带材轧机（热轧）；1×900 毫米冷轧；1×420 毫米冷轧
17	唐山新宝泰钢铁有限公司	1×650 毫米带材轧机（热轧）；1×750 毫米带材轧机（热轧）
18	唐山兴隆钢铁有限公司	1×650 毫米热轧轧机
19	唐山金马钢铁集团有限公司	1×750 毫米带材轧机（热轧）；1×850 毫米带材轧机（热轧）
20	河北鑫达钢铁有限公司	4×350 毫米棒材轧机（热轧）；1×600 毫米型材轧机（热轧）；1×650 毫米带材轧机（热轧）
21	唐山市丰南区凯恒钢铁有限公司	无
22	唐山国义特种钢铁有限公司	4×560 毫米线材轧机（热轧）；2×650 毫米带材轧机（热轧）
23	中普（邯郸）钢铁有限公司	1×650 毫米带材轧机（热轧）；2×3500 毫米中厚板轧机（热轧）
24	河北新武安钢铁集团鑫汇冶金有限公司	2×650 毫米线材轧机（热轧）
25	河北永洋特钢集团有限公司	1×550 毫米型材轧机（热轧）、2×650 毫米型材轧机（热轧）、1×850 毫米型材轧机（热轧）
26	金鼎重工有限公司	2×650 毫米线材轧机（热轧），1×2500 毫米中厚板轧机（热轧）
27	河北新武安钢铁集团文安钢铁有限公司	1×650 毫米线材轧机（热轧）（其他环保限产）、2×650 毫米带材轧机（热轧）
28	武安市明芳钢铁有限公司	2×170 毫米线材轧机（热轧），1×380 毫米棒材轧机（热轧）
29	河北宝信钢铁集团有限公司	无
30	武安市永诚铸业有限责任公司	1×600 毫米线材轧机（热轧）
31	河北新武安钢铁集团烘熔钢铁有限公司	1×2300 毫米、1×2600 毫米中厚板轧机（热轧）；1×350 毫米棒材轧机（热轧）；1×300 毫米线材轧机（热轧）

序号	企 业	轧机类型及规格
32	河北新金钢铁有限公司	1×380 毫米线材轧机（热轧）；1×610 毫米线材轧机（热轧）；1×1380 毫米热轧卷板；1×1450 毫米冷轧
33	河北兴华钢铁有限公司	1×（850 毫米可逆轧机、H400 万能连轧机组）型材轧机（热轧）、1×550 毫米棒材轧机（热轧）
34	河钢集团邯郸钢铁集团有限责任公司	1×3500 毫米，1×3000 毫米，1×2250 毫米中厚板轧机（热轧）；1×610 毫米，1×530 毫米，1×250 毫米棒材轧机（热轧）；1×600 毫米，1×610 毫米线材轧机（热轧）；1×1350 毫米型材轧机（热轧）；1×1780 毫米带材轧机（热轧）；1×1650 毫米热板酸洗机组（冷轧）；1×1650 毫米热基镀锌机组（冷轧）；1×1780 毫米酸洗冷轧联合机组（冷轧）；1×1550 毫米冷基镀锌机组（冷轧）；1×1500 毫米彩涂机组（冷轧）；2×2180 毫米、1×2030 毫米、1×1680 毫米、1×1650 毫米、1×1500 毫米冷轧
35	河北普阳钢铁有限公司	1×650 毫米线材轧机（热轧）；1×1250 毫米带材轧机（热轧）
36	武安市裕华钢铁有限公司	4×550 毫米线材轧机（热轧）、1×1780 毫米带材轧机（热轧）
37	河北文丰钢铁有限公司	1×2800 毫米中厚板轧机（热轧）、1×780 毫米带材轧机（热轧）
38	石家庄钢铁有限责任公司	1×650 毫米棒材轧机（热轧）；1×530 毫米棒材轧机（热轧）；1×600 毫米棒材轧机（热轧）；1×900 毫米棒材轧机（热轧）
39	敬业集团有限责任公司	6×（12~50）毫米棒材轧机（热轧）；1×（5.5~13）毫米线材轧机（热轧）；1×3000 毫米中厚板轧机（热轧）；1×1250 毫米带材轧机（热轧）
40	邢台钢铁有限责任公司	4×216 毫米线材轧机（热轧）；1×335 毫米线材轧机（热轧）

续附表 3-7

序号	企　业	轧机类型及规格
41	德龙钢铁有限公司	1×850 毫米带材轧机（热轧）；1×1250 毫米带材轧机（热轧）
42	承德钢铁集团有限公司	3×380 毫米棒材连轧机组；2×170 毫米棒材连轧机组；1×670 毫米带钢；1×1780 毫米热轧卷板机组
43	承德建龙特殊钢有限公司	2×700 毫米棒材轧机（热轧）；1×660 毫米棒材轧机（热轧）；4×610 毫米棒材轧机（热轧）；1×530 毫米棒材轧机（热轧）；20×370 毫米棒材轧机（热轧）
44	沧州中铁装备制造材料有限公司	1×1250 毫米带材轧机（热轧）；1×1780 毫米带材轧机（热轧）
45	宣化钢铁集团有限责任公司	1×360 毫米棒材轧机（热轧）；2×400 毫米棒材轧机（热轧）；1×700 型材轧机（热轧）；3×153 毫米线材轧机（热轧）；1×450 毫米型材轧机（热轧）
46	秦皇岛宏兴钢铁有限公司	2×550 毫米线材轧机（热轧）；1×650 毫米带材轧机（热轧）；1×1580 毫米带材轧机（热轧）
47	秦皇岛佰工钢铁有限公司	无
48	辛集市澳森钢铁有限公司	7 条线材轧机（热轧）；1 条带钢轧机（热轧）
49	唐山文丰山川轮毂有限公司	1×4300 毫米中厚板轧机（热轧）
50	河北唐银钢铁有限公司	1×(370~750) 毫米棒材轧机（热轧）；2×(170~750) 毫米线材轧机（热轧）；1×(340~650) 毫米带材轧机（热轧）
51	河北华西钢铁有限公司	无
52	唐山东海钢铁集团有限公司	2×650 毫米带材轧机；1×850 毫米带材轧机；3×650 毫米线材轧机
53	唐山市玉田金州实业有限公司	1×550 毫米线材轧机（热轧）
54	唐山正丰钢铁有限公司	2×550 毫米高线全连轧；1×1100 毫米型棒材半连轧

序号	企 业	轧机类型及规格
55	唐山市春兴特种钢有限公司	1×650 毫米棒线材轧机（热轧）；1×550 毫米线材轧机（热轧）
56	河北天柱钢铁集团有限公司	1×1050 毫米型材轧机（热轧）；2×650 毫米线材轧机（热轧）（未生产）
57	河北荣信钢铁有限公司	无
58	承德盛丰钢铁有限公司	1×650 毫米带材轧机（热轧）
59	承德兆丰钢铁集团有限公司	1×650 毫米带材轧机（热轧）

附表 3-8　河北省焦炭生产企业基本统计表

序号	企业名称	所在市、县（区）	焦炉炉号	炭化室高度/米	焦炉孔数/孔
1	邯郸钢铁集团有限责任公司	邯郸市复兴区	1 号	4.3	43
			2 号	4.3	43
			3 号	4.3	43
			4 号	4.3	45
			5 号	6	45
			6 号	6	45
2	邯钢集团邯宝钢铁有限公司	邯郸市复兴区	1 号	7	42
			2 号	7	42
			3 号	7	42
			4 号	7	42
3	天津天铁冶金集团有限公司	邯郸市涉县	2 号	6	60
4	新兴铸管股份有限公司	邯郸市武安市	1 号	4.3	65
			2 号	4.3	55
5	河北峰煤焦化有限公司	邯郸市峰峰矿区	1 号	7	42
			2 号	7	42
			3 号	7	42
			4 号	7	42
6	河北新彭楠焦化有限公司	邯郸市峰峰矿区	1 号	4.3	50
			2 号	4.3	50
7	邯郸市峰峰顺祥焦化有限公司	邯郸市峰峰矿区	1 号	4.3	68
			2 号	4.3	68

序号	企业名称	所在市、县（区）	焦炉炉号	炭化室高度/米	焦炉孔数/孔
8	邯郸市峰峰华明煤化电业有限公司	邯郸市峰峰矿区	1 号	4.3	45
			2 号	4.3	45
9	邯郸市峰峰鹏通焦化有限责任公司	邯郸市峰峰矿区	1 号	4.3	41
			2 号	4.3	53
10	邯郸市峰峰峰泰焦化有限公司	邯郸市峰峰矿区	1 号	4.3	50
			2 号	4.3	50
11	邯郸市峰峰东信煤焦化有限责任公司	邯郸市峰峰矿区	1 号	4.3	50
			2 号	4.3	50
12	河北天煜煤化电力有限公司	邯郸市武安市	1 号	4.3	68
			2 号	4.3	68
13	武安市广普焦化有限公司	邯郸市武安	1 号	6	55
			2 号	6	55
14	河北玉洲煤化工业股份有限公司	邯郸市武安市	1 号	4.3	50
			2 号	4.3	50
15	河北华丰能源科技发展有限公司	邯郸市武安市	1 号	4.3	72
			2 号	4.3	72
			3 号	5.5	55
			4 号	5.5	55
			5 号	5.5	65
			6 号	5.5	65
16	武安市宝烨煤焦化工业有限公司	邯郸市武安市	1 号	5.5	55
			2 号	5.5	55
17	河北金鹏煤化竖炉工业有限公司	邯郸市武安市	1 号	4.3	56
			2 号	4.3	56
18	金牛天铁煤焦化有限公司	邯郸市涉县	1 号	7	60
			2 号	7	60
19	涉县天利煤化有限责任公司	邯郸市涉县	1 号	4.3	50
			2 号	4.3	50
20	河北鑫森冶金建材有限公司	邯郸市涉县	1 号	5.5	65

续附表 3-8

序号	企业名称	所在市、县（区）	焦炉炉号	炭化室高度/米	焦炉孔数/孔
21	磁县鑫盛煤化工有限公司	邯郸市磁县	1 号	5.5	60
			2 号	5.5	60
22	邯郸市裕泰焦化有限公司	邯郸市磁县	1 号	5.5	65
			2 号	5.5	65
23	邯郸陆顺焦化有限公司	邯郸市磁县	1 号	4.3	42
			2 号	4.3	42
24	河北常恒能源技术开发有限公司	石家庄市井陉矿区	1 号	4.3	72
			2 号	4.3	72
25	石家庄市藁城区金鑫焦化有限公司	石家庄市藁城区	1 号	4.3	43
			2 号	4.3	43
26	河北力马燃气有限公司	石家庄市高邑县	1 号	4.3	60
			2 号	4.3	60
27	河北新晶焦化有限责任公司	石家庄市井陉矿区	1 号	4.3	72
			2 号	4.3	72
28	河北鑫跃焦化有限公司	石家庄市井陉矿区	1 号	4.3	55
			2 号	4.3	55
29	建滔（河北）焦化有限公司	邢台市内丘县	1 号	4.3	72
			2 号	4.3	72
			3 号	4.3	72
			4 号	4.3	72
30	临城县三阳焦化有限公司	邢台市临城县	2 号	4.3	56
31	邢台钢铁有限责任公司	邢台市桥西区	2 号	4.3	65
32	河北中煤旭阳焦化有限公司	邢台市邢台县	1 号	4.3	60
			2 号	4.3	60
			3 号	4.3	60
			4 号	4.3	60
			5 号	4.3	60
			6 号	5.5	65
			7 号	5.5	65
			8 号	5.5	65
			9 号	5.5	65

续附表 3-8

序号	企业名称	所在市、县（区）	焦炉炉号	炭化室高度/米	焦炉孔数/孔
33	河北旭阳焦化有限公司	定州市	4 号	5.5	60
			5 号	5.5	60
			6 号	5.5	60
			7 号	5.5	60
			8 号	5.5	60
			9 号	5.5	60
			10 号	5.5	60
			11 号	5.5	60
34	宣化钢铁集团有限责任公司	张家口市宣化区	1 号	6	43
			2 号	6	43
			5 号	6	50
			6 号	6	50
35	河北安丰钢铁有限公司	秦皇岛市昌黎	1 号	5.5	65
			2 号	5.5	65
			3 号	5.5	65
			4 号	5.5	65
			5 号	5.5	65
			6 号	5.5	65
36	承德中滦煤化工有限公司	承德市双滦区	1 号	4.3	45
			2 号	4.3	45
			3 号	6	55
			4 号	6	55
37	河北渤海煤焦化有限公司	沧州市渤海新区	1 号	6	55
			2 号	6	55
			3 号	6	55
			4 号	6	55
38	沧州中铁装备制造材料有限公司	沧州市渤海新区	1 号	7	60
			2 号	7	60
			3 号	7	60
			4 号	7	60

序号	企业名称	所在市、县（区）	焦炉炉号	炭化室高度/米	焦炉孔数/孔
39	唐山市汇丰炼焦制气有限公司	唐山市古冶区	1 号	5.5	65
			2 号	5.5	65
40	唐山市荣义炼焦制气有限公司	唐山市古冶区	1 号	5.5	60
			2 号	5.5	60
41	唐山国义特种钢铁有限公司	唐山市古冶区	3 号	5.5	59
			4 号	5.5	59
42	河北永顺实业集团有限公司	唐山市古冶区	1 号	5.5	65
			2 号	5.5	65
43	河北天柱钢铁集团玉田古玉煤焦化工有限公司	唐山市玉田县	1 号	5.5	55
			2 号	5.5	55
44	唐山首钢京唐西山焦化有限责任公司	唐山市曹妃甸区	A 焦炉	7.63	70
			B 焦炉	7.63	70
			C 焦炉	7.63	70
			D 焦炉	7.63	70
45	唐山港陆焦化有限公司	唐山市遵化市	1 号	4.3	38
			2 号	4.3	38
			3 号	4.3	38
			4 号	4.3	38
46	唐山建龙简舟钢铁有限公司	唐山市遵化市	1 号	4.3	63
			2 号	4.3	63
47	唐山东方炼焦制气有限公司	唐山市滦南县	1 号	4.3	33
			2 号	4.3	33
			3 号	5.5	63
			4 号	5.5	63
48	唐山市丰南区经安钢铁有公司	唐山市丰南区	1 号	5.5	65
			2 号	5.5	65
49	唐山达丰焦化有限公司	唐山市丰南区	3 号	5.5	55
			4 号	5.5	55
50	唐山榕丰钢铁有限公司	唐山市丰南区	1 号	5.5	72

续附表 3-8

序号	企业名称	所在市、县（区）	焦炉炉号	炭化室高度/米	焦炉孔数/孔
51	唐山宝利源炼焦有限公司	唐山市迁安市	1 号	5.5	55
			2 号	5.5	55
52	迁安市宏奥工贸有限公司	唐山市迁安市	1 号	5.5	55
			2 号	5.5	55
53	迁安市九江煤炭储运有限公司	唐山市迁安市	1 号	5.5	65
			2 号	5.5	65
			3 号	5.5	65
			4 号	5.5	65
			5 号	5.5	55
			6 号	5.5	55
			7 号	5.5	55
			8 号	5.5	55
			1A 号	5.5	60
			7A 号	5.5	50
			6A 号	5.5	15
54	唐山市蓝海实业有限公司	唐山市迁安市	1 号	4.3	50
			2 号	4.3	54
55	迁安中化煤化工有限责任公司	唐山市迁安市	1 号	6	55
			2 号	6	55
			3 号	6	55
			4 号	6	55
			5 号	6	55
			6 号	6	55
56	滦县国创炼焦制气有限公司	唐山市滦县	1 号	5.5	55
			2 号	5.5	55
57	唐钢美锦（唐山）煤化工有限公司	唐山市滦县	1 号	7	65
			2 号	7	65
58	唐山市通宝焦化有限公司	唐山市海港开发区	1 号	4.3	50
			2 号	4.3	50

续附表 3-8

序号	企业名称	所在市、县（区）	焦炉炉号	炭化室高度/米	焦炉孔数/孔
59	唐山中润煤化工有限公司	唐山市海港经济开发区	1号	6	55
			2号	6	55
			3号	6	55
			4号	6	55
60	唐山友利焦化有限公司	唐山市迁西县	1号	6.25	52
			2号	6.25	52
61	唐山曹妃甸区丰源焦化有限公司	唐山市曹妃甸区		4.3	50
				4.3	50
62	唐山佳华煤化工有限公司	唐山市海港开发区		6	55
				6	55

附录四 相关文件辑存

（一）河北省人民政府国有资产监督管理委员会关于同意筹备成立省冶金行业协会的批复

（冀国资字〔2004〕404号）

河北省冶金行业协会筹备组：

你们报来的《关于筹备成立河北省冶金行业协会的请示》收悉。我委经研究认为，我省是冶金工业大省，成立省级行业协会的时机已经成熟，条件已经具备，同意你们筹备成立；并同意刘如军、王大勇同志分别为本届协会的拟任会长（法定代表人）和秘书长候选人。请你们按有关程序和要求办理。

此复

河北省人民政府国有资产监督管理委员会
二〇〇四年九月一日

（二）河北省民政厅关于同意成立河北省冶金行业协会的批复

（冀民管〔2004〕108号）

河北省冶金行业协会筹备组：

你筹备组报来的申请成立河北省冶金行业协会的材料收悉。根据《社会团体登记管理条例》的规定，经审核，批复如下：

1. 同意成立河北省冶金行业协会。

2. 你会成立后，应遵守宪法和国家有关法律、法规，依照核准登记的章程进行活动，自觉接受河北省国有资产监督管理委员会的业务指导和省民政厅的监督管理。重大活动要提前 30 天，向民政厅报告。

3. 你会成立后，要加强对所属会员的监督管理，并使用全省统一的会员证。

4. 你会如变更名称、住所、法定代表人、活动地域等事项，应当自业务主管单位审查同意之日起 30 日内，向省民政厅申请办理变更登记手续。

5. 你会应当于每年 4 月 30 日前，向业务主管单位报送上一年度的工作报告和年检有关材料，经业务主管单位初审同意后，报省民政厅接受年度检查。

此复

抄送：河北省国有资产监督管理委员会

河北省民政厅
二〇〇四年十一月五日

（三）河北省人民政府关于印发河北省行业协会发展指导意见及其实施意见的通知

（冀政〔2005〕1 号）

各设区市人民政府，省政府各部门：

《河北省行业协会发展指导意见》和《〈河北省行业协会发展指导意见〉实施意见》已经省委、省政府同意，现印发给你们，请认真贯彻执行。

河北省人民政府
二〇〇五年一月五日

河北省行业协会发展指导意见

行业协会是依法在登记管理机关注册登记的同业经济组织、相关单位和执业人员自愿组成，实行行业服务和自律管理的非营利性社会团体，是沟通政府与企业的桥梁和纽带，政府管理经济的参谋助手。充分发挥行业协会职能作用，既是发展社会主义市场经济的客观要求，也是加入 WTO 后与国际接轨，进一步深化改革，加强和改善宏观调控的必然选择。按照"自主设立、自我管理、自律运行、自我发展"的要求，加快行业协会组织的培育和发展，势在必行。为此，提出《河北省行业协会发展指导意见》。

本《指导意见》适用于在省民政厅登记注册的全省性经济类行业协会。市、县行业协会可参照执行。

一、指导思想和基本原则

（一）指导思想

以邓小平理论和"三个代表"重要思想为指导，以党的十六届三中全会《决定》为依据，以促进全省经济的全面、协调、可持续发展为目标，努力建立和完善"政府宏观调控、行业协会自律服务、企业自主经营"的体制框架。按照既积极发展，又加强管理的要求，用改革的思路，市场经济的方法，统筹规划，积极推进，突出重点，稳步实施，通过培育发展、改革调整和规范完善，尽快形成适应市场经济体制和政府职能转变客观要求，管理规范化、运行市场化、组织开放化，功能到位、服务有效、行为规范，既能协助政府实施行业管理，又能有效组织行业自律，有权威、有影响、高效率的行业协会组织体系。

（二）基本原则

1. 市场化原则

发展行业协会，必须严格按照党的十六届三中全会《决定》关于"按市场化原则规范和发展各类行业协会、商会等自律性组织"的精神，充分体现市场经济体制下社会中介组织发展的规律和要求，依据国家有关法律法规和程序，规范运作。

行业协会应按照行业或产品分类设立，也可以按照经营方式、经营环节以及服务功能设立。对大类行业协会和经法律法规授权或者接受政府委托，具有一定行业管理职能的行业协会，实行"一业一会"。

行业协会必须实行企业办会，走自主发展、自立自强的道路；必须遵循市场规则，维护市场秩序，参与市场监督，实行自律性行业管理；必须优化服务质量，提高服务水平，与政府、市场、社会建立良性互动关系；必须强化自我约束，自觉接受监督。

2. 政会分开原则

要理顺和进一步明确行业协会与政府部门的关系，真正体现行业协会特性。行业协会依据现行法律、法规、政策和章程，独立开展活动。政府有关部门要由直接管理协会转向按照职责依法指导和监督。政府工作人员原则上不得兼任行业协会的领导职务，行业协会的办事机构不得与政府机关处室、事业单位合署办公。

3. 自主办会原则

行业协会实行自主设立、自愿入会、自理会务、自筹经费。行业协会可以通过收取会费、接受捐赠、开展服务或者承办政府部门委托事项获得资助等途径筹措活动经费。政府要求行业协会提供服务的，应通过"购买"的方式。行业协会应依照协会章程和有关规定，健全内部组织机构、工作制度和监督机制，确保工作有序开展。

二、工作目标和工作重点

（一）工作目标

要按照统筹规划、合理布局、积极发展、规范运作、注重实效的要求争取利用 5 年左右的时间，基本形成行业协会市场化生成发展机制；适应河北产业特点和经济发展需要、分布合理、覆盖广泛的行业协会布局结构；符合社会主义市场经济要求、与国际通行规则相衔接的运行机制；保障行业协会健康有序发展的法律规范和管理体制。

（二）工作重点

1. 强化行业协会社团属性

（1）行业代表性：发起筹备行业协会应有符合规定条件和数量的发起人；应当达到或承诺在一定时间内达到全省同行业一定规模的入会覆盖率；应当对不同地区、部门、所有制、经营规模的企业或其他经济组织设定相同的入会标准。

（2）专业权威性：鼓励各种所有制形式、不同规模的企业、大专院校、科研单位以单位会员身份入会，也可吸收具有专业特长或实践经验的专家、学者以个人会员身份入会。

（3）依法自主办会：会员大会或者会员代表大会是行业协会的最高权力机构；理事会是会员大会或会员代表大会的执行机构；秘书处是行业协会的办事机构。行业协会的章程必须经会员大会或会员代表大会审议通过，并符合法律法规的规定。秘书长以上负责人，必须依据协会章程，采取广泛酝酿、充分协商、民主选举的办法产生。

（4）加强党的领导：行业协会要建立健全党的组织，加强思想政治工作，确保协会的政治方向。

2. 提高行业协会队伍素质

行业协会的会长（理事长）、副会长（副理事长），由在本行业中实力强、影响力大的企业的有威望、热心于协会事业、社会信用记录良好的现职领导担任，也可吸收一定比例的有影响、有代表性的专家学者。在充分酝酿的基础上由理事会民主选举产生。任期一般不超过两届，年龄一般不超过70岁。以企业领导身份担任协会副会长（副理事长）以上职务，在任期内离开企业领导岗位的，要在三个月之内主动提出辞职。

行业协会应设专职秘书长一名,应具有符合规定数量的与专业业务开展相适应的专职工作人员。鼓励有一技之长和工作经验的专业人才及有博士硕士学位的研究生到协会工作。行业协会秘书处专职工作人员中,中青年比例应不低于50%。

3. 落实行业协会工作职能

各级政府部门要扶持和支持行业协会的发展,按照政府机构改革和职能转变的要求,将应由中介组织履行的职能转移给行业协会,并切实保障行业协会独立开展工作。

行业协会以行业服务、行业自律、行业代表、行业协调为基本职能。必须遵守法律、法规,贯彻党和政府的方针、政策,协助政府实施行业管理,提高行业整体素质,维护社会道德风尚。行业协会可以结合本行业的具体情况,承担以下具体职责:

(1)组织行业培训、技术咨询、信息交流、会展招商以及产品推介活动。

(2)参与有关行业发展、行业改革以及与行业利益相关的政府决策论证,提出经济政策和立法的建议,参加政府举办的有关听证会。

(3)代表行业企业进行反倾销、反垄断、反补贴等调查,或者向政府提出调查申请。

(4)依据协会章程或者行规行约,制定本行业质量规范、服务标准。

(5)参与地方或者国家有关行业产品标准的制定。

(6)通过法律法规授权、政府委托,开展行业统计、行业调查、发布行业信息、公信证明、价格协调、行业准入资格资质审核等工作。

(7)监督会员单位依法经营,对于违反协会章程和行规行约,达不到质量规范、服务标准、损害消费者合法权益、参与不正当竞争,致使行业集体形象受损的会员,可以采取业内批评、通告批评、开除会员资格等惩戒措施,也可以建议有关行政机关依法对非会员单位的违法活动进行处理。

(8)协调会员与会员、会员与行业内非会员,会员与其他行业经营者消费者及其他社会组织的关系。

（9）开展国内外经济技术交流与合作。

（10）承担法律法规授权、政府委托及章程规定的其他职能。

4. 建立行业协会自律机制

要以依法治业规范行为、以德凝聚树立诚信、以规自律维护秩序为宗旨，以国家法律、有关国际市场法规、现代市场经济准则和现代文明的行业惯例为依据，制定和实施行规行约，保护诚实守信和公平竞争原则，保护会员和消费者合法权益，反对不正当竞争和行业垄断。

行业协会要积极适应我国加入 WTO 和经济体制改革进一步深化的要求，通过制定和监督实施行规行约，实现行业的自我管理、自我约束。不得通过制定行业规则或者其他方式垄断市场，妨碍公平竞争，损害消费者、非会员企业、其他经济组织的合法权益或者社会公共利益；不得限制会员开展正当的经营活动或者参与其他社会活动；不得在会员之间实施歧视性待遇；不得利用组织优势开展与本行业业务相同的经营活动。

5. 优先培育一批行业协会

按照省政府关于培育壮大十大主导产业的总体部署和我省产业结构总体布局，根据机构改革后加强行业管理的客观要求，通过积极引导，优先在钢铁、医药、石油化工、装备制造、建筑建材，食品（含农产品）、纺织、信息技术、现代物流、旅游等产业，建立健全行业协会组织。同时积极鼓励国际化程度高的外向型产业、有竞争优势和发展潜力的产业加快建立健全行业协会。

6. 推进现有协会的规范调整

要依据国家有关法律法规和我省行业协会发展的实际，对现有行业协会中行业代表性差、专业权威性低、行业分布不合理、职能交叉重复、没有专职工作人员、不能正常开展活动的行业协会，分别采取注销、合并重组、归并联合、限期整改等措施，进行清理和规范，全面提高行业协会的整体素质。

7. 促进行业协会合理布局

根据我省国民经济的行业分布特点和发展趋势，从推动经济结构调整，适应国际竞争的要求出发，制定行业协会发展总体规划，明确行业协会发展的方向、目标、措施与具体实施步骤。

8. 加快行业协会法制化进程

加强规范行业协会的立法调研活动，条件成熟时，研究拟制《河北省促进行业协会发展条例（草案）》，及时进入立法程序，从地方性法规的高度，对行业协会的性质及在社会经济发展中的地位、作用、责任、义务，行业协会与政府、与会员单位及行业协会之间的法定关系等问题予以明确，促使行业协会走上规范化、法制化轨道。

9. 加强对行业协会的政策扶持

省政府各有关部门要根据本部门职责，积极研究解决行业协会发展中存在的具体问题，从政策上消除不利于行业协会健康发展的障碍。要依据协会管理的有关法律法规和政策，结合我省实际，完善协会专职工作人员劳动工资、社会保障、人才培育以及减轻行业协会规费负担等专项政策，营造有利于行业协会健康快速发展的政策环境。

根据我省行业协会发展的实际，在坚持市场化方向的前提下，对新建综合性行业协会，以及接受政府委托、承担一定管理职能的行业协会，组织重大课题研究、经济协作、国际国内重大展览，宜由协会出面组织的国际经济交往、行业结构调整、反倾销反补贴等重要活动，以及政府认为必要的其他重大事项，通过多种形式给予资助。

三、组织协调与指导

省政府有关部门要各司其职，各负其责，加强协调，形成合力，共同抓好行业协会发展工作。

省发展改革委要加强行业协会管理和指导的职能建设，统筹负责全省行业协会发展规划、布局调整、相关政策及规范性文件的制定、执行、监督和协调管理。

省工经联由省发展改革委联系和指导，并受省发展改革委委托，对行业协会进行"组织、协调指导"。省政府授权省工经联为全省性经济类行业协会的业务主管单位，履行《社会团体登记管理条例》规定的行业协会业务主管单位有关职责。

省民政厅依据《社会团体登记管理条例》，负责对行业协会的成立登记、变更登记和注销登记，对行业协会实施年度检查和依法实施监督管理，严厉查处违法违纪的行业协会。

省政府有关部门要积极支持行业协会依法开展活动，对涉及产业发展、行业规范等有关问题进行业务指导和监督。省工经联要加强与有关部门的协作与配合，涉及行业协会发展的重大事项，应征得行业行政主管部门的同意。

《河北省行业协会发展指导意见》实施意见

为适应市场经济体制逐步完善、加入 WTO 后参与国际竞争和政府机构改革的客观要求，推动和促进我省行业协会健康、快速发展，更好地发挥桥梁纽带、参谋助手作用，现就《河北省行业协会发展指导意见》提出以下实施意见：

一、省发展改革委要加强对行业协会工作的组织指导，积极协调有关职能部门，沟通行业协会工作的进展情况，研究存在的具体问题，就相关工作做出安排部署。重大问题及时向省政府报告并提出建议。各有关部门要根据各自的工作职能，各司其职，各负其责，分工协作，形成合力，共同做好行业协会工作。

二、省工经联由省发展改革委联系和指导，按照政府授权，履行行业协会业务主管单位职责；接受省发展改革委委托，对行业协会进行"组织、协调、指导"，并及时向省发展改革委报告相关工作。

三、省发展改革委牵头，研究提出《河北省行业协会发展规划》。2005

年一季度，由省国资委及省建设厅、省交通厅、省中小企业局、省信息产业厅、省旅游局、省农业厅、省林业局、省国土资源厅等行业主管部门，组织调查研究，依据国内外产业发展实际和积极参与国际市场竞争的客观要求，实事求是地提出本系统行业协会发展规划，报省发展改革委；2005年二季度，省发展改革委牵头，会同省工经联、省民政厅进行汇总，形成河北省行业协会发展规划，并组织论证，修改完善，下半年正式报省政府审批。

四、省发展改革委牵头，提出《组建十大主导产业行业协会的指导意见》。按照有重点地优先培育一批行业协会的要求，根据机构改革后加强行业管理面临的实际问题，围绕省政府确定的十大主导产业，从指导思想、依法组建、协会管理、自主办会、完善职能、行业自律、政府扶持等各个环节，提出具体的政策措施，2005年一季度报省政府。

五、省工经联牵头，提出《河北省行业协会行业自律指导意见》。遵守公平竞争原则，依法从事生产经营活动；确保产品和服务符合质量要求；加强入世应对及预警，积极应对贸易摩擦；强化环保意识，提高环保能力；严格执行安全生产制度标准，确保生产安全及消费者心身健康；积极沟通信息，实现信息资源共享；严格执行国家价格政策，抵制不正当竞争行为，提倡优质服务等方面提出行业自律的具体要求。省工经联提出《河北省行业协会行业自律指导意见》，并征求有关部门意见后，以省发展改革委名义于2005年一季度发布实施。

六、省发展改革委牵头，制定《河北省行业协会规范与调整实施意见》。按照优化布局、提高质量和效率的要求，对现有行业协会进行调整和完善。对无行业代表性、不能正常开展活动、不能维护和代表会员利益、不能组织实施行业自律、名不副实的行业协会予以撤销；对不利于市场规范、重复设置及行业覆盖面偏低的行业协会予以合并重组；对一业多会、业务交叉重叠的行业协会进行梳理合并；对会员少、入会率过低或不符合国家规定基本条件的行业协会限期整改。根据这些原则，提出对现有行业协会进行清理规范的具体办法。由省发展改革委组织，有关部门参加，依据国家有关规定和《河北省行业协会发展指导意见》，搞好调查研究，2005年一季度提出意见，报经省政府同意后组织实施。

七、省民政厅牵头，加强规范行业协会的立法调研活动，条件成熟时，研究拟制《河北省促进行业协会发展条例（草案）》，及时进入立法程序。依据国家有关法律法规和我省行业协会发展实际，借鉴先进省市经验，以明确行业协会的地位、作用、责任、义务，行业协会依法开展活动，明确行业协会与政府、与会员单位及行业协会之间的法定关系，行业协会的依法设立、依法开展活动、对行业协会的监督与管理，行业协会依法获得经费等为内容，形成规范性文件，力争尽快完成草案的起草并履行立法程序。

八、省劳动和社会保障厅牵头，制定《河北省解决行业协会专职工作人员劳动工资、养老保险、医疗保险等待遇问题的实施意见》。从体现公平公正待遇原则、吸引优秀人才、消除后顾之忧的角度，依据国家和省有关政策规定，借鉴兄弟省市的先进经验，用改革的思路，制定具体政策措施。2005年一季度提出初稿，并征求有关部门意见，报省政府审定后下发执行。

九、省财政厅牵头，制定《减轻行业协会规费负担的实施意见》。由省财政厅会同税务、工商、物价等部门，以支持、扶持行业协会更好地开展活动、加快发展为目标，从税收、行政性收费等方面，制定具体的优惠政策2005年一季度报省政府审定后执行。

（四）河北省人民政府关于进一步加强全省行业协会建设的若干意见

（冀政〔2007〕108号）

各设区市人民政府，省政府各部门：

为深入贯彻《河北省行业协会发展指导意见及其实施意见》（冀政〔2005〕1号）和《国务院办公厅关于加快推进行业协会商会改革和发展的若干意见》（国办发〔2007〕36号）精神，进一步理顺行业协会管理体制、明确细化行业协会职能、加强行业协会内部建设、规范行业协会行为、优化行业协会整体布局结构，现提出如下意见。

一、切实提高加强行业协会建设重要性的认识

1. 加强行业协会建设是构建社会主义市场经济体制的重要内容，是配合政府职能转变的重要基础，是经济形势发展的客观需要，当前及今后一个时期，全省上下紧紧围绕建设沿海经济社会发展强省的奋斗目标，凝神聚力加快推进产业结构战略性调整，逐一破解经济社会发展面临的诸多矛盾和问题，认真贯彻落实国家产业政策，确保完成节能减排和淘汰落后产能目标任务，积极打造沿海经济隆起带，大力发展县域经济和民营经济，努力开拓全民创业新局面。做好这些工作，都需要包括行业协会在内的健全完善的社会中介组织更好地发挥应有作用。

二、改革和完善行业协会监管方式

2. 实行政会分开。行业协会要严格依照有关法律法规和章程独立自主地开展活动，从职能、机构、工作人员、财务等方面与政府及其部门、企事业单位彻底分开，目前仍合署办公的要限期分开。在职公务员不得在行业协会兼任领导职务，确需兼任的要严格按有关规定审批。

3. 进一步理顺全省性经济类行业协会管理体制，规范行业协会监管方式，除根据法律法规授权履行特殊职能的行业协会以及部分工作依附性、针对性较强的国家垂直管理部门的行业协会，可仍由有关部门依法管理和需监督指导外，省政府有关部门不再作为全省性经济类行业协会的业务主管单位。有关部门应积极引导和协调全省性经济类行业协会，统一归口到省工经联（省经团联）管理。

登记管理机关、业务主管单位和相关职能部门要加强沟通、密切配合，按照政会分开、分类管理、健全自律机制的原则，规范监管方式。各行业行政主管部门作为相应行业协会的对口联系单位，要积极支持行业协会依法开展活动，并依据有关法律法规对行业协会履行委托，划转的职能进行业务指导和监督。

4. 政府及有关部门要积极支持行业协会加强自身建设。行业协会目前使

用的产权属于省政府所有的办公用房，自本意见发布实施起一年内仍由行业协会无偿使用和管理，一年后按冀办字〔2004〕43 号文件的规定缴纳房租。使用的其他国有资产按相关规定办理。

5. 全省性经济类行业协会业务主管单位，负责指导、监管行业协会遵守宪法、法律、法规和国家政策规定，依据其章程开展活动，推动行业协会自律管理，研究制订行业协会发展规划，做好与政府部门和行业协会的协调沟通。要加强与有关部门的协作配合，涉及行业协会建设的重大事项，应主动征求和听取行业行政主管部门的意见。

6. 建立完善对行业协会工作的综合评价体系。省发展改革委、省民政厅、省工经联（经团联）要尽快研究制定进一步加强行业协会自身建设和行业协会工作绩效评价办法，对行业协会进行定期跟踪、目标引导、绩效统计和综合评价。对诚信守法、严格自律、表现突出、绩效明显的行业协会给予表彰。在综合评价指标体系中，要逐步建立完善对行业行政主管部门支持行业协会发展情况的评价内容。

7. 培育发展与重组改造相结合，加快调整优化行业协会结构和布局。通过建立科学规范的评估机制和优胜劣汰的退出机制，推动和引导行业协会搞好定位，向职业化、规范化和国际化方向发展，提升整体水平和竞争力；通过引导行业协会适度竞争提高服务质量；通过积极创造条件，并按照市场化原则规范运作，培育发展和指导重组改造一批重点行业协会，构建具有行业广泛代表性，与国际接轨的行业协会。

8. 建立政府与行业协会沟通和对话机制。政府及有关部门要不定期与行业协会就经济发展中的热点难点问题面对面沟通交流，充分听取行业协会意见。省发展改革委、省工经联（经团联）要了解掌握行业协会的意见、建议等相关信息，并定期向省政府专题报告。

三、进一步明确和理顺行业协会相关职能

9. 为促进政府职能转变，依法规范管理经济工作，做到不越位、不缺位、不错位，逐步建立起政府宏观调控、协会自律管理、企业自主经营的机制，

进一步明确、理顺和完善行业协会的相关职能。主动将适宜行业协会承担的职能委托或划转给行业协会。

10. 各级政府及有关部门要积极清理和废止那些不适应市场经济发展要求的地方性规章和政策规定，为行业协会依法承担相应职能消除障碍。行业协会要主动衔接配合做好政府职能的转移、委托和授权等工作，并确保各项职能的科学规范操作和落实。

11. 行业协会要依据现行有关法律、法规、规章和政策规定，切实履行好服务企业、加强行业自律等应有的职能：

（1）积极宣传、贯彻、执行国家的法律法规和党的路线、方针和政策，主动与行业行政主管部门加强沟通和配合。

（2）开展会员企业内部统计和分析，掌握国内外行业发展动态，收集发布行业信息。

（3）依照有关规定创办刊物和网站，向企业提供法律、政策、技术、管理、市场等信息咨询服务；组织人才、技术、管理、法规等方面的培训，帮助会员单位提高素质、增强创新能力、改善经营管理。

（4）加强行业自律，健全各项自律性管理制度，制订并组织实施行规行约、职业道德准则等，建立完善行业自律性管理约束机制，监督会员单位依法经营，维护公平竞争和市场秩序。依照有关法律法规，组织会员单位对涉及本行业的市场调节价格进行自律。

（5）依据协会章程或行规行约，制定本行业质量规范、服务标准。

（6）协调会员单位之间、会员与行业内外非会员单位及其他社会组织的关系；为会员单位出具公信证明。

（7）积极组织会员企业尤其是中小企业联合行动，开拓国内外市场；建设行业公共服务平台，组织会员单位开展国内外经济技术交流与合作，联系相关国际组织，举办行业论坛、商品交易、会展招商、产品推介等活动，指导、规范和监督会员企业的对外交往活动。

（8）主动参与协调对外贸易争议，积极组织会员企业做好反倾销，反垄断，反补贴和保障措施的申诉、应诉、调查等相关工作。

（9）向政府及有关部门反映行业、会员诉求，提出有关行业发展和立法等方面的意见或建议。积极参与有关行业发展、行业改革以及与行业利益相关的法律法规、宏观调控和产业政策的研究制订，参加政府重大决策听证会。

（10）参与制订行业标准及行业准入条件，并积极组织宣传和贯彻实施。

（11）参与行业资质认证、事故认定等相关工作；按照有关规定取得相应资质条件后，组织开展新技术、新产品、新工艺等科技成果鉴定及推广工作。

（12）承担法律法规授权或者政府部门委托的其他职能。

12. 政府及有关部门要进一步转变职能，对取得规定资质、具备相应能力的行业协会予以授权，把如下职能委托或划转给行业协会：

（1）进行行业统计和调查，提供相关分析报告。

（2）开展行业重大课题研究，参与制订修订行业标准和行业发展规划、行业准入条件。

（3）组织筹办以政府或有关部门名义举办的重大交易会、展览展销会等活动。

（4）组织行业重大投资、改造、开发项目的调研论证。

（5）开展行业职工技能培训、执业注册人员资格培训。

（6）在委托和授权的事项与范围内，开展行检、行评。

（7）协助组织行业内驰名商标、名牌产品等培育与推荐。

（8）组织开展产业损害调查，协助政府及有关部门进行反倾销、反垄断、反补贴调查及对外贸易争议协调和应诉。

（9）承担政府部门委托或授权的其他事项。

13. 政府及有关部门应将制定的涉及行业发展的法规规章、政策文件、政务信息等，及时印发行业协会；组织开展重大经济活动，或者决策涉及行业发展改革的重大事项时，如研究制定行业发展，改革以及事关行业利益的重大政策；核准重大建设项目；组织对企业开展的大型检查、监督以及科技进步奖、省长特别奖、质量管理奖和工业大奖等重大奖项的评审活动；生产或经营许可、行业准入资质等行政许可事项的审定；评审行业劳模等政府表彰奖励事项，应听取相关行业协会的意见。

四、建立政府资助重点行业协会发展和购买服务机制

14. 建立政府资助行业协会发展机制。政府资助的对象主要是经省政府审定的主导产业和重点行业协会。对该范围内新组建（包括重组）的行业协会启动经费不足的，可给予一次性补助；对前 3 年运行确有困难或者办公用房负担较重的，经审核确认后适当给予补助。补助所需资金纳入年度财政预算管理。

15. 建立政府购买行业协会服务机制。对行业协会受政府委托开展业务活动或提供的服务，按照等价交换的市场经济规则支付相应的费用，所需资金纳入财政预算管理。

16. 对十大主导产业行业协会和部分综合性重点行业协会，政府实行长期购买固定性服务。如委托开展的行业统计分析、预测预警、信息发布、撰写年度发展报告以及有关行业管理工作等。由编委办会同发展改革、财政等有关部门研究提出具体项目、由财政部门核定购买资金，报政府一次性审定后纳入年度预算管理。

17. 政府及有关部门可以购买行业协会的临时性服务。其中需要财政资金支持的购买服务，由购买部门提出项目申请并按照预算资金管理规定编制项目预算，由编委办会同发展改革、财政等有关部门审核项目，由财政部门会同购买部门和相关行业协会商定购买价格，按规定程序批准预算后，按照《中华人民共和国政府采购法》《河北省省级预算管理规定》等有关法律法规和政策规定组织实施。购买部门要与选中的行业协会签订购买合同，严格实行预算控制，并会同行业协会业务主管部门对承担购买服务事项的行业协会进行跟踪问效。

18. 财政部门要抓紧制订政府资助和购买行业协会服务的相关实施办法，并对购买服务资金使用效果定期进行评价。

五、进一步加强行业协会自身建设和规范管理

19. 加强组织建设，健全法人治理结构。建立健全会员（代表）大会理

事会、常务理事会及监事会等重大决策和监督机构，建立以企业家为领导主体和决策主导的协会领导班子，建立健全党组织，建立群体结构合理、专业配套、精干高效的职业化工作队伍。认真执行换届选举制度，会长（理事长）由理事会提出，通过会员（代表）大会以无记名投票方式选举产生，并逐步实行差额选举。秘书长可通过选举、聘任或向社会公开招聘等方式产生。行业协会的常设机构及分支（代表）机构要配备专职工作人员，并参照国家有关规定，对符合条件的工作人员进行职称评定。

20. 健全规章制度，强化运行机制。依据相关法律法规及协会章程建立会议、学习、人事、财务、审计、监督、民主决策、请示报告以及劳动合同、对外交流管理等规章制度，准确界定各层级组织的职能和程序，形成规范有序民主高效的运行机制，做到以制度管会、以制度管事、以制度管人，保证协内部的有机体系和功能相互作用、有序有效运转。行业协会要与专职工作人员签订劳动合同，建立规范的劳动保障其合法权益。行业协会在对外交往中要严格遵守有关法律法规和外事纪律，坚决维护国家利益。

21. 搞好业务定位，提升服务能力。树立"会员为本、服务立会"的办会宗旨和理念，以进入经济主战场、服务于经济建设为目标，找准与政府宏观经济工作布局相适应的结合点，选准主流业务和会员需求的服务重点，明确工作着力点，积极发挥行业服务、行业自律、行业协调、行业维权、行业监督等作用，开展贴近企业、贴近市场、贴近政府、贴近社会的有用有效的工作。

22. 实行财务独立，规范财务管理。行业协会要建立健全财务管理、财务核算、资产管理和财务审计等制度，财产权属清晰，对所属分支机构、代表机构的财务实行统一管理。设立专门财务人员，会计、出纳分离；协会领导的直系亲属不得在本会做财会工作；账目要公开，年初有预算，年底有决算，每年向理事会和监事会报告财务工作情况；协会法定代表人在离任或调离工作岗位时，要进行财务审计。

行业协会主管部门和对口联系单位不得向行业协会收取、指派各种费用，或者无偿占用其财物。

23. 建立多元筹资渠道，增强持续发展能力。行业协会要合法收取和使用会费，并按照市场化原则通过优质服务和合法活动等多元化筹措经费。可通过承担政府授权委托事项、购买服务事项等获得工作经费；可通过举办展览会、研讨会、开展培训、信息咨询等获得有偿服务经费；可通过开展经济技术合作、开发推广新产品、新技术等获得协作和开发经费；可按照会企分开原则开办非法人或法人经济实体开展合法的经营活动。行业协会不得从事以营利为目的的经营活动，依法所得不得在会员中分配、不得投入会员企业进行营利。开展服务活动收费应符合国家有关规定，并公开收费依据、标准和收支情况；对依法或经授权强制实施具有垄断性质的仲裁、认证、检验、鉴定以及资格考试等活动的收费，应执行行政事业性收费的有关规定。

六、完善扶持行业协会发展的相关政策

24. 落实社会保障制度。行业协会应按照国家和我省有关规定，参加各项社会保险，履行缴费义务，符合条件的人员，享受相应的社会保障待遇。

25. 完善税收扶持政策。对行业协会从事技术转让、技术开发业务以及相关的技术咨询、技术服务、技术培训等取得的相应收入，享受国家规定的税收优惠政策。财政和有关部门应根据税制和行业协会改革发展情况，适时研究制定鼓励和扶持行业协会加快发展的政策措施。

河北省人民政府

二〇〇七年十月十一日

（五）河北省冶金行业协会　河北省人事厅　河北省冶金机械建材工会关于表彰全省冶金行业先进集体劳动模范　先进工作者的决定

（冀冶行协〔2008〕38号）

近年来，我省冶金行业各企事业单位认真学习贯彻邓小平理论和"三个

代表"重要思想，落实科学发展观，在激烈的市场竞争中抢抓机遇，深化改革，优化结构，推进创新，不断取得新的成绩，为我省建设沿海经济社会发展强省做出了突出贡献，涌现出一大批先进集体和先进个人。

为进一步深入贯彻党的十七大及十七届三中全会精神、中央经济工作会议精神和河北省经济工作会议精神，全面落实科学发展观，大力推进钢铁工业产品升级、企业整合和自主创新，彰显先进单位和个人的先进思想和模范事迹，弘扬劳动光荣、崇尚知识、人才宝贵、创造伟大等社会风尚，加快我省钢铁强省建设，促进我省沿海经济社会发展强省目标的实现，河北省冶金行业协会、河北省人事厅、河北省机械冶金建材工会决定：授予石家庄钢铁有限责任公司第三轧钢厂等30个单位"河北省冶金行业先进集体"称号；授予温会素等74名同志"河北省冶金行业劳动模范"称号；授予李文兴等5名同志"河北省冶金行业先进工作者"称号。被授予"河北省冶金行业劳动模范"和"河北省冶金行业先进工作者"称号的人员享受市级劳动模范和先进工作者待遇。希望受到表彰的先进集体和先进个人，要珍惜荣誉，谦虚谨慎，戒骄戒躁，奋发进取，再创佳绩。

全省冶金行业各个单位及广大干部职工，要向受到表彰的先进集体和先进个人学习，学习他们胸怀全局、报效祖国的高尚品格，学习他们立足本职、甘于奉献的精神风貌，学习他们积极进取、争创一流的不懈追求，学习他们与时俱进、求真务实的科学态度，深入落实科学发展观，同心同德，奋发图强，艰苦奋斗，开拓创新，为建设以实力、活力和竞争力为标志的沿海经济社会发展强省做出新的更大的贡献。

附件：

1. 河北省冶金行业先进集体名单

2. 河北省冶金行业劳动模范名单

3. 河北省冶金行业先进工作者名单

河北省冶金行业协会

河北省人事厅　河北省机械冶金建材工会

二○○八年十二月十六日

附件 1 河北省冶金行业先进集体名单（30 个）

石家庄钢铁有限责任公司第三轧钢厂

河北现代冶金工业学校

承德新新钒钛股份有限公司钒制品二厂

承德新新钒钛股份有限公司焦化厂

张家口金鸵冶金机械设备有限公司

宣化钢铁集团有限责任公司动力厂

宣化钢铁集团有限责任公司炼铁厂第四炼铁车间

秦皇岛冶金机械有限公司

秦皇岛首秦金属材料有限公司

河北前进钢铁集团有限公司

唐山东海钢铁集团有限公司

唐山钢铁股份有限公司冷轧薄板厂

唐山钢铁股份有限公司销售公司储运公司

唐山钢铁股份有限公司技术中心质量标准科

唐山天柱钢铁集团有限公司

迁安市联钢燕山钢铁有限责任公司

迁安联钢津安钢铁有限公司炼铁分厂

河北春兴实业集团有限公司

衡水京华制管有限公司

中钢集团邢台机械轧辊有限公司

邢台龙海钢铁集团有限公司

邢台钢铁有限责任公司炼钢厂精品车间 3 号 LF 炉丙班

邯郸钢铁集团有限责任公司运输部

邯郸钢铁集团有限责任公司一炼钢厂

邯郸钢铁集团有限责任公司自动化部

河北永洋钢铁有限公司

新兴铸管股份有限公司

邯邢冶金矿山管理局

河北省铁矿产品中心批发市场武安办事处

河北兴华钢铁有限公司炼钢厂

附件2 河北省冶金行业劳动模范名单（74名）

温会素（女） 石家庄焦化集团有限责任公司备煤分厂技术员

王智贤 石家庄新世纪煤化实业集团有限公司技术员

齐建军 石家庄钢铁有限责任公司开发部部长

何夫永 石家庄钢铁有限责任公司炼铁厂副炉长

王远继 中钢集团工程设计研究院石家庄设计院副院长

王付全 河冶科技股份有限公司产品部高级工程师

孙志明 辛集市澳森钢铁有限公司技改部部长

杜建良 承德新新钒钛股份有限公司提钒炼钢一厂党委书记、厂长

张振锋 承德新新钒钛股份有限公司炼铁二厂厂长、书记

刘忠民 承德新新钒钛股份有限公司炼铁一厂高炉四工段工人

李 莹（女） 承德钢铁集团承钢进出口有限公司业务员

李金月 张家口金驼冶金机械设备有限公司董事长

张洪海 宣化钢铁集团有限责任公司炼铁厂技术员

吴志勇 宣化钢铁集团有限责任公司焦化厂原料车间组长

刘宝忠 宣化钢铁集团有限责任公司动力厂组长

柳文剑 宣化钢铁集团有限责任公司炼钢厂三连铸车间段长

韩 庆 秦皇岛首秦金属材料有限公司总经理

郝晓静（女） 秦皇岛冶金机械有限公司设计院冶金设备所副所长

李建华 河北前进钢铁集团有限公司轧钢厂车间主任

孔令东 冀州市春风铸业有限责任公司副经理兼车间主任

郝文成 河北燕赵蓝天板业集团有限责任公司涂镀车间主任

赵义品 唐山钢铁股份有限公司炼焦制气厂二车间值班工长

孟宪义 唐山钢铁股份有限公司炼铁厂检修三车间组长

李继谦 唐山钢铁股份有限公司行政福利处维修队维修组长

郭克良　唐山钢铁股份有限公司供应公司计划员

董　钢　唐山钢铁股份有限公司设备机动处工人

尹国强　唐山钢铁股份有限公司第一钢轧厂班长

吴立保　河北津西钢铁股份有限公司炼钢三车间炉长

胥明旺　河北津西钢铁股份有限公司炼钢总厂厂长

孟宪权　唐山港陆钢铁有限公司总经理

董　建　唐山国丰钢铁有限公司厂长

邵玉成　唐山国丰钢铁有限公司采购部部长

王树川　唐山天柱钢铁集团有限公司副总经理

王秀峰　中冶京唐建设有限公司董事长

孟凡华　中冶京唐建设有限公司路桥分公司项目经理

张建得　唐山贝氏体钢铁（集团）有限公司董事长

刘倬辉　唐山贝氏体钢铁（集团）有限公司炼铁厂厂长

张绍斌　河北春兴实业集团有限公司总经理

刘晓亮　唐山宝泰钢铁集团有限公司炼铁厂厂长

代洪庆　唐山兴业工贸集团有限公司副总经理

张贵磊　唐山建龙实业有限公司总经理

左银生　迁安联钢津安钢铁有限公司副总经理

傅慧江　河北海钺耐磨材料科技有限公司制造部车间主任

李汉林　迁安市荣信工贸有限公司炼钢厂设备厂长

张福全　唐山松汀钢铁有限公司竖炉车间主任

任宝树　迁安市联钢燕山钢铁有限责任公司炼铁厂厂长

唐秀东　迁安九江线材有限公司副总经理

张　冲　中钢集团邢台机械轧辊有限公司铸铁分厂厂长

孙汉勇　邢台钢铁有限责任公司炼铁厂厂长

阴峻峰　邢台钢铁有限责任公司技术中心科长

冀东卫　邢台钢铁有限责任公司动力厂电工

王丕轩　河北瀛都复合材料有限公司副总经理

王建军　邢台新光实业有限责任公司副经理

李会敏（女）　河北方正钢板集团有限公司销售经理

梁泽鹏　邯钢集团衡水薄板有限责任公司冷轧厂技术员

白印军　邯郸钢铁集团有限责任公司中板厂副厂长

徐　鹏　邯郸钢铁集团有限责任公司线棒材厂生产科长

甘　伟　邯郸钢铁集团有限责任公司邯宝公司热轧厂高级工程师

李文斌　邯钢集团衡水薄板有限责任公司总经理

王建都　河北冶金建设集团有限公司董事长

胡江涛　邯郸市紫山特钢集团有限公司董事长

柴卫军　河北裕泰实业集团有限公司副经理

张新建　邯郸矿业集团鹏泰特种钢铁有限公司炼钢分厂厂长

王彦杰　河北兴华钢铁有限公司设备科科长

赵海斌　新兴铸管股份有限公司第一炼铁部一工段副段长

靳　杰　新兴铸管股份有限公司第三铸管部副主任

夏冬花（女）　邯邢冶金矿山管理局北洺河铁矿技术员

赵海堂　邯邢冶金矿山管理局玉石洼铁矿采运车间段长

赵柱景　河北永洋钢铁有限公司一轧钢车间主任

韩文杰　河北东山冶金工业有限公司炼铁厂厂长

赵振明　河北东山冶金工业有限公司总工程师

武彦增　河北新金钢铁有限公司技术员

王银安　武安市文安钢铁有限公司炼钢厂厂长

李爱民　武安市文安钢铁有限公司炼铁厂厂长

附件3　河北省冶金行业先进工作者名单（5名）

李文兴　河北工业职业技术学院教师

邢宏伟　河北理工大学烧结室主任

李宝贵　迁安钢铁工业协会副秘书长

马禄昌　河北省武安市钢铁企业联合会副主任

王树田　河北省铁矿产品中心批发市场涉县办事处主任

（六）关于表彰全国钢铁工业先进集体劳动模范和先进工作者的决定

（人社部发〔2009〕24号）

各省、自治区、直辖市人事厅（局）、劳动保障厅（局），钢铁工业主管部门、中国钢铁工业协会各会员单位：

近年来，全国钢铁工业广大干部职工在党中央、国务院的正确领导下，坚持以邓小平理论和"三个代表"重要思想为指导，深入贯彻落实科学发展观，紧紧围绕建设钢铁强国的发展目标，坚持以人为本，与时俱进，开拓创新，不断深化改革，推进和谐发展，各项工作取得了显著成绩，涌现出一大批先进集体和先进个人。

为表彰先进，弘扬正气，促进发展，进一步激励钢铁工业广大干部职工建设钢铁强国的积极性、主动性和创造性，人力资源社会保障部、中国钢铁工业协会决定，授予北京首钢新钢有限责任公司中厚板轧钢厂等177个单位"全国钢铁工业先进集体"荣誉称号；授予王晓朋等328名同志"全国钢铁工业劳动模范"荣称称号；授予张明玉等9名同志"全国钢铁工业先进工作者"荣誉称号。授予"全国钢铁工业劳动模范"和"全国钢铁工业先进工作者"称号的人员，享受省部级劳动模范和先进工作者待遇。希望受表彰的先进集体和先进个人，珍惜荣誉，谦虚谨慎，戒骄戒躁，再立新功。

全国钢铁工业广大干部职工要以受表彰的先进集体和先进个人为榜样，紧密团结在以胡锦涛同志为总书记的党中央周围，全面贯彻党的十七大精神，高举邓小平理论和"三个代表"重要思想伟大旗帜，深入贯彻落实科学发展观，锐意进取，扎实工作，努力推动钢铁工业平稳较快发展，以优异成绩迎接新中国成立60周年。

附件：1. 全国钢铁工业先进集体名单

　　　2. 全国钢铁工业劳动模范名单

　　　3. 全国钢铁工业先进工作者名单

中华人民共和国人力资源和社会保障部（章）

中国钢铁工业协会（章）

二〇〇九年二月五日

附件1　全国钢铁工业先进集体名单

河北省（33个）

河北前进钢铁集团有限公司轧钢厂

邢台钢铁有限责任公司

德龙钢铁有限公司轧钢分厂

河北普阳钢铁有限公司

河北新金钢铁有限公司轧钢厂

河北文丰钢铁有限公司中板车间

河北东山冶金工业有限公司动力厂

武安文安钢铁有限公司炼铁分厂

河北纵横钢铁集团有限公司

邯郸紫山特钢集团有限公司

石家庄焦化集团有限责任公司

河北津西钢铁股份有限公司

唐山建龙实业有限公司

唐山贝氏体钢铁（集团）有限公司

唐山国丰钢铁有限公司热轧薄板厂

崇利制钢有限公司

石家庄钢铁有限责任公司

河北钢铁集团唐山钢铁股份有限公司

河北钢铁集团唐山钢铁股份有限公司生产处

河北钢铁集团唐山钢铁股份有限公司炼铁厂

河北钢铁集团唐山钢铁股份有限公司第二钢轧厂

河北钢铁集团唐山钢铁股份有限公司运输部机运北段

河北钢铁集团邯郸钢铁集团有限责任公司

河北钢铁集团邯郸钢铁集团有限责任公司连铸连轧厂

河北钢铁集团邯郸钢铁集团有限责任公司冷轧厂

河北钢铁集团邯郸钢铁集团有限责任公司焦化厂

河北钢铁集团宣化钢铁集团有限责任公司

河北钢铁集团宣化钢铁集团有限责任公司小型轧钢厂

河北钢铁集团宣化钢铁集团有限责任公司技术中心主任工程师室

河北钢铁集团承德钢铁集团有限公司

河北钢铁集团承德钢铁集团有限公司轧钢一厂

河北钢铁集团承德钢铁集团有限公司检修分公司炼铁作业区

河北钢铁集团舞阳钢铁有限责任公司

（其他省（直辖市、自治区）略）

附件2　全国钢铁工业劳动模范名单

河北省（33名）

马西波　河北前进钢铁集团有限公司董事长

李　平　邢台钢铁有限责任公司线材厂维修车间主任

张永藏　邢台钢铁有限责任公司董事、副总经理

宋　义　德龙钢铁有限公司轧钢分厂厂长

刘晓亮　河北吉泰特钢集团有限公司生产部主任

王朝桥　邢台龙海集团钢铁有限公司副总经理

张英伟　邢台旭阳焦化有限公司技术总监

郭恩元　河北普阳钢铁有限公司董事长兼总经理

孙丽萍（女）　河北新金钢铁有限公司财务总监

石凤海　河北文丰钢铁有限公司总经理

翟增军　河北新武安钢铁集团办公室主任

阚永海　河北纵横钢铁集团有限公司轧钢厂厂长

段卫平　天津天铁冶金集团有限公司涉县天利煤化有限责任公司工人

耿印权　石家庄焦化集团有限责任公司总经理

刘贞锁　石家庄钢铁有限责任公司总会计师

秘国爱　河北敬业集团副总经理

羿荃升　河北津西钢铁股份有限公司炼铁厂厂长

朱　军　河北津西钢铁股份有限公司副董事长

谷永胜　邢台钢铁有限公司炼铁厂值班厂长

王秋坤　邢台钢铁有限责任公司炼钢厂工艺科质量主管

刘　巍　唐山天柱钢铁集团有限公司供销部部长

张会周　唐山港陆钢铁有限公司总经理助理兼筹建处处长

王尉平　河北省首钢迁安钢铁有限责任公司主任

肖宝进　唐山国丰钢铁有限公司副总经理

张彦明　唐山国丰钢铁有限公司能源环保部部长

尚井泉　唐山国丰钢铁有限公司热轧薄板厂厂长、党支部书记

姬藏舟　河北钢铁集团唐山钢铁股份有限公司党委副书记

张乃强　河北钢铁集团唐山钢铁股份有限公司冷轧薄板厂机动部作业长

刘　键　河北钢铁集团唐山钢铁股份有限公司第二钢轧厂厂长

尤新东　河北钢铁集团唐山钢铁股份有限公司炼铁厂新高炉车间作业长

李忠林（满族）　河北钢铁集团唐钢矿业有限公司庙沟铁矿作业长

高　峰　河北钢铁集团唐山钢铁股份有限公司医院医疗组长

陈礼斌　河北钢铁集团唐山钢铁股份有限公司技术中心技术员

附件3　全国钢铁工业先进工作者名单

河北省（25名）

孙利国　河北钢铁集团唐山钢铁股份有限公司中厚板炼钢工作部副作业长

付书波　河北钢铁集团唐山钢铁股份有限公司第一钢轧厂炼钢工

彭兆丰　河北钢铁集团邯郸钢铁集团有限责任公司副总经理

张占省　河北钢铁集团邯郸钢铁集团有限责任公司第三炼钢厂厂长

潘　鹏　河北钢铁集团邯郸钢铁集团有限责任公司自动化部信息技术
　　　　中心主任

吝章国　河北钢铁集团邯郸钢铁集团有限责任公司技术中心副主任

郭智谋　河北钢铁集团邯郸钢铁集团有限责任公司设备制造安装公司
　　　　起重工

脱子林　河北钢铁集团邯郸钢铁集团有限责任公司动力厂维修电工

邓书君　河北钢铁集团邯郸钢铁集团有限责任公司炼铁部七高炉配管
　　　　大组长

张　海　河北钢铁集团宣化钢铁集团有限责任公司董事长

赵建忠　河北钢铁集团宣化钢铁集团有限责任公司运输部工人

张　芳（女）　河北钢铁集团宣化钢铁集团有限责任公司信息中心网
　　　　　　络管理员

吕桂双（女）　河北钢铁集团宣化钢铁集团有限责任公司技术中心技
　　　　　　术员

张志军　河北钢铁集团宣化钢铁集团有限责任公司龙烟矿山公司工人

郭　忠　河北钢铁集团宣化钢铁集团有限责任公司炼钢厂炉长

李怡平　河北钢铁集团承德钢铁集团有限公司董事长

郭晋宏（女）　河北钢铁集团承德钢铁集团有限公司技改工程部部长

白瑞国　河北钢铁集团承德钢铁集团有限公司副总工、炼钢二厂厂长

冯彦东　河北钢铁集团承德钢铁集团有限公司轧钢二厂高线工段工人

马春红　河北钢铁集团承德钢铁集团有限公司自动化分公司区域工程师

苏广奇　河北钢铁集团舞阳钢铁有限责任公司总经理

韦　明　河北钢铁集团舞阳钢铁有限责任公司科技部工程师

李迎朝　河北钢铁集团舞阳钢铁有限责任公司第一轧钢厂值班长

王玉峰　石家庄钢铁有限责任公司第一轧钢厂副厂长

蔡仲卫　石家庄钢铁有限责任公司炼钢厂工人

（其他省（直辖市、自治区）略）

（七）河北省民政厅关于确认 146 家全省性经济类行业协会评估等级、对获 3A 以上等级协会授牌的决定

（冀民〔2010〕6 号）

省工业经济联合会、全省性经济类行业协会：

　　我厅会同省发展改革委员会于 2009 年 3 月授权省工业经济联合会，根据民政部《关于推进民间组织评估工作的指导意见》的规定和要求，组成评估领导小组和评估委员会，对 146 家符合参评条件的全省性经济类行业协会进行评估试点。省工业经济联合会领导高度重视，按照规定和要求，精心筹划、严密组织、严格按照规定程序、评估标准和细则组织实施，并于 2009 年底完成评估试点工作。

　　经评估领导小组和评估委员会审定和向社会公示后，我厅研究决定，对 15 家 5A 级协会、24 家 4A 级协会、21 家 3A 级协会、54 家 2A 级协会、32 家 1A 级协会的评估结果予以确认，对获得 3A 以上评估等级的协会予以授牌、颁发证书。

河北省民政厅

二〇一〇年一月十四日

附件　全省性经济类行业协会评估等级名单

5A 级

河北省信息产业与信息化协会	河北省高新技术产业协会
河北省住宅与房地产协会	河北省机械行业协会
河北省建筑业协会	河北省食品工业协会
河北省医药行业协会	河北省饲料工业协会
河北省建筑材料工业协会	河北省商业联合会

河北省酒糖副食流通协会　　　　河北省冶金行业协会

河北省现代物流协会　　　　　　河北省煤炭工业行业协会

河北省石油和化学工业协会

（4A 级、3A 级、2A 级、1A 级名单略）

（八）河北省工业经济联合会（河北省经济团体联合会）关于表彰河北省信息产业与信息化协会等先进行业协会的决定

各全省性经济类行业协会：

2005 年以来，全省性经济类行业协会积极贯彻落实《河北省人民政府关于印发河北省行业协会发展指导意见及其实施意见的通知》（冀政〔2005〕1 号）和《河北省人民政府关于进一步加强全省行业协会建设的若干意见》（冀政〔2007〕108 号）精神，坚持服务宗旨，积极开拓创新，为企业、行业、政府和社会作了大量卓有成效的服务工作，涌现了一大批有实力、活力和积极作为的行业协会。为树立典型，表彰先进，总结推广经验，激励和引导全省性经济类行业协会开拓创新，健康发展，发挥作用。经研究，决定授予河北省信息产业与信息化协会等 15 家协会"先进行业协会"称号。

希望受表彰的先进行业协会再接再厉，锐意进取，积极发挥带头和示范作用。各行业协会要以受表彰的行业协会为榜样，创新工作思路，创新工作理念，创新工作举措，大力加强行业协会自身建设和规范管理，积极推进行业协会体制机制改革发展，为促进全省经济平稳较快增长和经济发展方式转变做出新的更大的贡献。

　　附件　先进行业协会名单

河北省工业经济联合会

河北省经济团体联合会

二〇一〇年一月二十五日

先进行业协会名单

河北省信息产业与信息化协会　　河北省高新技术产业协会

河北省住宅与房地产业协会　　　河北省机械行业协会

河北省建筑业协会　　　　　　　河北省食品工业协会

河北省医药行业协会　　　　　　河北省饲料工业协会

河北省建筑材料工业协会　　　　河北省商业联合会

河北省酒糖副食流通协会　　　　河北省冶金行业协会

河北省现代物流协会　　　　　　河北省煤炭工业行业协会

河北省石油和化学工业协会

（九）民政部关于表彰全国先进社会组织的决定

（民发〔2010〕16号）

　　近年来，社会组织建设和管理取得了很大成绩，社会组织发展迅速，布局得到调整，结构不断优化，质量逐步提高，已经成为一支不可忽视的社会力量。社会组织的健康发展，对激发社会活力、反映公众诉求、化解社会矛盾、应对自然灾害、推进慈善事业等都起到了不可替代的作用。特别是在抗击雨雪冰冻灾害、抗震救灾和灾后重建、服务北京奥运会、应对金融危机期间，各类社会组织各尽所长，发挥了重要作用。

　　为充分肯定社会组织在构建社会主义和谐社会中作出的显著成绩，进一步引导社会组织发挥积极作用，民政部决定，授予中国企业联合会等595个社会团体、民办非企业单位和基金会"全国先进社会组织"称号。这次表彰的全国先进社会组织遵纪守法，组织机构健全，内部制度完善，运作程序规范，党团组织发挥作用，社会责任感强，社会公信度高，在经济和社会发展中发挥了积极作用，树立了良好的形象。

　　希望受到表彰的社会组织珍惜荣誉，再接再厉，不断创造新经验，取得新成绩，作出新贡献。希望全国各级各类社会组织向受到表彰的先进社会组织学习，自觉承担起服务国家、服务社会、服务人民的责任、与时俱进、开拓创新、提升能力、诚信自律，在科学发展观的指导下，为全面建设小康社会、加快构建和谐社会作出新的更大的贡献。

附件　全国先进社会组织名单

中华人民共和国民政部

二〇一〇年二月四日

全国先进社会组织名单

一、全国性社会组织（名单略）

二、地方社会组织

河北省

河北省老年事业促进会

河北省体育总会

河北省老教授协会

河北省医学会

河北省华亚中医药研究所

河北省冶金行业协会

高碑店市农民技术协会

邢台市英华学校

石家庄市商业联合会

衡水市英才学校

邯郸市莱克学校

沧州市制冷学会

唐山市慈善总会

（其他略）

（十）关于表彰全省工业和信息化工作先进集体、劳动模范、先进工作者和先进个人的决定

（冀工信人〔2012〕7 号）

各设区市工业和信息化局、人力资源和社会保障局、总工会，厅属各单位：

2009 年以来，全省工业和信息化系统广大干部职工紧紧围绕省委、省政府决策部署，坚持以科学发展为主题，以调结构、转方式为主线，以促进工业转型升级为重点，深入推进对标行动，大力实施技术改造，扎实开展淘汰落后，积极推动两化融合，实现了全省工业经济平稳较快增长，为我省经济社会发展做出了积极贡献，涌现出了一大批先进集体和个人。

为激励先进，树立楷模。进一步调动全省工业和信息化系统广大干部职工建设工业强省的积极性、主动性和创造性，省工业和信息化厅、省人力资源和社会保障厅和省总工会决定，授予河北天宇化工有限公司等 150 个单位"河北省工业和信息化工作先进集体"荣誉称号，授予宋更全等 100 名同志"河北省工业和信息化工作劳动模范"荣誉称号，授予张庆绪等 30 名同志"河北省工业和信息化工作先进工作者"荣誉称号，授予田大春等 70 名同志"河北省工业和信息化工作先进个人"荣誉称号。其中，获得"河北省工业和信息化工作劳动模范""河北省工业和信息化工作先进工作者"称号的人员，属设区市及以下的，享受市级劳动模范和先进工作者待遇；属于省直机关事业单位的，给予记二等功奖励。希望受到表彰的集体和个人珍惜荣誉，再接再厉，进一步增强责任感和使命感，充分发挥时代先锋作用，在建设工业强省进程中再立新功。

全省工业和信息化系统广大干部职工要以受到表彰的先进集体和个人为榜样，以邓小平理论和"三个代表"重要思想为指导，深入贯彻落实科学发展观，认真领会省第八次党代会精神，进一步解放思想、开拓进取，以更加饱满的热情、更加扎实的工作，大力实施工业强省战略，全面推进工业提升计划，为加快我省产业结构转型升级，建设经济强省、和谐河北做出新的更大贡献！

附件：1. 河北省工业和信息化工作先进集体名单

2. 河北省工业和信息化工作劳动模范名单

3. 河北省工业和信息化工作先进工作者名单

4. 河北省工业和信息化工作先进个人名单

河北省工业和信息化厅

河北省人力资源和社会保障厅

河北省总工会

二〇一二年一月十一日

（附件 1~4 略）

（十一） 河北省民政厅关于对 3A 级以上社会组织暨社会组织诚信建设先进单位评选结果的通报

（冀民〔2012〕112 号）

各设区市民政局、省属社会组织业务主管单位及有关社会组织：

根据《社会组织评估管理办法》（民政部令〔2010〕39 号）、《民政部关于推进民间组织评估工作的指导意见》（民发〔2007〕127 号）、《河北省社会组织评估管理办法》和《河北省民政厅关于在全省开展社会组织评估暨诚信建设评比活动的通知》（冀民〔2011〕115 号）精神，2012 年，省民政厅在全省开展了社会组织等级评估和诚信建设评选活动，按照"民政部门领导、业务主管部门指导、社会参与、分类评定、动态管理、客观公正"的原则，经社会组织自评、业务主管单位（设区市）初评、材料审核、评估专家小组实地考察、省社会组织评估委员会审定、媒体公示、受理复核等程序，今年我省社会组织评估暨诚信建设评选工作已全部完成。经评审，河北省保险行业协会等 54 家社会组织被评定为 5A 级；保定军校基金会等 35 家社会组织被评定为 4A 级；河北省调味品协会等 49 家社会组织被评定为 3A 级；河北省矿业协会等 99 家社会组织被评为诚信建设先进单位。现予以通报。

　　希望被评为 5A 级的社会组织和诚信建设先进单位要以学习贯彻党的十八大精神和省委八届三次全会精神为契机，珍惜荣誉，再接再厉，努力工作，充分发挥榜样和示范带动作用。

　　全省各级社会组织要以 5A 级社会组织和诚信建设先进单位为榜样，自觉承担起服务政府、服务社会、服务人民的责任，进一步发挥自身优势，开拓进取、扎实工作，提升能力、诚信自律，为建设经济强省、和谐河北作出新的更大贡献。

附件：1. 2012 年度 5A 级社会组织名单

　　　2. 2012 年度 4A 级社会组织名单

　　　3. 2012 年度 3A 级社会组织名单

　　　4. 2012 年度社会组织诚信建设先进单位名单

河北省民政厅

二○一二年十二月十二日

附件 1　2012 年度 5A 级社会组织名单（52 个）

　　河北省保险行业协会

　　河北省老年事业促进会

　　河北省住宅与房地产业协会

　　河北省矿业协会

　　河北省冶金矿山行业协会

　　河北省珠宝玉石首饰行业协会

　　河北省互联网协会

　　河北省照明行业协会

　　河北省农机安全协会

　　河北省建筑材料工业协会

河北省通信行业协会

河北省体育总会

河北省建设工程招标投标协会

石家庄市建筑协会

河北省注册资产评估师协会

河北省果品行业协会

辛集市建华中学

河北省医药行业协会

河北省企业家协会

河北省信息产业与信息化协会

河北省饲料工业协会

河北省冶金行业协会

秦皇岛市港口协会

河北省机械行业协会

河北省个别化教育协会

唐山市保险行业协会

河北省医学会

邯郸市个别化教育协会

新奥公益慈善基金会

河北省企业联合会

河北省高新技术产业协会

张家口市私立第一中学

河北省见义勇为基金会

石家庄市装饰协会

秦皇岛市农民合作经济组织联合会

河北省食品工业协会

秦皇岛市煤炭产销协会

河北省典当协会

石家庄城市职业学院

石家庄市企业家协会

河北省个体劳动者协会（河北省私营企业协会）

石家庄市商业联合会

河北省农民合作经济组织联合会

河北省劳动模范协会

秦皇岛市新支点教育培训学校

石家庄医学高等专科学校

石家庄柯棣华医学中等专业学校

河北省殡葬行业协会

秦皇岛市慈善协会

河北省中医药学会

承德市医学会

河北省残疾人福利基金会

（附件2~4略）

（十二）关于表彰全国钢铁工业先进集体、先进工作者和 劳动模范的决定

（人社部发〔2014〕47号）

各省、自治区、直辖市人力资源社会保障厅（局）、钢铁工业主管部门、中国钢铁工业协会会员单位：

近年来，全国钢铁工业广大干部职工在党中央、国务院的正确领导下，坚持以邓小平理论、"三个代表"重要思想以及十八大重要理论为指导，深入贯彻落实科学发展观和党的十八届二中、三中全会精神，以提高经济发展质量和效益为中心，全面落实国务院工业转型升级和钢铁工业"十二五"规划，涌现出一大批先进集体和模范人物，为我国钢铁工业转方式、调结构、稳增长、促发展作出了积极且有效的贡献。为表彰先进，弘扬正气，促进发展，

进一步激励钢铁工业广大干部职工建设钢铁强国的积极性、主动性和创造性，人力资源社会保障部、中国钢铁工业协会决定，授予首钢矿业公司等 98 个单位"全国钢铁工业先进集体"荣誉称号；授予王新华等 8 名同志"全国钢铁工业先进工作者"荣誉称号；授予李永东等 284 名同志"全国钢铁工业劳动模范"荣誉称号。被授予"全国钢铁工业劳动模范"和"全国钢铁工业先进工作者"荣誉称号的人员，享受省部级劳动模范和先进工作者待遇。希望受表彰的先进集体和先进个人，珍惜荣誉，发挥模范和表率作用，同时谦虚谨慎、戒骄戒躁，再立新功。

全国钢铁工业的广大干部职工要以此次受表彰的先进集体和先进个人为榜样，继续深入学习贯彻党的十八大、十八届二中、三中全会精神和习近平同志系列重要讲话精神，紧密团结在以习近平同志为核心的党中央周围，高举中国特色社会主义伟大旗帜，抓住机遇，深化改革，锐意进取，扎实工作，为实现我国钢铁工业"十二五"规划目标，作出新的更大贡献！

附件：1. 全国钢铁工业先进集体名单

2. 全国钢铁工业先进工作者名单

3. 全国钢铁工业劳动模范名单

人力资源和社会保障部　中国钢铁工业协会

2014 年 7 月 22 日

附件 1　全国钢铁工业先进集体名单

河北省（17 个）

河北省冶金行业协会

唐山钢铁集团有限责任公司

邯郸钢铁集团有限责任公司

河北钢铁集团矿业有限公司

河北前进钢铁集团有限公司

邢台钢铁有限责任公司

宣化钢铁集团有限责任公司动力厂供电车问

承德钢铁集团有限公司提钒钢轧二厂转炉车间

石家庄钢铁有限责任公司炼钢厂连铸二段

舞阳钢铁有限责任钢公司运输部机辆段

河北钢铁技术研究总院"巨人计划"研发团队

河北敬业集团有限责任公司能源管控中心煤气发电一车间

唐山新宝泰钢铁有限公司炼钢厂连铸作业区

唐山东华钢铁企业集团有限公司炼铁厂烧结车间

河北鑫达钢铁有限公司二炼钢厂 1 号连铸甲班

崇利制钢有限公司球团车间

迁安市思文科德薄板科技有限公司院士工作站

（其余省（直辖市、自治区）略）

附件 2　全国钢铁工业先进工作者名单（略）

附件 3　全国钢铁工业劳动模范名单

河北省（53 名）

刘洪滨　河北前进钢铁集团有限公司总经理

王兰玉　唐山钢铁集团有限责任公司总经理

郭景瑞　邯郸钢铁有限公司总经理

杨海山　邯郸市紫山特钢集团董事长、党委书记

于利锋　河北津西钢铁股份有限公司总经理

杨文义　河冶科技股份有限公司总经理、党委书记

刘国旗　唐山德龙钢铁有限公司总经理

杨春生　河北钢铁集团衡水薄板有限责任公司党委书记

张永坤　河北钢铁集团矿业有限公司总经理

李建新　河北钢铁集团钢研总院院长

徐海江　邯郸钢铁有限公司公司邯宝热轧厂厂长

席玉军　宣化钢铁集团有限责任公司一钢轧厂厂长

李　莹（女）河北钢铁集团国贸公司承德分公司副经理

张洪起　邢台钢铁有限责任公司线材厂长、党总支书记

陈学清　邢台钢铁有限责任公司炼铁厂厂长

王炳安　辛集市澳森钢铁有限公司厂长

刘生红　河北新武安钢铁集团烘熔钢铁有限公司轧钢厂副厂长

张　颖　河北钢铁集团华西钢铁有限公司炼铁厂厂长

张晓超　唐山燕山钢铁有限公司炼钢二厂厂长

唐光明　唐山钢铁集团有限责任公司物流公司总经理

马锡民　承德钢铁集团有限公司生产计划部部长

郑国昱　石家庄钢铁有限责任公司总经理助理兼特钢销售公司总经理

王大勇　石家庄钢铁有限责任公司处长兼任行业协会秘书长

刘海涛　河北钢铁集团销售总公司副总经理

郭新科　河北钢铁集团采购总公司副总经理

李国兴　唐山市国丰钢铁有限公司副总经理

聂荣恩　涞源县奥宇钢铁有限公司副总经理

郝跃先　涉县天利煤化有限责任公司设备材料经理

刘远生（满族）　唐山钢铁国际工程技术有限公司副总经理

王宜广　唐山钢铁集团有限责任公司炼铁部南区高炉车间主任

孟祥臣　唐山钢铁集团有限责任公司物流公司第一钢轧厂

刘春雨　唐山钢铁集团有限责任公司冷轧部科长

唱春占　唐山钢铁集团有限责任公司自动化信息公司副作业长

徐　杰　唐山钢铁集团有限责任公司技术中心汽车板研究所所长

高永会　邯郸钢铁有限公司公司邯宝炼铁厂2号高炉车间主任

李光伟　邯郸钢铁有限公司公司中板厂一线

吕德文　邯郸钢铁有限公司公司连铸连轧厂技术主管

陈秀英（女）　宣化钢铁集团有限责任公司检修公司科长

李建华　宣化钢铁集团有限责任公司炼铁厂组长

赵建国　宣化钢铁集团有限责任公司二钢轧长线材车间副主任

代　维　承德钢铁集团有限公司炼铁厂高炉五车间车间主任

王立军　河承德钢铁集团有限公司提钒钢轧一厂棒材车间主任

王全胜　舞阳钢铁有限责任公司第一炼钢厂首席工程师

杨卫民　舞阳钢铁有限责任公司第一轧钢厂值班长

韩　勇　河北钢铁集团司家营研山铁矿有限公司自动化车间主任

高继明　河北宣工机械发展有限公司研究所设计室主任

刘恩科　河北普阳钢铁有限公司设备部长

王庆宗　唐山港陆钢铁有限公司炼铁厂炉长

姚明芳　武安市明芳钢铁有限公司炼铁分厂 3 号高炉副主任

温新周　崇利制钢有限公司技术主管

甄新刚　秦皇岛首秦金属材料有限公司炼钢部技术员

武彦增　河北新金钢铁有限公司技术科长

张建军　河北新武安钢铁集团有限公司办公室主任

（其他省（直辖市、自治区）略）

（十三）河北省民政厅关于 2017 年度社会组织评估结果的通报

（冀民〔2017〕117 号）

各市（含定州、辛集市）民政局，省属社会组织业务主管单位及有关社会组织：

根据《社会组织评估管理办法》（民政部令〔2010〕39 号）、《民政部关于推进民间组织评估工作的指导意见》《河北省社会组织评估管理办法》和《河北省民政厅关于开展 2017 年度社会组织评估工作的通知》（冀民〔2017〕4 号）精神，经社会组织自评、业务主管单位初评、材料审核、实地检查、省评估委员会终审和媒体公示、受理复核等，河北省 2017 年度社会组织评估工作已圆满结束。经评审，河北省互联网协会等 62 家社会组织被评定为 5A级；河北省国际信息技术交流协会等 17 社会组织被评定为 4A 级；河北省机动车鉴定评估协会等 22 家社会组织被评定为 3A 级。现予以通报。

希望本年度被评为 5A 级的社会组织，要认真学习党的十九大报告提出的一系列新论断、新思想、新目标和新要求，准确把握党的十九大精神的思想精髓、核心要义，扎实开展"不忘初心、牢记使命"主题教育，真正努力适应新常态、新要求，进一步完善治理结构，规范自身行为，充分发挥榜样和示范带动作用。

全省各级各类社会组织要以 5A 级社会组织为榜样，全面贯彻落实党的十九大关于社会组织的新要求和党中央关于改革社会组织管理制度促进社会组织健康有序发展的决策部署，充分发挥服务政府、服务经济社会发展、服务群众、服务行业的作用，为奋力开创新时代全面建设经济强省、美丽河北新局面贡献力量。

附件：1. 2017 年度 5A 级社会组织名单

2. 2017 年度 4A 级社会组织名单

3. 2017 年度 3A 级社会组织名单

河北省民政厅

2017 年 12 月 17 日

附件 1　2017 年度 5A 级社会组织名单（62 个）

（1）行业性社团（22 个）

河北省互联网协会

河北省通信行业协会

秦皇岛市交通与物流协会

河北省认证认可协会

河北省冶金行业协会

河北省建设工程招标投标协会

河北省信息产业与信息化协会

河北省高新技术产业协会

河北省食品工业协会

石家庄市建筑协会

唐山市保险行业协会

河北省保险行业协会

河北省注册资产评估师协会

河北省机械行业协会

秦皇岛煤炭协会

河北省服装协会

河北省住宅与房地产业协会

石家庄市装饰协会

河北省冶金矿山行业协会

邢台市中小微企业融投资协会

邯郸市保险行业协会

秦皇岛港口协会

（其他略）

（附件2、3略）

（十四）人力资源社会保障部、中国钢铁工业协会
关于表彰全国钢铁工业先进集体、劳动模范和
先进工作者的决定

（人社部发〔2019〕75号）

各省、自治区、直辖市人力资源社会保障厅（局）、钢铁工业管理部门、冶金行业协会（学会）、各有关钢铁行业企事业单位：

近年来，全国钢铁工业广大干部职工在党中央的正确领导下，高举习近平新时代中国特色社会主义思想伟大旗帜，深入学习贯彻党的十九大精神，积极推进供给侧结构性改革，解放思想，攻坚克难，爱岗敬业，开拓创新，为我国钢铁工业健康发展作出了积极贡献，涌现出一大批先进集体和模范人物。

为表彰先进，弘扬正气，促进发展，进一步激发钢铁工业广大干部职工建设钢铁强国的积极性、主动性和创造性，人力资源社会保障部、中国钢铁工业协会决定，授予首钢京唐钢铁联合有限责任公司炼钢作业部炼钢作业区等97个单位"全国钢铁工业先进集体"称号；授予杨金保等96名同志"全国钢铁工业劳动模范"称号；授予张立峰等4名同志"全国钢铁工业先进工作者"称号。被授予"全国钢铁工业劳动模范"和"全国钢铁工业先进工作者"称号的人员，享受省部级表彰奖励获得者待遇。希望受到表彰的先进集体和先进个人，在今后的工作中，进一步发挥好模范和表率作用，珍惜荣誉，谦虚谨慎，戒骄戒躁，再立新功。

全国钢铁工业的广大干部职工要以受到表彰的先进集体和先进个人为榜样，继续深入学习贯彻习近平新时代中国特色社会主义思想和党的十九大精神，紧密团结在以习近平同志为核心的党中央周围，锐意进取，扎实工作，为实现我国钢铁工业高质量发展作出新的更大贡献！

附件：1. 全国钢铁工业先进集体名单

2. 全国钢铁工业劳动模范名单

3. 全国钢铁工业先进工作者名单

人力资源和社会保障部　中国钢铁工业协会

2019 年 7 月 22 日

附件1　全国钢铁工业先进集体名单

河北省（24 个）

河钢集团唐钢公司卷板事业部一钢轧厂 1700 轧钢作业区

河钢集团邯钢公司邯宝热轧厂

河钢集团宣钢公司炼铁厂

河钢集团承钢公司钒钛事业部亚熔盐作业区

河钢集团销售总公司

河钢集团钢研总院理化检测中心

河北省冶金行业协会

河北普阳钢铁有限公司

承德建龙特殊钢有限公司炼铁厂

唐山东华钢铁企业集团有限公司炼钢厂

唐山市玉田金州实业有限公司炼钢厂

唐山首唐宝生功能材料有限公司炼钢技术攻关小组

辛集市澳森钢铁有限公司炼钢厂

邢台钢铁有限责任公司炼钢厂冶炼车间

秦皇岛佰工钢铁有限公司发电厂锅炉车间运行丙班组

河北新武安钢铁集团烘熔钢铁有限公司技术中心创新小组

河北兴华钢铁有限公司轧钢厂（型轧车间）

河钢集团石钢公司销售中心

河钢集团北京国际贸易有限公司

河北龙凤山铸业有限公司技术中心

河钢集团舞钢公司炼铁厂

河北荣信钢铁有限公司炼铁厂

河钢集团矿业公司石人沟铁矿

中普（邯郸）钢铁有限公司二期中板车间

（其他省（直辖市、自治区）略）

附件2　全国钢铁工业劳动模范名单

河北省（24名）

胡志刚　河钢集团经营财务部总监

齐跃章　河钢集团职工董事、河北省冶金政研会会长

王新东　河钢集团首席技术官、副总经理、党委常委

郑明泉　河钢集团唐钢公司炼铁事业部炼铁厂南区高炉炉长

唐笑宇　河钢集团邯钢公司邯宝炼钢厂三档技术主管

黄永建　河钢集团石钢公司党委书记、董事长

李炳军　河钢集团党委副书记

王宏斌　河钢集团宣钢公司总经理、党委副书记

耿立唐　河钢集团承钢公司党委书记、董事长

王树华　武安市裕华钢铁有限公司董事长

张纪星　唐山市德龙钢铁有限公司总经理

邓建军　河钢集团舞钢公司党委书记、董事长

黄笃学　河钢集团矿业公司党委书记、董事长

王　波　河北安丰钢铁有限公司高炉车间主任

高　扬　河北新金钢铁有限公司首席质量官

孙　翔　沧州中铁装备制造材料有限公司技术部部长

姚　菲　武安市明芳钢铁有限公司轧钢车间主任

贾俊龙　秦皇岛宏兴钢铁有限公司安环处处长

曾宪春　唐山金马钢铁集团有限公司环保部部长

王松伟　河北鑫达钢铁有限公司副总裁

曹喜军　敬业集团有限公司副总经理

白佳鑫　河北龙凤山铸业有限公司技术中心主任

吴瑞富　河北津西钢铁集团股份有限公司炼钢二厂天车工

李兴才　德龙钢铁有限公司炼钢厂厂长

（其他省（直辖市、自治区）略）

（附件 3 略）

编　后　话

　　面朝大海，春暖花开。历时五载，《砥砺前行的河北钢铁工业》终于脱稿成书。此时此刻，我们沉浸在无比喜悦之中，有幸为我省钢铁工业改革开放40年立传，我们感到无上光荣！

　　五年多来，为编好此书，我们不辞辛劳，心存敬畏，走访了近百家钢铁企业和有关单位，翻阅了大量的历史资料，才使得我省钢铁工业改革开放40年发展的历史脉络跃然纸上并全景式呈现。

　　编写过程中，我们不时被我省钢铁工业40年取得的辉煌成就所震撼，心灵受到一次次洗礼。我们为我省钢铁工业发展雄居全国各省之首，成为全省经济支柱产业之一而无比自豪；我们为我省钢铁工业坚持创新驱动，内生发展动力显著增强，跻身世界第一方阵而无比骄傲；我们为我省钢铁工业坚持绿色发展，节能减排降耗治污取得重大进展而欢欣鼓舞；我们为我省钢铁工业深化供给侧结构性改革，密切同上下游行业联系与合作，既当优质生产商又做优秀服务商的经营模式而欣喜不已；我们为我省钢铁工业坚持开放战略，加强国际产能合作，加快"走出去"步伐，对外开放水平不断提升而心潮澎湃；我们为我省钢铁企业履行社会责任，带动一方致富，助力脱贫攻坚，做企业好"公民"而放声喝彩……

　　这里，我们谨向我省勤劳、勇敢、智慧的近40万钢铁人致以崇高的敬意！他们是真正的英雄，是历史的创造者；他们是推动我省钢铁工业波澜壮阔发展的弄潮儿，是演绎我省钢铁工业发展雄伟活剧的主人公。我省钢铁工业之所以在全国乃至世界有今天的地位和影响，是几代钢铁人血和汗水的结晶，是他们初心不改、矢志奋斗结出的硕果。对他们为本书编写给予的大力支持和默契配合表示由衷的感谢！

在此，我们还要特别指出，在本书编写过程中，省地方志领导小组办公室曾给予亲切指导，特别是原省级老领导郭世昌、龚焕文同志欣然命笔为之作序，使本书成色更足、满纸生辉。对此，我们念兹在兹，永远铭记！

我们认为，改革开放40年，特别是党的十八大以来，我省钢铁工业转型升级和结构调整的历史性成就，为我省钢铁工业新时代高质量发展奠定了坚实基础，昭示着我省钢铁工业发展的美好前景和未来。作为我省钢铁行业最有影响、最具活力的行业组织，河北省冶金行业协会将充分发挥自身优势，在钢铁工业高质量发展的新征程中，与省委、省政府及有关部门同心同德，与广大企业同甘共苦，与相关行业同向同行，一如既往地为我省钢铁工业发展的美好明天鼓劲加油、助推加力！

知古鉴今可资政育人，回眸历史可拥抱未来。总结历史经验，揭示历史规律，把握历史趋势，我们方能听清我省钢铁工业40年发展的悠远回声，激荡出我省钢铁工业未来发展的强劲音符。让我们在省委、省政府的正确领导和广大企业的共同努力下，以习近平新时代中国特色社会主义思想为指导，不忘初心，牢记使命，发奋图强，砥砺前行，谱写我省钢铁工业高质量发展的新篇章，为建设新时代经济强省、美丽河北，为实现中华民族伟大复兴的中国梦做出新的更大贡献！

河北省冶金行业协会副会长兼秘书长　王大勇

2020 年 10 月